男孩60分 女孩100分

父母最想知道的亲子成长术!

朱晓溪◎著

九州出版社
JIUZHOUPRESS

序言

男孩与女孩，大不一样的教育

父母是孩子的第一任老师，父母对孩子的教育将影响到孩子的一生。中国有句古话，“从来富贵多淑女，自古纨绔少伟男”，这其中包含着朴素而深刻的人生智慧。现代生理学、心理学、教育学、社会学的研究也表明男孩和女孩天生就是不同的，在教育上父母必须区别对待，而“男孩60分，女孩100分”的教育方法正切合了男孩与女孩的先天差异，有利于他们的后天成长。

对于孩子的教育问题，很多“望子成龙，望女成凤”的家长陷入了迷茫，无从下手。其实，每个孩子的天赋并没有多大的差别，而站在人生的起跑线上，为什么有的孩子不断超越，有的孩子却停滞不前呢？父母只是对孩子寄予了无限的希望，可是想到过影响希望实现的根本因素吗？想到过你的教育方法有什么不足之处吗？本书通过生活中比较典型的事例，让父母在简短、有趣、真实的故事中，自然而然地认识到别人在教育孩子做法上的成功之处及自己在教育孩子做法上的不当之处，找出两者之间的差距，取长补短，从而总结出自己独特的教子方式。

针对男孩、女孩在生理、心理上的差异，本书总结出一套全新的教育理念，即“男孩60分，女孩100分”，这里的60分，100分，并不仅指的是学校里的考试成绩，而是指孩子成长过程中给予其物质条件、精神层面的基本范畴。

在男孩的成长过程中，家长不能对其要求过高，应采取“放养”的方法，给其“60分”的要求，让男孩自己去闯出属于自己的一片天地；对于女孩，应以无限的关爱去呵护女孩的心灵，以完整的教育充实女孩的内涵，造就自尊、自爱、自信、自立的完美女孩。

目录 CONTENTS

第五章　性格篇——好习惯影响孩子的一生

第一章

男孩与女孩天生不一样

男孩与女孩天生的差异

很多家长认为，无论是男孩还是女孩，生下来都是一样的，本身并没有性格上的差异，所谓不同，只是后天教育的结果。更有甚者说，男女除了生殖器官不同之外，其他都是一样的。其实，这种观点是错误的。科学研究证明：男孩女孩从出生到成长过程，存在着很多的差异，无论是生理结构还是心理因素，都是不同的。

» 染色体决定性别差异

家长都知道男孩女孩的生理结构是不同的，但是为什么会产生这种不同呢？其实从孩子出生之前就注定了这种差异的存在，那是因为：染色体决定了男孩女孩性别。人体每个细胞内有23对染色体，包括22对常染色体和一对性染色体。性染色体包括：X染色体和Y染色体。X染色体发育成女性，女性特征明显，所以女孩多表现为安静，害羞，喜欢粉色或其他色彩柔美的衣服，戴的装饰也大多是粉色的，就连奶嘴都是粉色；而Y染色体发育成男性，多表现为淘气顽皮，他们喜欢蓝色，红色或白色的服装，他们的奶嘴也是蓝色的。

» 荷尔蒙调节男孩女孩的生长发育

“荷尔蒙”也称作激素，希腊文原意为“奋起活动”，它对肌体的代谢、生长、发育和繁殖等起重要的调节作用。

男孩会产生较多的雄性激素，女孩则产生较多雌性激素。由于激素水平的不均衡，致使男女之间的性发育出现差别。同时，虽然男孩与女孩都要受家庭、朋友、老师乃至社会的影响，但其受到的影响程度却存在差异。

就生理方面而言，男女性别各具特殊的身体发育特征。例如，女孩发育成熟比男孩快而均衡。学龄前的女孩比同龄的男孩有更好的平衡水平，她们能很好地进行单腿跳。但后来居上的男孩会在跑步和跳高方面更胜一筹。青春期之前，男孩与女孩的体格发育相当接近，过了青春期以后，男孩开始比女孩发育得更快、更强壮。这是因为男孩子们旺盛的新陈代谢功能速度加快，使得心脏和肺增大，以适应氧气和血液用量的增加。

就智力方面而言，女孩一般说话较早，造句及表达能力较好，她们很早就会读写，在中小学时期很少出现阅读问题，有良好的言语推理能力，很少出现言语混乱的情况。而十多岁的男孩则具有较好的空间立体感及视觉表象能力，这对将来的数学和物理的学习非常重要。因此，青春期以后的男孩往往数理化成绩优于女生。

就社会化而言，从儿童时代到青春期，男孩总是更具竞争性、侵犯性和支配性；女孩则更喜欢交往，并注重发展亲密的友谊。从社会意识形成的那一刻起，女孩更趋向于听从成人的命令，男孩则常用身体的、情绪的及理智的方式来表示对抗，因此也经常出现行为问题。

男女之间的差异导致了一些不合理的社会准则，这些约定俗成是一种对孩子有害的社会现实。社会规定的男性和女性的某些特性未必准确，父母可以帮助孩子来正确客观地进行判断。每个孩子都是独一无二的，父母应该多鼓励孩子自由开放地思考、行动和信仰。女孩不应在男孩面前感到自卑。每个孩子都可以追寻自己的梦想和抱负。在这一过程中，父母将起到非常重要的作用。

» 大脑的生长过程

男孩与女孩的大脑，无论是化学组织还是结构组织，先天就存在很多差异。在许多情况下，这些差异影响了男孩、女孩对环境的反映方式。

为了更好地了解男孩、女孩大脑的差异，让我们先了解下大脑的结构：

大脑分左右两个半球，每一半球上分别有运动区、体觉区、视觉区、听觉区、联合区等神经中枢。由此可见，大脑两半球是对称的。在神经传导的运作上，两半球相对的神经中枢，彼此配合，发生交叉作用：两半球的运动区对身体部位的管理，是左右交叉、上下倒置的；两半球的视觉区与两眼的关系是：左半球视觉区管理两眼视网膜的左半，右半球视觉区管理两眼视网膜的右半；两半球的听觉区共同分担管理两耳传入的听觉信息。两半球的联合区，分别发挥左右半球相关各区的联合功能。在整个大脑功能上，两半球并不是各自独立的，两者之间仍具有交互作用；而交互作用的发挥，乃是靠胼胝体的连接，得以完成。

在正常情形之下，大脑两半球的功能是分工合作的，在两半球之间，由神经纤维构成的胼胝体，负责沟通两半球的信息。如果将胼胝体切断，大脑两半球被分割开来，各半球的功能陷入孤立，缺少相应的合作，在行为上会失去统合作用。也就是说，大脑的两个半球结构不同，功能也各不相同。其中一个负责语言和推理；而另一个负责运动、感情以及对时空的定位。

最为奇妙的事情是所有的人都是在他们的胎儿时期18周大的时候，开始他们所有细胞的生长！当男孩和女孩的大脑一起发育时，他们是在相同的地方发育的。

当胎儿还孕育在母体中时，男女胎儿在大脑结构上的差别就非常明显了，其中一个差别就是：男孩大脑的发育速度明显慢于女孩的大脑发育速度；另一个差别是：男孩大脑的左右半球之间的联系少于女孩。

» 男孩的大脑发育较慢，右脑发达

在孩子小的时候，家长都有这样的感觉：男孩没有女孩聪明。就拿说话来说吧，当大多数女孩都能滔滔不绝的讲故事时，男孩往往才仅仅会说几句简单的话；再拿手指的灵巧度来说，当大多数女孩拿着小剪刀学习剪纸时，男孩往往还不能灵活的拿剪刀或握笔。

我们知道，所有动物的大脑都是由左右两个半球组成的，但对于一些低等动物，比如鸟类来说，他们大脑的左右两个半球的功能是相同的，因此，如果受到重击，一侧大脑半球的功能遭到破坏，他的另一侧的大脑半球能够正常运转，并担负起另一半的功能。然而，人类就完全不一样了，人类大脑的两个半球各司其职，一个负责语言和推理；另一个负责运动、感情以及对时空的定位。这两个半球依附神经纤维束相互联系，男孩脑内这种神经纤维束体积要小于女孩脑内神经纤维束的体积，因此，男孩左右两半球之间的联系是非常少的。

也许细心的家长会发现，男孩常常会对某些活动很反感，例如猜字谜，组词与文字或语言相关的活动，可是女孩好像对这方面很感兴趣。

在外甥小雨的班级联欢会上，同学们玩猜字谜的游戏，可是轮到他猜的时候，他却怎么也猜不出来，急的大家伙纷纷告知答案。小雨为此觉得很自责，就他一个人猜不出来。他回家告诉了妈妈这件事，妈妈并没有责怪他，反而安慰小雨说：“小雨，不着急，咱们慢慢来，妈妈陪你一起练。”

身为医生的妈妈知道，男孩本身就说话较晚，对语言文字方面不感兴趣，所以她没怪小雨，而且还陪着小雨练习，给小雨制定了一系列的内容，一段时间后，小雨在语言和文字方面有了很大的进步。

儿童心理研究专家王女士解释说：这是由于男孩女孩大脑结构的差异所造成的，因为在进行这些活动时，男孩一般只用一侧大脑半球进行思考，而女孩却可以两侧脑半球同时思考。

随着身体的成长，男孩的大脑半球在不断的发育完善，左右半球也在试图建立联系，但他们的大脑左半球还没有做好与右半球联系的准备，导致从右半球延伸至左半球的神经细胞无法进入左半球而只能返回到右半球并连接在右半球上。从某种意义上来说，这是男孩的一个缺陷——左右半球联系较少，因此，男孩没有女孩那么细心，谨慎。但是，事情都有两面性，正是由于男孩大脑的这种缺陷，才促成了男孩大脑的另一个优势——男孩大脑的右半球连接发达，因此，大多数的男生几乎都擅长数学，因为数学是大脑右半球负责的活动。

» 女孩大脑两半球之间的连接较多

不管是先天条件还是外界因素，毋庸置疑，男孩和女孩的大脑结构确实存在差异。前面我们已经了解：婴儿出生前后，大脑细胞生长的速度越来越快，彼此间不断建立新的联系，对于所有婴儿而言，大脑左半球皮质的生长速度比右半球皮质的生长速度慢，但是女婴大脑左半球皮质的生长速度较快——因为女婴体内的雌激素促进了大脑细胞的快速发育。那么，为什么会出现这种现象呢？其实主要原因有两点：

第一点是生理原因：在女孩的大脑结构中，有两个区域专门负责语言。这两个区域的面积比男孩大脑中负责语言的区域大20%左右。另外，我们知道，大脑左半球的主要功能是进行大量的语言处理工作，而神经学家经过研究发现：婴儿期，女孩比男孩更早地使用大脑的左半球。因此，在女孩的大脑中存储了更多的语言信息。所以，女孩的语言掌握程度总要比男孩快。

第二点是家长教育方式的原因：家长们在教育孩子是常出现这样的问题，与那些小女孩在一起时，她们总是有说不完的话，比如和女孩子讨论她们所做的游戏，询问一下她们的心情等等，但是与男孩在一起时，家长们常常会任他们自由玩耍，而不会去与他们沟通。

我们在生活中也能感受到，女孩的心思往往很细腻，很体贴，也很会关心人；而男孩则不同，他们不仅不会关心人，而且还有意无意的伤害别人。但是，父母千万不要认为男孩不擅长思考，无法掌握语言的奥秘，更不要认为男孩天生就有缺陷。同样，也不要给女孩贴上“不擅长理工科，比较情绪化”的标签。我们不能忽略这样一个事实：有不善言辞的男孩成了成了伟大的演说家，有的女孩经过努力也成了数学家。

其实无论是男孩还是女孩，先天的差异我们是无法改变的，但是后天家长的教育，环境的影响对孩子的成长也有着至关重要的作用。

男孩与女孩的成长轨迹不同

无论男孩还是女孩，家长都应该好好的了解他们。男孩就是男孩，无论他们多大，他们的世界始终充满了挑战和争斗，而女孩的世界也并像表面那样风平浪静，她们的生活也有喜怒哀乐，这些你都要了解，并在孩子成长的道路上给予帮助。

» 男孩成长的三个阶段

从前的父母都希望家里多有几个男孩，不仅因为他们代表着香火的传承，也是家里重要的劳动力，是经济的来源和顶梁柱。但是现在的家长不这么想了，现代社会，传宗接代的观念已经薄弱，其次养育男孩似乎要比养育女孩麻烦，辛苦很多，而且结果还不尽如人意。

第一个阶段：1~6岁的纯真期

婴孩时期的男孩女孩都喜欢妈妈的怀抱，喜欢有人和自己玩，喜欢四处看看。当然，他们也有自己的个性，有的孩子喜欢安静，有时候他们一觉会睡上很长时间，有的孩子则喜欢动来动去，不断地制造声音，这样他们才会高兴。随着年龄的增长，男孩女孩的差异开始明显，男孩对别人的抚摸并不敏感，而女孩则能更好地感受，静静地观察大人的脸部。

蹒跚学步后，男孩喜欢走来走去，摆弄东西，他们会把积木堆得很高，然后再推倒，这让他们很快乐；而女孩则表现的更安静，她们是用好奇的眼光观察周围的环境，玩积木的时候，她们也喜欢把积木摆平。男孩有时候会忽视身边的新伙伴，自己也能玩得不亦乐乎，而女孩则很关注新伙伴，并且能友好的对待她们。

这一阶段成长的男孩是属于母亲的，虽然父亲也在当中扮演了重要角色，但是母亲的行为却是会影响男孩健康成长的关键。母亲喂养男孩母乳，给予他们关心和爱护，同时男孩也喜欢母亲温暖的怀抱，这一时期的男孩对母亲的爱会特别依赖，母亲的关心和教育会影响他们一生：如果母亲能够对男孩严格要求，给他们定下种种规则，给予他们足够的关心和爱护，陪孩子一起玩耍嬉戏，教他们读书写字……这些行为都会促进男孩大脑的快速成长，为孩子将来更好的踏入社会打下基础。反之，如果母亲的情绪是消极悲观的，经常打骂孩子，那么孩子长大以后也会充斥着消极的情绪。

所以，在男孩6岁之前，母亲应该尽可能的关心爱护孩子，让他们在一个健康的环境下成长。

第二个阶段：7~13岁的转变期

这一阶段的男孩，内心发生了转变，他们开始尝试着成为男人。并开始关注超人、奥特曼、变形金刚，喜欢拿着箭去挥舞，和想象中的敌人去战斗。

母亲在这一阶段仍然非常重要，但是父亲的分量也在日益加重。男孩在感兴趣和偏爱的活动方面也越来越像父亲，他们会特别依赖父亲，希望得到父亲的赞许，所以父亲要给予男孩更多的爱，并在孩子面前有威信，有尊严，这对男孩良好品行的形成有重要的作用。

我的好朋友，夫妻俩的工作都很忙，便把儿子送到奶奶家，过了不久，奶奶就打电话说孩子病了，整天喊着头疼，大夫又查不出什么原因。朋友一听，急忙和丈夫赶回去看儿子，说来也怪，当儿子见到他们的时候，病就“奇迹般”的好了，可是爸爸妈妈一走，孩子就又犯病了，这是怎么回事呢？反复几次，朋友终于查出了“病因”。原来孩子是装病的，为了就是能让爸爸妈妈多陪陪他，多关心他，经过这件事，我的朋友和丈夫也开始反省自己，他们和孩子相处的时间太短了，在孩子成长过程中最需要父母的时候，他们却不在身边，于是，朋友还是多抽出时间尽量陪在孩子身边，男孩再也没有“头疼”过。

因此，无论你的孩子多大，5岁、10岁或者更大，尽可能在他们成长过程中陪在他们身边，给予他们正确教导。

第三个阶段：14~18岁的青春期

这一时期，是男孩从幼稚到成熟的一个转变期，他们渴望独立，彰显个性，向往外面更精彩的世界，这时候，父母在孩子的生活中不再占主导地位，但是他们要为男孩挑选好的主导者，老师、朋友周围人的一言一行，对孩子的影响至关重要。

邻居小李的儿子炎炎是个调皮的孩子，每天放学不按时回家，整天和街头的不良少年混在一起。久而久之，炎炎也染上了坏的习气，甚至开始逃学了，家长打过骂过，可是孩子就是没改过。

没办法，家长只能把孩子放学后的表现如实告诉老师，并希望老师好好管教炎炎。没过多久，父母惊奇地发现，炎炎每天放学后都准时回家，并按时的完成作业了。原来，老师放学后主动提出给炎炎补课，并让他的那些伙伴一起来听，给他们讲李嘉诚创业的故事，并委婉地告诉他们，他们这个年纪，应该好好的接受教育，为将来的生活打下基础。炎炎和伙伴们听了自觉惭愧，一直就很敬重老师的炎炎顿时又增添了崇敬之情。

可见，处在叛逆期的孩子，是非常需要父母的帮助和指导，但他们往往把父母气的发狂，尤其是男孩和父亲之间，常会引发暴力冲突，而且两个男人之间缺乏技巧的沟通总会使事情变得更加复杂。这时，母亲或其他人一定要在旁边周旋，使儿子和父亲的关系得到缓解。或者说当男孩十几岁的时候，这个家庭更需要外界的帮助和支持，需要有一个被男孩信任的人为其指引道路。

男孩过早上幼儿园，影响其身心发展

六岁以下的儿童，不管是谁看护孩子，最需要的是一对一的照顾，在这几年里，要以孩子为中心。这样，孩子就会在内心深处感觉到安全，他的大脑会得到充分的发育，从而获得与人亲切交流的技巧。因此，对于孩子来说，不宜过早地离开家庭进入幼儿园，尤其是男孩。

英国《泰晤士报》报道，早教要有个标准，一味夸大对孩子的教育而忽略了孩子的本性反而会对孩子造成侵害。澳大利亚儿童教育专家、著名的临床医学家史蒂夫比杜尔夫就提出警告说：把年龄不足三岁的孩子交给托儿所会增加损害他们正常心理发育的危险。

英国儿童教育家果断地指出，越来越多的证据在撑持他的理论——那些很早就分隔父母到托儿所的孩子更轻易进展进犯性性格、反社会行为以及其他的心理题目，如此的孩子在日后会遭遇人际关系题目，不轻易与人成立紧密的关系。英国儿童问题权威巨擘珀涅罗珀里奇博士也发出了一样的警告：经过多年研究发现，由父母养育的孩子比在托儿所、由保姆照料或交给亲戚照料的孩子在各方面呈现得都更为优异，他们在心理和智力方面都好于其他人照顾的孩子。

英国儿童问题权威专家里奇和两位牛津大学的教授对1200名孩子进行了跟踪研究，结果发现，从小被放在托儿所里的孩子在青少年期间更富有侵犯性。还有两项研究也发现一样的成果，那就是在托儿所的期间越长越轻易进展反社会行为和暴力行为。

中国儿童心理研究会的专家陈平女士指出，过早上托儿所会严重影响幼儿的大脑发育、感情进展、社会行为、认知才能培育，而且他们的身体发育也迟缓，神经萎缩，脑发育异常，这些都是与没能获得一对一家庭关切有关，于是专家提倡应当让幼小的孩子在暖和安然的家庭环境中成长，而不是过早地将他们送到托儿所。最好的教员也不及代替妈妈，两岁以下的孩子就该受到妈妈一对一的关爱。

男孩天生就是马马虎虎，不善于思考，而女孩天生就不是学理工科的材料。其实，这些家长不但夸大了这个理论，而且还忽略了家长教育的主动性。事实上，很多时候，家长的期望、教导、社会的压力，都会影响孩子技能的发展和能力的培养。也就是说，经过后天的学习，男孩大脑的缺陷是可以弥补的，例如，与女孩相比，男孩大脑的左右半球连接不频繁，但如果家长多给孩子读书，并耐心教导的话，这些缺陷是可以弥补的。

» 女孩成长的三个阶段

家长都希望女儿小时候乖巧漂亮，长大后幸福平安。因此对待女孩的教育相比男孩就“宽松”的得多。实际上，女孩从一个牙牙学语的孩子长成亭亭玉立的少女，再长成风韵成熟的女人，是一个漫长而复杂的过程，生命中充满了新奇的变化、困难和矛盾。

第一个阶段：1~7岁的纯真期

女孩从出生到7岁的这段时间，主要任务是身体的发育。这一阶段的发育也是为今后的智力发育奠定了社会基础。

这一阶段，父母要给予女儿足够的关怀和爱护，要让女儿像花一样慢慢绽放。尽可能满足女儿要求。有的父母可能会说，整天抱着女儿，时间长了孩子会不会过分依赖父母，没有生活自主能力了呢？其实不是这样的，儿童教育权威专家指出，女孩比男孩更需要父母的陪伴，如果儿时没有父母的充分的关怀和爱护，长大之后会变得更依赖父母。所以父母应该在女孩小时候多多给予拥抱，亲吻，让孩子在一个温馨和谐的环境下成长。

快乐的游戏也是这阶段孩子的“工作”，父母应该给孩子一个独立的空间，让她们自己去玩耍，房间里摆满了积木，洋娃娃，玩具小车等等，有的孩子面对这些玩具会很安静，但是家长不要去打扰她们，即使是安静的玩耍，也是在锻炼她的注意力，让她们有独立思考的能力，同时也可培养孩子们的创造力和想象力。另外，让孩子有充分的时间去接触空气，水分，泥土，可以为她们将来学习物理科学奠定基础。

第二个阶段：8~14岁的转变期

8到14岁之间的女孩，身心日益成熟，开始没那么容易管教了，她们不再相信父母都是对的，逐渐有了自己的想法，“人际关系”也变得复杂，女孩整天在想，“为什么她的花裙子那么漂亮呢？”“我最好的朋友对别人更好”等类似的问题。

这一阶段的女孩最需要一个温馨幸福的家庭，好的家庭氛围让女孩充满幸福感，专家指出“父母之间的和谐关系可以改善孩子的不平衡感，这是孩子的福气，而在这样一个转折点上尤其如此。”即使是单亲家庭，父母也应该多花一些时间和孩子在一起，让孩子感受家庭和谐的气氛。

这一时期的女孩，兴趣爱好也日益明显，父母一方面应该尊重孩子的兴趣，尽量让她们做自己感兴趣的事；另一方面也应该鼓励孩子学习绘画和音乐，以此来表达内心的感受和精神的渴望，重要的是让孩子充分发挥想象力，开发大脑思维，因此，无论是在家里还是学校，家长都应该尽量给孩子提供学习的机会，让孩子接受艺术的熏陶，增添艺术气质。

这一时期的女孩特别需要父亲的支持，因为这个年龄的女孩已经不只对女孩子的事情感兴趣了，她们喜欢更大胆的行为。女孩子都有恋父情结，在她们的眼里，父亲是真正勇敢地男子汉，她们大多崇拜父亲，所以父亲应该在这阶段抽时间多和女儿在一起，给她们带回点学校以外的新闻，这会让女孩更感兴趣，当然，母亲也能给孩子的生活增添活力，但是这阶段男孩的处事方式更吸引女孩。

第三个阶段：15~18岁的青春期

15到18岁的女孩俨然出落成一个亭亭玉立的少女了，生理心理上都发生了巨大的变化，具有抽象的思维能力和推理能力，也很敏感，一点小小的问题就会使她非常烦躁。同时，这一时期的女孩都是完美主义者，当发现理想与现实之间有很大差距的时候，就会心灰意冷，对异性更加充满好奇。因此，父母在这阶段要格外关注自己的女儿，让她们的身心都能够健康成长。

这一时期的女孩需要妈妈作出好的表率，无论是家庭妇女还是职业女性，母亲都会成为女儿的榜样。所以母亲的责任重大，她要让女儿看到健康的女性生活，看到母亲为家庭幸福做出的不懈努力，看到母亲对信念的坚持和对理想付出的努力，看到母亲为人处世的诚信原则等等。总之，母亲应该充分发挥自己的榜样，让女儿在潜移默化中学习。

这一时期的女孩应该有要好的“闺蜜”，也就是可以倾诉心事的好朋友，可以和好朋友一起做任何事，参加学校的活动，分享小秘密，互相解决小麻烦等等。这一时期也会成为青春期女孩最值得珍惜的回忆，这一时期结交的好朋友，通常都会相伴永远，值得一辈子去珍惜。

任何年龄段的女孩都需要父母的鼓励和帮助，青春期的女孩尤其如此，父母应该为她们的观点、看法、错误、冒险行为、成功甚至失败鼓舞加油，让她们的自尊心和个人能力有所增强。

第二章　男孩篇

60分是天才的起跑线

成长环境60分——在顺境中给孩子制造挫折

孩子的成长过程中，既会有愉快的创造，又会遇到各种挫折。著名心理学家陈丽如女士认为：当个人从事有目的的活动又受到障碍或干扰时所表现的情绪状态”。挫折是不以人的意志为转移的生活内容之一。很多事都是成果未成，先尝苦果，壮志未酬，险遭失败。拒绝挫折，就等于拒绝成功。如果在幼年时期受到积极地挫折教育，就会理顺挫折的情绪，给自己开拓出可以容纳自己奋进的心境，只有经历过坎坷磨砺，性情坚忍的人才能担当大任。

» 从打扫自己的屋子做起

安逸的生活会让孩子产生惰性，苏联著名教育家苏霍姆林斯基曾语重心长地告诫家长们：“不要把孩子保护起来而不让他们劳动，也不要怕孩子的双手会磨出硬茧。要让孩子知道，面包来之不易。”这种劳动对孩子来说是真正的欢乐。通过家务劳动，不仅可以认识世界，而且可以更好地了解自己，树立家庭责任感，让孩子明白，自己也是家庭的一份子，有责任为家庭贡献力量。

朋友小王和我抱怨说自己的儿子在帮她打扫卫生的时候，往往是一边干活一边说："妈妈，这种事情以后不要让我做了，我是个要当作家的人，以后，我请个保姆，这些事情就不用自己做了。"

妈妈却说："当作家，就需要有生活体验。如果你连打扫卫生都不愿意，不想体验，你怎么可能写出让读者认同的作品呢？所谓一屋不扫，何以扫天下？今天你不愿意体验打扫卫生，以后你更不愿意体验普通人的生活，这样，你的思想永远脱离普通人，写出来的东西恐怕只有你自己能看得懂了。"

"妈妈，你说的有道理。"孩子若有所思。

"妈妈不是随口说说的，你可以去看看伟大作家的成长环境，他们都是从小就坚定自己的梦想，然后努力工作和学习，从生活中获取真谛，灵感才会源源不断。孩子，妈妈希望你能够实现自己的梦想，但是，梦想需要一步一步去做才能实现，不是可以等来的。"

现在很多父母越来越像是孩子的保姆了。在生活上，他们对子女呵护备至，体贴入微，溺爱有加。孩子可以为所欲为的享受，可以毫无顾忌的花钱，可以没有节制的做自己喜欢做的事情，骄纵跋扈，根本不管他人的感受，听不进大人的话，就知道饿了有饭吃，冷了有衣穿，困了有人哄睡觉，累了也可以看电视，活像一个小少爷。这样娇惯下成长起来的孩子，生活自理能力差，有的上了大学还要把脏衣服寄回家来让妈妈洗。

1.做家务的孩子易成才

孩子每天都在学习各种各样的东西，包括学习实践生活。孩童时代，孩子们的好奇心旺盛，每天总有新的发现和感受。经常是今天忽然能做昨天不能做的事情了，明天也会做到今天不能做到的事情。孩子们就是在这样重复的发现和感觉中渐渐成大。于是在每天的生活中，让孩子打扫卫生、洗洗衣服、做做饭、或整理饭桌都会给孩子带来学习以外的收获。同时这也将对孩子的将来起到决定性的作用。

2.做家务能培养孩子对家庭的责任心

引导孩子尝试做家务劳动不在于孩子干活的轻重多少，而在于孩子的参与过程。孩子在做家务活的过程中，不仅可掌握一些简单的家务技能，养成良好的劳动习惯，而且有利于责任心和义务感的培养。孩子所干的事情，在成人眼里虽是些微不足道的简单家务劳动，如擦擦桌子、整理报纸、参与家庭购物、拖地等等，但对孩子来说却意义重大。

把孩子当成大人，会使他们感到高兴。而将家务变成一种有责任的游戏，就能够让孩子觉得自己是大人。不妨对孩子这样说："从今以后，你要负责家里倒垃圾（收衣服或者给花浇水等）的事情。"这样一来，孩子就会感到自己有一种责任，必须努力做好。

3.做家务能沟通家长和孩子间的感情

让孩子做家务能增进家人之间的感情，当孩子为父亲拿了一份报纸或一双鞋子，父亲一定会对此十分开心，觉得孩子变得懂事了，父亲的感激之心会很容易地传达给孩子，孩子也会在父亲的赞美声中感受愉悦。

有不少教育家认为，孩子们在被宠爱时，往往没有意识到自己是在被爱，倒是自己在付出爱、而对方对这种爱做出回应时，孩子们很明确地认识到自己在被爱。所以，让孩子适量地做一些家务，有助于家长与孩子之间的交流，并很好地沟通孩子与家长之间的感情。

邻居家的孩子小伟在很小的时候，爸爸妈妈就有意识让他参与家务劳动，先做些力所能及的事。比如让他自己洗小手帕、洗碗筷、拖地等，由于常能得到大人的表扬，小伟干活时更来劲了丝毫也不马虎。长大一点时，家里买早点、打酱油、扔垃圾成了他的专利。8岁时，小伟就能做饭、炒菜、独自坐长途车去外婆家。当然，他的父母会不时地提醒和指导他，并常夸他说："我家的孩子最能干。"今年暑假，伟伟可谓是大显身手，做了一回十足的家庭小主人。每天在完成作业的前提下，基本上家务活都让小伟承包了。

无论是生活条件有多优越，也要让男孩知道自己的责任，好的生活环境是靠自己的辛勤劳动换取的，是付出了自己的时间和汗水的，世界上本没有什么不劳而获的东西。家长要让孩子知道，自己不能永远陪在他的身边，总有一天他会离开爸爸妈妈的怀抱，去走自己的路，所以让孩子从小懂得自己的事情自己做，不要依赖任何人，对孩子今后的成长是大有益处的。

4.自己的玩具自己收拾

孩子们在玩开心之后就会忘记吃饭，甚至忘记小便，经常看到有的孩子都快忍不住了，还坐在那里玩得起兴。有时候玩耍已经让孩子精疲力竭了，这时再让孩子收拾肯定是不现实的。

孩子们绝对不会去做无趣的事情，收拾玩具又无趣，又费力，孩子们肯定不乐意做，为了不收拾玩具，孩子会想尽办法耍赖。于是妈妈要时刻观察孩子，看他玩的差不多了，就应该开始引导孩子去收拾玩具。简单讲，就是要将收拾过程包含在玩耍的时间内。

让整理玩具也像游戏一样充满竞争性。在整理过程中，可以充分发挥孩子爱玩、爱模仿、爱打赌的天性。要让孩子觉得收拾玩具也好似一种游戏。

"来，开始收拾玩具了，先把最大的书放到书柜里，比比谁最快。"妈妈可以带头热闹起来，拿起书跑向书柜，孩子肯定会紧随其后的。如果让几个孩子一起比赛收拾，那就更加热闹了。紧接着，就说："接下来收拾不大不小的书，然后再拿最小的书过来。"孩子们发现自己拿错了书，甚至还会跑回去重拿，他们会完全投入到收拾玩具的游戏中。

“开始收拾红色的玩具了，把他们放到第一个桶里。”听到后，孩子们会飞快地把玩具收集过来。“然后是蓝色玩具了。你看，妈妈一下子拿了两个。”看到妈妈在炫耀，孩子也不甘示弱，会更加努力地去收拾。

孩子们爱玩、爱模仿、爱打赌，所以这种方法是最行之有效的。不仅可以尽情地玩，也可以尽情地收拾。每收拾好一样东西，就要表扬他，鼓励他，在这种环境中，孩子会一天天长大。

» 别扶，让男孩自己爬起来

任何一个孩子在学步阶段都曾跌倒过，跌倒并不可怕，只要能再次爬起来，就一定能稳步前进。国外很多年轻的妈妈带着孩子在外面外，孩子跌倒时，她们总能平静地说：“别怕，我相信你能站起来。”有的妈妈甚至不闻不问，孩子自己也不当回事。

但我们的一些父母往往一见到孩子跌倒，就惊慌失措地跑过去把孩子扶起来，他们本身比孩子更惧怕困难，即使男孩长大了，也不敢让男孩独自拼搏闯荡。更有一些家长，在孩子跌倒后，会和孩子一起怨天尤人，他不仅抱起孩子，还要伸手拍打几下地面，并说：“都怪你，把宝宝绊倒了，妈妈打他，宝宝不哭。”她们以为这样就能安慰孩子，但只会进一步导致孩子的心态失衡。

1.让孩子在哪里跌倒就在哪里爬起来

同事小李是三个孩子的爸爸，在孩子们还在学步阶段的时候，小李就鼓励他们：“一步二步三步，好！跌倒了别哭，自己爬起来再走，好！”孩子们果然不哭，跌倒了爬起来再走。朋友们说他是“开孩子们玩笑”，小李却回答：“老兄错了，这不是开玩笑，这是人生之路的第一步，将来在社会上闯世界，全靠这第一步呀！”

孩子们渐渐长大，小李特地选择了一个风雨交加的日子，带着老大、老二、老三等人去兴林。他不让孩子们参观兴林塔，却让他们丢开手中的雨伞，站在塔下淋雨。小李指着高高耸立的兴林塔对孩子们说：“你们看这座塔，百余年来不怕风雨，为什么？因为它基础牢固，骨架紧密。你们将来踏入社会，就要从小打基础，锻炼体魄。现在让我们一起开始比赛，围绕宝塔跑六圈，六六大顺！”小李带头跑了起来，孩子们紧紧跟着父亲，有的孩子不小心在泥泞中跌倒了，却迅速地爬起来再跑，无一肯落后……

还有一次，孩子们“拉黄包车”的游戏，老大装作黄包车夫，老二扮成乘客，老三和别的小朋友跟在身后又蹦又跳。正玩得开心时，不料“车夫”拉车用力过猛，双手失去控制，一下把“乘客”抛了出去。“车夫”愣在那里傻了眼，知道自己闯了祸；“乘客”又疼痛又委屈，满脸不高兴。这件事被父亲知道了，他慈爱地对老大说：“做游戏也要有分寸，黄包车夫可不光是使力气呀！伤了乘客还怎么拉生意呢？”老大不好意思地笑了。父亲又笑着对老二说：“我们的乘客这样宽宏大量，这样勇敢坚强，真是了不起！”孩子受到父亲的夸赞和鼓励，一脸的阴云散去了……

我们不仅仅要钦佩这位父亲，更要为这几个孩子感到欣慰，他们有这样一位父亲，将来一定拥有快乐，积极和勇往直前的性格。

2.要求孩子勇敢地面对困难和失败

小男孩和爸爸经过一个操场，看到别人在里面自由自在的玩滑板，很是高兴，他也想玩，但是有很犹豫。爸爸问他：“为什么不敢玩，怕摔倒吗？”

小男孩低着头说：“是的，那样会很疼。”

爸爸问：“到底有多疼呢，你摔过吗。”

男孩回答说：“摔倒过，膝盖都摔破了。”

爸爸又问："如果我们带上护膝，安全帽等工具，那样还会很疼吗？"

小男孩想想了说："应该不会了。"

爸爸又问："带上护膝不会摔了吗，万一再摔跤怎么办？"

小男孩说："那样就不会很疼了，就算摔几下，应该也没什么问题的。"

爸爸点点头说："好的，我支持你。"

其实，很多困难都是这样，本身并没有多强大，只是人们的想象让困难变得强大，只要父母能够帮助孩子分析困难，勇敢地面对困难，那么困难就不可怕。

3.让孩子学会接受失败

我所在的学校有一位叫皮特的美国中学生申请在假期参加学工劳动。他说："新雇员开始必须涂抹和粉刷厂房的外墙，以练习技巧。一天，我在炎热的太阳下连续工作了好几个小时，双手酸软，疲乏得很。回到家中，我忽然意识到：一个人最好的朋友是他的双手。看看厂里每天辛勤工作的人们，我逐渐学会了如何去尊重一个正直而诚实的劳动者。"

"记得那天我刚刚刷完第一面墙时，几乎所有在近处干活的工人都跑过来为我鼓掌。这天的记忆一直珍藏在我的脑海中，我由此领悟到由辛勤劳动所结的果实是最甜蜜的。"

"在这个劳动的夏天，我获得了很多的技巧和新的价值观，尽管我也失败过，我也沮丧过，但是，没有这次失败的经历，我又怎么能品尝到胜利的果实呢。"皮特无不感慨地说。

成功与失败，很多人只看到了结果的不尽如人意，却忽略了孩子在这过程中所付出的辛苦和经验的积累，教孩子正视失败，并尝试接受失败，那么就会离成功的脚步更近了。

如果一个人的腿受了伤，可以拄一根拐棍，假如他没有受伤，你非要给他一根拐棍，时间长了，他就会变得不会走路了。

住在我楼上的晨晨自上一年级以来，每次作业，他妈妈总是紧盯着，严把质量关。为此，晨晨也习惯了妈妈的做法，每天作业一写完，就把本子往妈妈面前一放，说："妈妈，检查。"当然，晨晨妈妈必定把他的作业从头到尾认认真真检查一遍，确认无误后才让他收拾起来。可是，长期以来，晨晨马马虎虎的毛病始终得不到解决。每次考试，失分处不是不会做，而是马虎毛躁造成的，写字不是多一点，就是少一点，计算不是进位忘了，就是抄数抄错了。是不是长期以来包办检查作业所致？在思考研究后，晨晨妈妈决定换一种方式试试。她跟晨晨约定，每次作业，必须自己检查好，检查完了才属于写完了。后来晨晨因为老师批评他近来的作业明显比以前的退步了，恳求妈妈做回以前给他检查作业的方式。妈妈明确告诉晨晨，他以前的作业都是妈妈给检查出来改得全对的，现在，妈妈不能让他依赖性太大，难道考试也让妈妈去检查。作业是自己的事情，应该学会自己检查作业，不认真对待作业就会带来严重的后果。从此，晨晨写作业，妈妈依然督促，但对他作业检查却少了很多。久而久之，晨晨养成了写完作业自己检查的好习惯，成绩也越来越好。

从小让孩子养成做事独立的好习惯，凡事不要寄希望于别人，只有自己通过自己的努力才能有收获成功的希望。

» 刻意给男孩制造一些小挫折

每个人都会遇到困难与挫折，成长中的孩子也不例外，如果孩子走惯了平坦路，听惯了顺耳话，做惯了顺心事。那么一旦他们遇到困难，就会不习惯，会束手无策，这样往往容易导致失败，所以，父母不妨在平时的生活好学习中，有意识的为男孩设置一些小麻烦，以此来培养孩子的抗挫能力。

比如，在外出游玩时，父母与幼小的孩子一起去爬山，山路高地不平，对于年幼的孩子来说非常难走，但是父母不要去帮助孩子，就让孩子跌跌撞撞地往前走，即使遇到小石子或踩到小坑里，也不要马上去扶他，而是要鼓励他自己往前走。

在给孩子制造“小麻烦”时，要有目的性，有针对性。因为在制造麻烦的过程中，会产生正反两方面的效应。如果运用得不好，反而会刺伤孩子，抑制孩子的积极行为。因此，父母在给孩子“制造麻烦”时，要注意以下几点：

1.制造挫折的对象是经常受到表扬的孩子

制造麻烦的对象是那些经常受到表扬的孩子，这些孩子在生活中总是一帆风顺的，所以要给他们增设一下挫折。而那些受挫较多，性格内向而又脆弱的孩子，不宜采取这种方法。

各方面都很优秀的孩子很容易骄傲自满，因为他们从小就有很强的优越感，认为自己比别人聪明，比别人学习好，每次都能考第一名。但是，一旦事与愿违，孩子幼小的心灵会承受不住打击，很容易做出极端的事情。所以，经常受表扬的孩子是制造挫折第一对象，让他们懂得承受一点压力，遇到一点困难并不是什么大不了的事情，只要自己努力了，结果并不重要，一味的纠结，只会让孩子越来越自负。

2.制造挫折要适度

由于孩子受挫的经验少，辨别是非的能力差，因此，制造挫折时，年龄越小的孩子，设置的挫折要越小，挫折发生的频率要越低。对于受挫较多的孩子，可以采取其他方式，甚至不要设置挫折。

3.设置挫折要循序渐进

挫折的设置应该要有渐进性，挫折应该由小到大，由少逐渐增多，切不可一下就给孩子个下马威，这样会把孩子的自信心摧垮。

我的侄子牛牛是个胆子很小的男孩，一次在体育课上，班里要玩球，可是球不够用，老师让牛牛去其他班借借看。他当时就显得有些胆怯但还是去了。老师用余光瞥着小家伙，只见他径直往隔壁班走去，快到门口时，牛牛忍不住回过去头看看老师，眼看着他几乎要退缩了，老师故意别过头去，假装没有看见，徐老师面带微笑地招呼着牛牛，他犹豫了片刻，终于鼓起勇气说要借皮球，当牛牛拿着自己借来的皮球给老师时，牛牛呵呵呵地笑了，没想到平时与人说话都不敢的牛牛今天还帮老师做了事，老师轻轻地拍了拍牛牛的头，随后又向他竖起大拇指，将他大大地夸奖了一番。

4.制造挫折要与鼓励，表扬相结合

制造挫折要与鼓励，表扬相结合，当孩子排除了困难，战胜了挫折时，父母要给予及时的帮助和鼓励，强化孩子积极的行为，增强孩子的自信心和战胜困难的勇气。

5.不要太在意孩子的情绪反应

孩子在遇到困难与障碍时，感到委屈是难免的，产生一些不良情绪也是很正常的事情，父母应该有这种心理准备。在孩子受挫后，一般的情绪反应，父母可以不加理会，让孩子自己去体验，然后振作起来；如果孩子的情绪反应过度，父母要给予温情的鼓励以及必要的心理上的支持，让孩子及时摆脱失望、伤心等不良情绪，及时树立信心。

在体育中心，同事小张跟儿子玩踢足球，当然，这都是没有任何规则的“玩球”。以往每一次只要是球到了儿子的小脚下，他就像征性地踢一下，球一跑远了他就指挥爸爸妈妈去捡球。可是那次小张却没有像过去一样跟他玩，球一溜远了小张就让儿子去踢回来，而且有的时候小球滚到他的小脚旁边小张也要抢着过去踢上一脚，让球再次远离他，并让他再跑过去追。而当他正要接近球的时候小张又再一次将小球踢走，这样反反复复地跑了好几趟，东东一边笑着一边气喘吁吁的，他觉得很好玩，但是又觉得很不明白。

于是东东忽然仰起小头问：“爸爸，为什么总是‘抢’我的球啊？”小张立刻蹲下来跟他解释说：“这不是抢，而是踢球的游戏规则，只是谁有本事接到球谁就有机会踢一把，谁踢得最多谁就算赢了……”在家里，东东总是想得到什么就能得到什么，很少尝到困难、挫折的滋味儿，即使是玩踢球这样的小游戏也是由大人配合着他。

经过那晚的一次“抢”球经历，后来他居然也懂得想方设法在最快的速度里将球“抢”过来，并且时刻提防着大人过去“抢”走，也是一边跑一边笑一边大声叫嚷，玩得很起劲很开心……每次踢球回来心情都很好，能够听从大人的一些意见和建议，主动做一些力所能及的事情。

法国著名文学大师巴尔扎克曾说：“不幸，是天才的晋身之阶，信徒的洗礼之水，能人的无价之宝，弱者的无底之渊。”只有经历过苦难和挫折得人，才能领会成功的意义。

» 让男孩知道有人比他更优秀

住在我家楼上的小雨是个十分讨人喜欢的孩子，对人有礼貌，学习成绩也好，他从小练习钢琴，水平达到七级，多次参加重要比赛，并取得了优异的成绩。因此，小雨经常受到父母，老师，邻居的夸赞。

但是，小雨的父母意识到，这种环境下，小雨容易形成骄傲的心理，为了能让小雨健康的成长，父母经常提醒儿子不要骄傲，还有很多比他优秀的孩子，他们都很谦虚。

一天，妈妈特意带小雨去同事家里玩，妈妈知道，这位同事的儿子亮亮比小雨更优秀，她想让小雨知道，人外有人，不要太骄傲。

两个孩子见面以后，玩得很投缘，但不一会，小雨就有些不高兴了。原来小雨和亮亮玩智力游戏的时候总是输，尽管亮亮热情的邀请小雨再玩，但是，小雨却坚决要求妈妈带他回家。

在回家的路上，妈妈对小雨说："小雨，妈妈知道你不高兴，是不是因为玩游戏总是输？"

小雨看了妈妈一眼，没吭声。

"你知道吗？亮亮是一个优秀的孩子，他比你小一岁，但是已经跳级了。"妈妈说。

小雨觉得有点好奇："是吗？挺厉害的。"

"是呀，亮亮是个优秀的孩子，但他从来不炫耀这些，总是努力的学习。"妈妈微笑着对小雨说，"你也是优秀的孩子，但学无止境，不要骄傲哦！"

小雨领会的点了点头。

为了使孩子能够健康成长，能有良好的个性，小雨的妈妈可谓是用心良苦。让小雨知道人外有人，比他优秀的人还有很多，所以不能取得一点成就就沾沾自喜，谦虚使人进步，这样才能有发展的空间。

有这样一个男孩，整个小学期间，不但成绩一直优秀，还在班里担任班级干部，几乎年年都被评为"三好学生"，因此，男孩在各方面都表现的很有自信，因为他觉得自己是最棒的。但是在小学升初中的时候，他却在考试中出现了失误，没能考上最好的中学，而那些平时不如他的同学都比他考得好。男孩的父母没有给他太大的压力，但是男孩自己却一直对这件事耿耿于怀，整天唉声叹气，好像到了世界末日一样。

对于这些年龄尚小的男孩，遇到困难和挫折都是难免的，小朋友之间也会经常出现互相攀比，嫉妒等行为，家长应该及时发现并扼杀在萌芽中，要让孩子多见世面，让他们知道，有很多人比他们还优秀，学习还好，但是他们并不炫耀，还是一如既往的认真，要让孩子知道学无止境，不应该取得一点小成就就骄傲自满，虚心使人进步。

» 让孩子学会面对危险状况

有这样一个故事，村口就是一条大河，河水给孩子们带来了欢乐，但也把悲伤带给了孩子们：每年都有孩子被河水吞噬了生命。

在这个村子里，有一户姓张的人家，夫妻俩有一个独生子。孩子五六岁时，有一次，父母发现他和别的孩子一起到河里玩水，特别担心，就这么一个宝贝儿子，万一有什么事，做父母的可怎么办？于是父母狠心打了孩子，并禁止孩子不能再走近河边一步。

儿子远远地看着别的孩子们高高兴兴地到河里玩水，他也想去，可父母严厉的目光总把孩子的渴望无情的浇灭了。

儿子10岁那样，村里发了大水，别的孩子个个在大人们的帮助下逃生。唯独这个孩子，在呛了几口水后，沉了下去。

父母爱孩子，就应该为孩子做长远的打算。出生在河边的孩子，父母应该让孩子学会游泳，学会面对危险又能避免危险，从而学会克服危险的本领。

父母对孩子的爱总是唯恐不周：看见小孩拿铅笔，就怕孩子削着手，马上抢过来替孩子削；看见孩子用针缝东西，也不放心，也要替孩子代劳。事实上，像削铅笔，缝扣子这类不会有太大危险的事，由父母代劳只会剥夺孩子自己体验危险的机会，让孩子在面临更大危险的时候不知所措。

有一次，我远在美国的朋友小王早上去海边游泳，游累了的他就在岸边休息。这时，他看到一个美国的小男孩，大概三岁左右，站在跳板上，正犹豫要不要跳下。跳板其实不高离水面大概只有一米，但是这样的高度对一个只有三岁的小孩子来说，却是一个很大的挑战。犹豫了半天，小男孩还是一直站在跳板上，他的爸爸妈妈正好坐在旁边和客人谈话，妈妈无意中回头看了他一眼，他望了望妈妈，似乎在询问妈妈到底要不要跳。他的妈妈没有说话，只是向他做了一个手势：跳跳看。小男孩笑了一下，不再犹豫，扑通一声，跳了下去。他的妈妈一看他跳了下去，只是站起来看了一下，看到他爬上岸后，就又坐了下来。

国内的一些父母总认为：水没有深浅，孩子去游泳，万一出了事，那是要后悔终生的。于是就极力限制孩子到有水的地方去玩。

对于孩子游泳一事很多父母并没有什么担心，他们还经常带着孩子一起去海边，让孩子在水中尽情地嬉戏。

小孩子都是好动的，都有着强烈的好奇心和叛逆心，父母越是不让他去水边玩水，他却偏偏就要去水边玩水，父母根本就阻止不了。

那么面对这种情况，父母应该怎么办呢，其实限制孩子玩水并不是好办法，与其这样，还不如教会孩子游泳，让他们学会自救的本领。这样，既可以让孩子游泳，家长又不必过分担心。这种做法，其实是与素质教育的精神相一致的。所谓的素质教育，不单是要孩子能考出好成绩，更重要的是掌握适应环境的能力，增强抵抗压力和打击的能力。让孩子掌握自我学习、自我管理的能力等。再放手之间，让孩子自强自立的去生活。

比如，孩子喜欢爬树，而且爬得很高，父母怕孩子摔下来，总是禁止孩子去做这种危险的事，可是当父母不在身边时，孩子爬山，父母又如何禁止得了呢？对活泼，独立性强的孩子，禁止他从事有危险的活动，是有困难的。孩子本来也是喜欢做危险游戏，喜欢冒险的，他们积极探索的精神和自信心就是从这里产生的。父母如果大惊小怪地说："太危险了！太吓人了！可不能这么干呀！"这样，孩子对新鲜感的体验就会被淹没。

其实，最有效的方法是提醒孩子。爬树是一种很危险的活动，要防止跌落的危险，就要考虑牢固的落脚点，衡量数值能否支撑自己的身体，父母指出危险性，不强迫禁止，就能让孩子学会克服困难的本领。

美国石油大王洛克菲勒为了让孩子从小明白不能在别人的保护下生活，常常允许孩子们单独去划独木船或驾驶帆船，还让他们去冒险，尝试可能涉及的危险，为此，洛克菲勒9岁的儿子从马上摔下来过，12岁的儿子玩气枪打伤过自己的脚。尽管父母心里很害怕，但他们还是硬着头皮让孩子去尝试。

从某种意义上来说，危险是无处不在的，人要生存下去，就要学会避免或战胜它。人类的历史也是无数的冒险、斗争并战胜危险的历史。

在日常生活中，父母不要过分保护孩子。有时，让孩子尝试一下危险的滋味，反而能够磨炼孩子的意志。比如倒开水，削铅笔等，经过这样的磨炼，在面临危险的时候，孩子的处事能力就会得到提高，自信心也会增强，以后再面临更大的危险和困难时，就会努力想办法去克服，而不是逃避困难了。

在顺境中给男孩制造挫折，要求父母不要轻易满足男孩的任何需求，有时候父母不妨延迟，拒绝，让孩子尝尝挫败感，在男孩的成长过程中，多经历一些困难与挫折，对他的成长是有利的。

物质供养60分——控制男孩的物质享受

很多家长认为，男孩应该穷着养，就是不给他太多的金钱方面的花销，不给他太多的物质享受，以免惯坏他。其实这种想法是片面的，我们这里所说的控制男孩的物质享受，意义在于对于“穷困”和“艰苦”切身感受，对男孩意志、品质、性格、心态的磨砺、锻炼和培养孩子艰苦奋斗的精神。

» 男孩想要的玩具，让他自己挣回来

孩子要求家长给自己买喜欢的玩具是件很正常的事，但是不是孩子要什么就给买什么呢？显然不是，不要因为爱孩子，就无条件满足他，溺爱他，这样做会误导孩子的金钱观，影响他今后的价值观，剥夺了孩子学会自立的权利。

衣来伸手，饭来张口的孩子是没有出息的，只有那些经历过贫穷的男孩才明白优裕生活的可贵，才知道如何去创造财富，才懂得珍惜来之不易的幸福生活。

苏联作家高尔基的故事大家都听说过，从小家境贫困的他，为了买

书，同时打好几份工，由于太累，在烧开水的时候不小心被烫到。但是当他用自己辛苦赚来的钱买到书的时候，所有的伤痛都不算什么了，高尔基就是凭着这股坚韧的劲儿，才取得了这样的成就。当然，今天的生活条件不能和当时的环境同日而语了。在很多家长看来，孩子的主要任务就是学习，其他的事情都尽可能地满足孩子，在这样的条件下，孩子很容易产生惰性，阻碍前途的发展。让男孩挣回自己想要的玩具，目的就是让男孩明白父母赚钱的辛苦，幸福生活的来之不易，这才是最终目的。

周末的时候，我姐姐带着儿子小明去逛街，看到奥特曼模型，小明喜欢的不得了。平时，小明就喜欢看奥特曼的动画片，这下看到有卖模型的了，就很希望妈妈能给他买一个。虽然当时妈妈看出了小明很喜欢这个模型，但是她并没有马上给儿子买，而是对儿子说："这样吧，我们来一个约定，如果你能在期中考试的时候进入班级前十名，妈妈就把这个模型买下来送给你。"小明虽然不情愿，但还是答应了妈妈，回家以后，小明专心复习功课，果然在期中考试的时候取得了第六名的成绩，而且总分数也较上次有很大的提高。

我认为姐姐的这种奖惩方式不仅督促了孩子的学习，也让孩子的自信心得到极大的满足。还有的家长跟孩子约定，做家务奖励10元，考试成绩进步奖励5元或者买玩具等制度。但是这种奖惩制度具有两面性，如果掌握不好度，很容易让孩子产生为了钱和玩具而努力的想法，背弃了父母最初的意愿。

家长通过奖惩制度来约束孩子对物质的购买欲，奖惩制度对孩子的发展具有激励作用。因此，父母在对孩子进行奖励或惩罚之前，首先要明确孩子的哪些行为是应该奖惩的，哪些行为是不应该奖惩的。这样，才能给孩子适当的奖惩，取得预期的教育效果。

孩子完成了对他而言是具有挑战性的任务时，要给予表扬奖励。这样有利于培养孩子的进取心和自信心；孩子以独特而有效的方式完成任务时，应该给予表扬奖励。这样，有利于培养孩子的创造性；孩子表现出了我们所渴望的行为、态度和良好的习惯时，应该给予表扬奖励。这样，有利于培养孩子的相应的行为习惯。

在一个英国家庭，祖父对孙子杰克说道："杰克，你现在该还我钱了吧？你还欠着我10先令呢。"

事情是这样的：前几天，祖父带杰克去迪斯尼玩，祖父花了10先令买了块鸡翅，在一旁自顾自地大吃起来。杰克也想吃，便向祖父借钱，并再三保证，一个星期内，一定还给祖父。祖父这才借给了小孙子10个先令。没想到，就为了这一点小钱，而且是自己的亲孙子，这位向来乐善好施的长辈竟然还是念念不忘！

正好，杰克的爸爸听到了爷孙俩的对话，父亲立即对儿子说道："杰克，你借了别人的钱还不及时还，这可不是个好习惯。"

"爸爸，我正要还呢，不过还没来得及。"

在父亲的督促下，杰克很快将钱还给了祖父。

不要用事先许诺的奖励来激励孩子。有的家长有时为了让孩子听从要求往往会采用事先许诺的奖励来调动孩子的积极性。如"乖乖的在家待着，不许乱走，一会妈妈给你买糖吃。""你帮妈妈擦桌子，妈妈奖励你10元钱。""不要再把洗澡水倒在地板上，听话，星期天妈妈给你买玩具。"等等，家长的这些许诺确实可能会在一时一事上发挥积极作用，孩子在得到家长的许诺后，确实出现某些好的行为；但是这种事先许诺式的表扬奖励，如果用多了，其不良后果也是十分明显的，它会使得孩子变得非常功利，使孩子在采取行动之前，只计较自己是否得利，或利大还是利小，使得孩子养成斤斤计较、见利忘义、自私自利等浓厚的功利主义思想和品质，使其难以认识到自己对待事情应负的责任，以及行为对他人和社会的意义，这就使得其今后很难与人共事、共处。

当孩子出于内在的兴趣或进取心而表现出好的行为时，家长如果给予孩子过多的表扬奖励，反而会削弱孩子的兴趣和上进心。比如，孩子自己非常喜欢画画，他并不需要家长的表扬和物质奖励，而只要获得认可就足够了。如果孩子画出很美的画，家长只要关注一下就行了，但如果家长说："宝贝，你真棒！等一下我给你巧克力吃！"这样的强化多了，反而会使孩子去画画的兴趣逐渐减弱，甚至会使孩子出现厌烦心理。

心理学研究表明：表扬奖励与批评惩罚的比例最好控制在3：1。如果远远超过了这一比例，那么，你的表扬或许已不太真诚或者就有点夸大其辞的成分；如果低于这一比例，那么，你就可能是个过于挑剔的父母，这将令孩子情绪长期不安，进而会破坏孩子的自然成长，使其成为神经质、怯懦，或者不诚实，甚至还可能学会用粗暴的态度对待他人。

相比之下，国外的家长更注重对孩子物质享受的控制，很多外国孩子，从小就自食其力，利用寒暑假打工挣钱。当然，他们并不是因为贫穷，而是家长要从小培养其生存意志。

澳大利亚很多有钱人家的孩子，从小就被家长送去学开船。教练常常把船泊在浅滩上，船底船身就会沾满沙子。小皮特的工作就是用抹布、清水把它们清洗干净。11岁那年，小皮特在太阳下一天干上了六个小时，整整干了一个暑假，他妈妈也不会因为心疼而阻拦，因为在妈妈的观念里，小皮特早晚要学会这个技术，早一点总比晚一点好。

亨利前阵子上课时总是打盹，问他原因，他自豪地说："我每周四上午五点到七点在我家的街区送报纸，一天可以挣14块钱！"班上的其他男生羡慕不已。

以中国家长的心态去考虑，我们是决不允许这类事情的发生，让孩子到浅滩擦洗船只，出了意外怎么办？为了挣14块钱上课打盹，学不好功课怎么办？而国外的家长不这么想，他们认为培养孩子的能力最重要，而不是看重孩子学了多少具体的知识。

» 在餐桌上教会孩子如何节约

有这样一篇报道：为了在学生中倡导节约，一位六十多岁的退休老教师在全体学生面前将学生扔在垃圾桶中的馒头捡起来吃了。报道一出，在社会上引起很大的反响。专家认为，对学生的节俭教育刻不容缓。

勤俭节约是中华民族的传统美德，随着人们生活水平的日益提高，很多家长为了追求高品质的生活，而在细节上忽略了对孩子节约的教育，导致很多学生对于浪费几粒粮食不以为然，吃饭的时候还挑三拣四，不吃这，不吃那。因此，家长应该重视对从小对孩子勤俭节约的教育。

“锄禾日当午，汗滴禾下土，谁知盘中餐，粒粒皆辛苦”几乎每一个孩子都能流利地背诵这首诗，但是真正能做到一粒粮食也不浪费的又有几个呢？

住在我楼上的大宝是个懂事的孩子，平时也会帮妈妈做些力所能及的家务，一天，大宝的妈妈在择菜的时候，大宝在旁边帮忙，大宝问妈妈，“这菜打算这么吃啊！”妈妈说：“把叶子摘下去，把杆炒着吃。”听到妈妈说这话，大宝就要把叶子扔进垃圾桶，妈妈看到了急忙阻拦“哎，不能扔，叶子虽然不能炒着吃，但是我们还有别的做法呢，你就这样把它扔掉，太浪费了，这些叶子也够一家人吃一顿的呢。”

吃饭的时候，大宝饿坏了，狼吞虎咽的，饭粒掉了一桌子，妈妈很严厉地说：“大宝，你必须把掉在桌子上的饭粒都拣起来吃了，你这样叫浪费粮食，你知道吗？”大宝不以为然，“就这么几粒米，至于吗？再说掉在桌子上了，多脏啊！”妈妈说：“‘锄禾日当午’的诗你会背，但是你怎么做不到呢，浪费粮食是一件可耻的事情，难道你要让人嘲笑吗，节约粮食就应该从小做起，你今天不以为然，那么以后你也不会在意的。”

大宝有些惭愧了，他也知道自己做得不对，就乖乖地把米粒捡起来吃了。

随着现代生活节奏的加快，父母与孩子交流的时间越来越少，每天用餐时间成了家长和孩子相聚的最好机会。许多国家都特别重视孩子的餐桌教育，英国就有把“餐桌当做可课堂”的传统，从孩子上餐桌的第一天起，家长就开始对其进行有形无形的“餐桌礼仪教育”美国的家长则比较重视进行节约环保教育；日本许多家庭的餐桌犹如课堂，他们称之为“食育”大人们在餐桌的言行，对孩子身心所产生的影响甚至比学校的功课还要深刻。

1.从点滴做起，培养孩子节约的美德

古今中外，凡能自立于世界之林的民族，无一例外地提倡节俭：德国人生活上“抠门”，日本人工作中节俭，都是节俭美德的发扬。让孩子从小养成勤俭节约的习惯，关键在于家庭的早期培养。节约要从点滴做起，从身边的小事做起。孩子吃饭时，不随意浪费粮食，要知道“粒粒皆辛苦”。可以告诉他，在我们这个13亿多人口的大国，如果每个人每周少浪费50克米饭，那每周就可以节约65000吨粮食，日积月累将是个多么巨大的数字！

2.给孩子一双勤劳的手，培养热爱劳动的品质

家务劳动与孩子的成长有密切的联系。家长可以根据孩子的情况，让孩子擦桌凳、摆碗筷、端菜等。在孩子尝试做一些力所能及的事时，父母最好不要用“我来”去阻挡。像端热汤这类事，你只要小声地嘱咐他几句，或者告知一些注意事项就可以了。这样可以锻炼孩子的生活自理能

力，使其在成长的过程中，树立自信，培养孩子珍惜劳动成果的品质。

3.持之以恒，培养孩子的文明礼仪

我们很多家长对年幼孩子在饭桌上的表现不管不问，忽视了孩子的文明礼仪教育，孩子成了餐桌上的“上帝”。家长应该从小对孩子灌输一些用餐的礼仪，让孩子懂得说“对不起”“谢谢”；不满嘴含着食物讲话；不将饭菜乱吐在桌面上；咀嚼东西以及喝汤时，不发出很大的声响等。这方面的训练要持之以恒，才能取得良好效果。

4.尊敬长辈，让孩子懂得奉献爱心

我国很多家庭都是好吃的先让孩子吃，家长对孩子的饮食喜好一清二楚，但孩子却不知道父母的口味。在饭桌上，父母应不失时机地教育孩子懂得关爱别人、尊敬长辈。父母要以身作则：吃饭的时候，给老人端椅子，引导孩子给长辈夹菜，让孩子在愉快的气氛中感受爱心的互动。孩子会看在眼里、记在心上；知道什么是美、什么是善、什么是爱；知道怎样尊敬长辈、珍惜家庭，从小心中有他人。

5.从身边事做起，培养孩子的环境卫生意识

父母是孩子的启蒙老师，在加强自身修养的同时，要引导和教育孩子注意卫生、保护环境。例如，吃饭的时候不可把菜汤、米粒洒满桌子；弄脏了桌面，鼓励他们自己清理；上小学的孩子应知道哪些是可再生制造的“环保餐具”，哪些塑料袋会成为环境“消化不了”的“永久垃圾”；在外就餐，不能随便丢食品的袋子、易拉罐等。重视环境教育，应从身边做起，从保护餐桌“小环境”，延伸到保护自然、保护社会这个大环境。

我的大学同学跟我讲了这样一个关于她和她儿子的故事：

“人类的最后一滴水是什么？”一天，9岁的儿子突然问她。

“又是脑筋急转弯吗？”她以为天真的孩子又在搞怪，“人类最后的一滴水，还是水呗！”

“不对，是人的眼泪。”

“谁说的？”母亲惊讶于儿子的答案。

“是广告。”

“好儿子，你知道广告的意思吗？”

“让我们节约用水。”

“谢谢你的脑筋急转弯。”

“不是脑筋急转弯，是广告。自然课的老师让我们回家，向每位家长提问。”

这件事过去很久。一次，一位来学校办事的家长，向这位年轻的母亲讲了一件事：她去大学看女儿，正置初夏，半夜起夜，发现水房有哗哗的流水声。走进去一看，在流淌的水龙头下面放着一袋牛奶。她明白，流水是为了降低温度，保证牛奶不变质，其代价却是一夜自来水的流失。

因此，家长要时刻提醒孩子养成勤俭节约的好习惯，要让孩子知道，浪费是件多么可耻的事情。

» 杜绝男孩乱花钱的习惯

我的同事小刘非常重视对儿子飞飞的教育，她并不因为是独生子就溺爱孩子，在教育孩子的过程中，小刘凡事亲力亲为，和孩子建立良好的亲子关系。她和我讲述了他教育儿子的一个例子：

开学后的第一个周末，吃完中饭，飞飞就说要和同学去放风筝了。在我打电话催他回家吃晚饭后，他带着一把长枪、一把短枪回来了——都是新买的，而从家里带去的风筝却没了踪影！

这已经是第N次买枪了，N绝对大于10了。说是男孩喜欢枪吧，也不见他当宝，到处乱丢，今天看看还真找不到任何一把枪的影儿了。

每次和同学去玩，他都能带回一堆玩具。我知道那些孩子是不会乱花钱的，只有他，有求必应。也不是因为有同学他才花，就是独自一个人，他也会无聊得去买点零食、买点玩具，好像成了一种习惯。

怎么就能那么不珍惜钱！

“记得昨天让你看过的那些照片吗？知道他们多么需要钱吗？把所有的零花钱都拿出来捐了！”

没收了他所有的零花钱，心平气和了些。想想一下子断了他的经济，也有些不妥。从大手大脚花钱到突然一无所有，他不会私拿大人的钱吧？钱还得让他花，关键是学会怎样花！

脑子里闪过“零花钱申请报批——好像是说花钱前先申请，批准了再发给他”；闪过“与贫困生结对子——让他深切感受到钱来之不易”；闪过“记账式——让他知道钱都花到哪儿去了”……不知道还有没有更好的办法？

飞飞对钱实在很随便，即便我刚刚没收了他的所有钱，他也没有大哭大闹、甚至都感觉不到难受。

吃饭时又好好跟他说：“你还记得那些孩子生了冻疮的手吗？想得起来他们穿的鞋、吃的东西吗？能想起那些流泪的眼睛吗？”

“能。”

“你买枪的时候想到过他们吗？”

飞飞顿时无语。

“我刚刚数过了，一共是170元。我听说200元钱就能资助一个孩子读小学。你想想，你这些钱，就能让一个孩子完成小学的学业！”

家长在孩子花钱的问题上，一定不能心慈手软，而是坚持原则，视家庭经济状况，把好孩子的消费关。对孩子花钱上的节制，并不等于克扣，而是酌情处理。引导孩子计划开支，合理花钱，让孩子从小懂得生活的艰辛和自食其力的重要。

帮助男孩克服乱花钱的习惯，家长可以参考以下几点建议：

1.引导孩子正确认识钱的意义。让孩子从小懂得钱是什么，钱是怎么来的，怎样正确地对待钱财。对于年龄较小的孩子，联系实际生活进行讲解，多引用一些事例。对于年龄大的孩子，可以就钱的问题进行讨论。

2.教育孩子学会花钱。孩子的消费行为是由被动逐渐走向主动的。从小学低年级起，就教孩子买东西，如何用钱，如何找钱，如何选择物有所值的商品。教孩子保管好钱，防止丢失、被盗。随年级升高，让孩子学会先认真思考再花钱，并逐渐养成习惯，避免盲目消费。另外，也可以采取让孩子“一日当家”、“一周当家”、“记收支账”等方法，让孩子在实践中学习理财，培养节俭的品质。

3.帮助孩子学会积累。孩子手里的零用钱、压岁钱按照计划使用，适当积累。必需的东西选择买，可买可不买的选择不买，把钱存起来。让孩子在存钱、用钱的过程中，形成节俭的好品质。

4.教育孩子量入为出。让孩子明白，花钱的前提是有经济来源。每个家庭的经济情况不同，每个人花钱时都要衡量自己的支付能力。即便家里很有钱，也不能随便乱花。

5.教育孩子珍惜物品，不浪费。让孩子了解所吃、所穿、所用的东西来之不易，都是用汗水和心血创造出来的，随意浪费是不珍惜劳动果实、不尊重劳动的表现。带领孩子一起劳动，体会劳动的艰辛。

6.培养孩子节约的品质。首先要从家长做起，家长从认识到行为，都要给孩子做榜样，才会带动孩子养成节约的习惯。

朋友小李一家三口趁着周末的时间去逛街。在一个繁华的路口，有一位老奶奶正在卖报纸。爸爸从口袋里掏出5元钱交给男孩，让他去买10份报纸。男孩买回报纸，小李和老公一起跟他商量：按原价把报纸卖出去，看看我们能不能很快卖完。男孩在爸爸妈妈的支持与帮助下，花费了很长时间才把10份报纸卖出去。

之后，小李和老公让儿子去问卖报的老奶奶，一份报纸能赚多少钱。孩子从老奶奶哪里知道，卖一份报纸只能赚几分钱。他算了一笔账，花了这么长时间才能赚几毛钱，而且要费很多体力和口舌。“爸爸妈妈，我以后可不能随便花钱了，挣钱太不容易了。”父母肯定了孩子的想法，及时表扬了他。这个男孩后来很懂得节俭。

要让孩子懂得赚钱的艰辛，只有真正体会了其中的辛苦，才能不轻易地浪费，从小形成正确的金钱观和价值观。

现在，很多男孩不懂得节俭，乱花钱、随意浪费的现象相当严重。很多拿着压岁钱的中小学生请客、送礼、聚会、K歌……表现出来的那种比阔气的“成熟”让人惊讶。一位高二的学生寒假过后，刚一开学就频繁参加同学的聚餐，近一千多元压岁钱全部花光。当父母责备他乱花钱时，他振振有词地说：“我们班同学家境都太一般化了，同学聚会只能AA制。邻班的同学聚会才荣耀呢，有个同学的爸爸是大款，人家自己掏腰包请同学吃了一顿大餐。”现在的孩子不会挣钱，却越来越会花钱，而且丝毫不体谅家长的辛苦，这种现象不能不引起每位家长的深思。

孩子乱花钱，一方面是各种广告拼命地宣传吃好、穿好、用好，刺激孩子进行盲目消费；另一方面，家长出于疼爱“独苗苗”，迁就孩子的各种行为，也导致孩子乱花钱。有时家长自身也会产生不合理的消费心理——攀比、从众、追时髦、喜新厌旧等。时代在变，人们的消费观念确实应该跟着改变。随着生活的不断富裕，人们吃得更有营养，穿得更美，用得更可心，这是应该提倡的，但盲目花钱、随便浪费，永远都是坏事情。

» 培养男孩的储蓄能力和理财能力

理财是一种生存技能，让孩子学习理财是非常现实的选择。理财教育是家教的有机组成部分，与孩子的健康成长息息相关。对于成长中的孩子来说，理财教育包含了多方面的教育内容和多种能力的培养。

美国著名的亿万富翁洛克菲勒就深得其中要义。他在孩子7岁以后，每人每周发给30美分的津贴，同时发给他们一个小记账本，要求他们记载每一分钱的用途和花钱的时间，周末还要孩子们交上自己的账本，以审查其开支的合理性。洛克菲勒在谈到让孩子记账时曾说："要让他们懂得金钱的价值，不要乱花乱用，把钱花在益处。"

我们先来看看美国家长是怎样从小培养孩子的储蓄能力和理财能力的。

1.从小就注意让孩子识别各种货币，年龄小时，主要认识硬币，然后认识数额大的纸币。

2.美国家长特别是华裔家长很重视培养孩子的储蓄观念，比如，有的小孩喜欢吃冰激凌，如果买一杯需要50美分的话，家长就告诉他："你想吃可以，但是今天只能给你25美分，等到明天再给你25美分，你才能买来吃。"只是对孩子储蓄观念的萌发，有的小孩可能就会在第二天忘记买冰激凌的事，而会把钱存起来。

3.家长除了供给孩子最基本的生活必需品之外，有些消费让孩子用自己的积蓄去开支，比如，孩子想买网球拍、自行车或想去旅游，知道他用自己全部或一部分的积蓄。这样，孩子体会到用自己的存款来买自己想要的东西的愉快和兴奋，而且也培养孩子学会有计划的管理金钱的能力。

4.教孩子乐于分享，体验捐献和助人的喜悦。美国的慈善事业很发达，义工也很普遍，这些社会大环境都让孩子从小就体验到人与人之间相互帮助和分享。

5.学会精打细算，不乱花钱，不浪费钱财。一般情况下，家庭都要协助孩子拟定一个消费计划并正确执行。比如，孩子一时要用钱而借了别人的钱时，家长一定会催促孩子及时给他人还钱，让孩子养成良好习惯。

6.教会孩子学会通过正当手段去获得收入。美国人常将自己不需要的东西拿出来拍卖，小孩自己用不着的玩具等也可以摆在家门口出手，以获得一点收入，但帮家中做些日常生活的事情并非都给钱，报酬是为了培养理财观念。

7.用金钱作为奖赏来养成孩子的良好行为。比如，有个家长，她的两个儿子总是相互批评指责，家长就决定给每个儿子20美元的硬币，放入钱罐子里。如果谁给对方批评指责，就在谁的钱罐子里取出25美分。如果一个月后，谁的罐子里的钱，就归谁所有。这使得两个儿子之间的矛盾解决了，彼此变得友好亲热，这样从一个角度告诉孩子，奖励他人的良好行为也是一种理财方式，让他人和自己分享。

8.用自己的理财观念和消费行为影响孩子。许多时候父母不必说什么就可以把花钱的决定、次序、信念及习惯等潜移默化地传授给孩子，所以家长处处都以身作则。

妈妈想要培养孩子的全面的理财能力，应该从以下几个方面入手：

方法一：金钱只是与贪婪和满足联系在一起的吗？答案是否定的。金钱是一种使自己和别人生活的更加美好的工具。

一位犹太商人这样述说她对小孩灌输的金钱教育："我给丽莎姐弟的零用钱不是每天都有，是依他们做事的程度和多寡而定的。例如，我们和他们事先约好，早晨起床后剪院子里的草给10元，去买一份早点给2元等。我对他们从来不分年龄大小，一律采取同工同酬制度。"犹太人认为，金钱并非头筹，更不会玷污孩子的心灵，相反，让孩子很早的接触金钱对其财商的培养是很有益处的。

方法二：要教育孩子从小事做起，养成节约的好习惯。首先，要在生活细节上养成节约的习惯。比如按时关灯，爱惜粮食，节约用水等等；其次在使用学习用品上要节约，不要因为刺耳错一两个字就撕掉一大张纸，不要老是碰断铅笔芯。

方法三：父母要经常给孩子讲勤俭持家的道理使孩子懂得一粒米、一滴水、一度电都是辛勤劳动得来的。父母要供他衣食住行所需的费用都是辛苦挣来的。要让孩子知道家庭的经济能力，这样他们就会自觉抹掉不必要的消费。

依赖程度60分——独立性强的孩子有所作为

社会赋予男孩的责任是有所担当。作为父母，有必要从小培养男孩的独立性。男孩只有独立，长大之后才能撑起属于自己的一片天空，这里的独立性包括人格独立、思想独立、行为独立、经济独立等方面。为了让男孩从小养成独立自主的品格，父母需要培养男孩生活自主能力和对未来的规划能力。

» 让男孩自己的事情自己做

我的同事李姐总是在我面前抱怨，小时候太娇惯宝贝儿子了，现在孩子都快四岁了，还要大人们帮着穿衣服，吃饭的时候也必须有人喂，否则就不吃，孩子要上幼儿园了，还不能够自己穿衣服，而和他同龄的小朋友这些事都能够做得很好。有人告诉李姐说，这些事都应该让孩子自己去做了，父母不可能一辈子在他身边，让他早点学会穿衣服，自己吃饭，这样多好啊。李姐却说，我爱我的儿子，为了他，我什么都愿意做，只要他快乐就好。

这是多么盲目，自私的爱啊！母亲为了自己照顾儿子的愿望得到满足，为了精神上有所寄托，却忽略了儿子本身成长发展的需要。

如果这位母亲还是一如既往的，不断的替孩子做事情，那么孩子大一点后，发现自己这也不会做，那不会做，而别的小朋友都比他强，他就会觉得自己一无是处，自信心大受打击。

家长替孩子们做他们自己能做的事，就是对他们劳动积极性的最大打击，等于对孩子说："我不相信你的能力，我来替你做，我比你强，比你聪明，比你有经验。"如此教育下成长的孩子，虽然高大强壮，仪表堂堂，个性却是畏畏缩缩的，缺乏勇气和能力，将来又怎么能得到担当重任的机会呢。

因此，父母一定要从小培养孩子自己的事情自己做，让他们在实践中学会做事，学会独立。

1.引导孩子自己做事的独立意识

在西方国家，父母常常让孩子自己照顾自己，孩子两岁半以后，上厕所都由孩子自己处理。尽管大人们事后要检查，但十分注意让孩子自己去做该做的一切。由于他们从小就重视对独立精神和独立能力的培养，因此，西方的儿童大多具有较强的独立意识。

一个四岁的美国小男孩在弯腰吃力地系鞋带是，一个路过这里的中国学者提出帮助他，却遭到拒绝。

小男孩问中国学者："你知道我多大吗？"

"不知道，可我想你应该很小。"

"我已经不小了，我都四岁了。"

很显然，孩子认为自己已经长大了，系鞋带这样的小事应该由自己来做，孩子的这种独立意识在美国是很普遍的。

我们的父母应该知道照料孩子的目的，不仅仅是为了使孩子生活得舒适、幸福，更重要的是在照料过程中要让孩子逐步学会生活自理，进而掌握独立生活的能力。如果做父母的只想让孩子生活的舒适，把孩子的事情全都包办代替，不让孩子自己动手、动脚、动脑，那么父母就等于把孩子的手、脚、脑都束缚起来，这样做的结果只能是孩子什么事都不能做，也不会做。将来孩子长大，离开家庭、父母，进入社会独立生活、工作，就没有生活自理的能力，这不但会给孩子今后的生活带来诸多不便，还会影响他们的工作和生活，所以，父母要从小培养孩子自己做事的独立意识。

2.多让孩子参加一些动手的活动

在家庭中，让孩子动手的机会很多，除了力所能及的家务劳动外，还可以有目的的让他们做一些他们有兴趣的事情。

（1）绘画、剪纸、泥塑等艺术活动。让孩子们参加艺术活动，是培养孩子的观察力、想象力、创造力的重要教育手段。观察事物只是认识世界的起点，在孩子观察到种种新鲜事物以后，必须鼓励他们用自己的方式表达出来。而绘画等艺术活动最能发挥儿童的自由想象力，又发起创造性思维及参与意识，对形成他们的动手能力十分有利。

（2）使用劳动工具和家用电器，可引导孩子使用锯、锤、钳、螺丝刀等工具，安装、修理或制作简单的学具、家具或其他日常生活用具。也可按照使用说明书，指导其学习使用洗衣机、录音机、电视机、电冰箱等各种家用电器。但这些引导都要注意安全，要始终关注其操作过程。

（3）采集制作标本或制作玩具。可在假日里带孩子们去野外采集制作各种植物标本，积少成多，形成有目的有益活动。可以利用现有条件，竹、木料或其他材料，制作各种简单的玩具。或购置玩具材料，组装成玩具。此外，还可以引导孩子用纸和竹子制作风筝、灯笼，用塑料绳编织各种工艺品，还可带孩子编织毛衣、绣花等。

3.培养孩子良好的自理习惯

著名教育家陈鹤琴先生提出“凡是儿童自己能做的，应当让他自己做”的教育原则。《幼儿园教育指导纲要》中也明确指出要培养幼儿具有基本的生活自理能力。生活自理，简单地说就是自我服务，自己照顾自己，它是一个人应该具备的最基本的生活技能。

生活自理能力的培养，对促进幼儿各方面的发展都有非常重要的意义。在动手操作中，幼儿的手指灵活性，动作协调性，手眼协调一致的能力都能得到有效锻炼，其他各方面知识也能融会贯通，从而促进幼儿智力发展。更主要的是，幼儿生活自理能力的形成，有助于培养幼儿的责任感、自信心以及自己处理问题的能力，对幼儿今后的生活也会产生深远的影响，是孩子一生的财富。然而，现在孩子的一个普遍特点就是生活自理能力差，比如在晨检时，我们经常会发现幼儿到了衣帽间，伸开胳膊等着老师或家长给他脱外套；在楼梯上，经常会碰到抱孩子上、下楼的家长；甚至大班幼儿午睡起床后穿反了鞋子等。

我朋友的儿子欣欣是个调皮的孩子。每次看到妈妈在厨房忙碌，欣欣就跟过去，好奇地看着妈妈。妈妈总是说：“去，你别在厨房给妈妈添乱，这里不是小孩子玩的地方。”每次欣欣听到妈妈这样说，都很失望。有一天，爸爸又听到妈妈撵欣欣出去，就说：“让欣欣在门口看着吧！那里不妨碍你，也不会有危险的。”欣欣显然特别高兴。后来爸爸又告诉妈妈：“可以让他适当的做一点事情，比如帮你把小板凳搬出去一类的活儿。”有了爸爸妈妈的鼓励，欣欣的动手能力特别强，很多事情都能完成得很出色。

简单的训斥和包办都是错误的教育，这样做的结果，只能是扼杀了孩子的主动精神，把孩子“自己的事情自己做”的欲望扼杀在萌芽状态。只有适当的鼓励和支持，才能让孩子拥有独立的信心和能力。

4.从小处入手，从细节做起

在孩子年纪小、自理能力不强时，培养他们的自理能力，要从他们的学习、生活和行为的细节开始，从一点一滴地教他们做起，对他们提出简单明确的要求。例如从读书、写字坐的姿势，独立完成作业以及日常生活的整理床铺、打扫卧室、到洗手帕、红领巾和小衣物等，凡是他们自己能动手做的事，都尽量指导他们去做，家长不要代劳。随着孩子年龄的增长，逐步提高对他们的要求。在生活上，让他们参加适当的家务劳动和自我服务性劳动。在学习上养成他们良好的学习习惯，按时、自觉、独立地完成家庭作业。在行为上培养他们守纪律有礼貌、尊老爱幼等文明行为。同时，要教育他们做事要讲究效率，注意质量，不要养成拖拖拉拉，杂乱无章的坏习惯。

表哥的儿子是个自立自强的孩子，在生活上，他自己的事情自己做，很少让父母操心；学习上，他勤奋好学，每天自觉、独立地完成作业，并预习第二天的上课内容。这是因为妈妈从小就注意培养他的独立性，不让他养成依赖的习惯。

刚开始上小学时，勤勤不能很快适应学校生活，学习上出现了困境，妈妈就每天辅导他的学习，检查他的作业，养成了他的依赖心理。而每次考试，也总是错漏百出，卷面糟糕。后来妈妈意识到了这个问题，及时调整了自己的教育方式，调动勤勤的积极性，让他养成了自觉、主动地学习的好习惯。

» 让男孩大胆地说出自己的想法

每个男孩都是有主见的孩子，但是在很多条件下，他们不愿意表达甚至是不敢表达自己的想法；又或者是有的孩子，敢于在父母面前及亲近的人面前表达自己的想法。但是却不敢在教室，在老师和同学的面前表达自己的想法。孩子为什么会这样呢？通常来说，孩子不敢说出自己的想法，是因为害怕说错。

听父母话的孩子让人安心，因为这样，在小的时候可以避免许多不必要的危险和麻烦。但是，过于听话，在孩子独自面对世界的时候，就会迷失自己，因为找不到那个权威的发话人，他不知道该听谁的。

因此，父母要从小培养男孩敢于表达自己的想法，即使是错的，也要勇敢地说出来。

1.尊重孩子的决定

同事小陈的儿子从小就对文艺很感兴趣，自从带儿子去看了会芭蕾舞《天鹅湖》后，就迷上了芭蕾舞，儿子执意要学芭蕾。小陈想：舞蹈一般是女孩子学的，何况还是芭蕾舞，男孩子学跳芭蕾舞，怕是越来越像女孩了，很不理解他。于是一再推辞说：“你学学跆拳道、击剑也不错啊，为什么要学芭蕾，妈妈不喜欢。”

儿子不想放弃，他又去找爸爸游说，还希望马上学。爸爸只好来做妈妈的工作，妈妈没有办法，只好让他去了。妈妈想：他也就是图个新鲜，一两个月后，肯定会厌倦的。妈妈不太留心他学舞，每天只是按时接送他去参加培训。

自从学上芭蕾后，儿子就一直没有放弃。他的舞技越来越好，在13岁那年，有一个国外芭蕾舞乐团来学校招人，他凭着自己的实力，被选中了。妈妈没想到，儿子会这么坚持，还最终被国际芭蕾舞团垂青。

男孩有自己的想法、敢想敢做，是一种可贵的品质。这说明男孩有个性，是一个人格健全、有主见、有想法的男子汉。特别是年龄较小的孩子，家长要多一些引导而不是一味的要求。不要用要求、命令束缚了男孩的个性。让男孩固执一回，做个有原则的男子汉。

2.表扬男孩少用“真听话”“你真棒”

我姐姐总是在我面前夸赞儿子晓亮“乖，很听话”，可是时间长了，孩子就会有骄傲的情绪表现出来，而且什么事都依赖妈妈，自己一点主意也没有。晓亮习惯了事事顺着妈妈的意思去做，而且每次都能得到妈妈的表扬，可是当晓亮问妈妈：“妈妈，今天我穿哪件衣服上学？”妈妈说：“你自己拿主意吧，想穿哪件就穿哪件。”这时候晓亮就表现的无所适从，他自己完全没有主意，平时都是妈妈替他安排的。后来，妈妈不再夸孩子听话了，而是用其他的更具体的评价。当孩子吃完零食，自己收拾垃圾时，妈妈就表扬他：“对！吃完东西就收拾干净，这样既整洁又卫生。”慢慢的，孩子知道自己该做什么了，而不是等着妈妈来吩咐了。

总是笼统的表扬孩子，比如“你真棒”“真听话”会让孩子无所适从。也许孩子只是端了一碗饭，妈妈与其兴高采烈地表示“好孩子，你真棒”，不如告诉他“谢谢你帮妈妈端饭，妈妈很开心”。有针对性的具体表扬会让孩子更容易理解，并且知道今后应该怎么做，如何努力。

3.给男孩最大限度的自由

给孩子自由，才能培养孩子的独立性，不过即使这样，我们也不能让孩子任意妄为。父母应该给孩子定下一个原则，在这个原则下，给孩子充分探索、自由活动的时间和空间，不要盯紧孩子的一举一动。比如，父母可以给孩子定下规矩：在外面玩，不能去马路上，只能在楼前的这块空地上玩。但至于怎么玩，和谁玩，怎么玩，由孩子自己决定。

我的一位朋友是幼儿园老师，他在教育孩子的经验上比我们要丰富的多，他常说：在语言教学中，通常都是老师讲，幼儿听，老师朗诵一句，幼儿跟读一句，常常要求幼儿“小手放放好，小腿并并拢，身体坐坐直，说话要举手……”在如此多的规矩与限制中，孩子处于被动地位，不能随便说话，唯唯诺诺。教师是主角，一统课堂天下，除了少数孩子在教师的指导下说上几句，更多的是面无表情的听众，多数是“鹦鹉学舌”“小和尚念经，有口无心”。这种专制、压抑、沉闷、缺乏生命力的课堂氛围剥夺了幼儿表达的自由，给师生、同伴间的交流带来了障碍，大大阻碍了幼儿语言表达能力的发展，更不能给孩子情感上的满足。所以老师必须大力改革语言课堂教学，尽可能营造宽松、自由、愉悦的课堂氛围，不能让“以幼儿为主体”这一理念成为一句口号，成为一个标签，说在嘴上，做在形式上。要把传统教学中束缚幼儿的“规矩与限制”彻底打破，彻底解放幼儿，把表达的自由还给孩子，给幼儿创设想说、敢说、喜欢说、有机会说的语言环境，让幼儿充分表达自己的观点，表达自己的思想，表露自己的情感，使他们在自由表达中最大限度地释放自己的潜能。

4.给男孩一些选择的机会

我小侄子所在的幼儿园里，每到了户外游戏的时间，小朋友们个个兴致勃勃的，别提多兴奋了！因为这个时候是小朋友们自己的天地，老师提供一些材料，小朋友自己想怎么玩就怎么玩。“今天我们来玩呼啦圈，这里有各种颜色的呼啦圈，请小朋友们自己来拿。”只听老师一说完，一窝蜂地涌了上来，拿到自己喜欢的呼啦圈的小朋友则笑嘻嘻，还没拿到则在努力，终于功夫不负有心人，还剩几个。老师抬头一望，两个小朋友为了争抢一个红色的呼啦圈而扭成了一团，老师说：“我看谁懂得互相谦让，让给别人玩，自己去拿另外一个。”两个小家伙好像对那个呼啦圈情有独钟一样，没反应，有一个索性不看我把头扭向另外一边。看来两个小家伙是想斗到底了。老师又说：“你们两个谁也不让，那怎么办呢？”两个小家伙真的探起头想起办法来了，可想了老半天都没有出声。“老师想了一个办法，就是给两个选择你们，第一：两个一起玩，一个玩十五分钟另一个再玩十五分钟。第二：老师把呼啦圈收回，两个都没得玩。那你们选哪一种啊？”这时，两个人连考虑都不用，立刻说：“他玩完我再玩。”

多给孩子一些选择的机会，让孩子多一些选择。如果我们只是用言语来劝告孩子这样不好，那样也不好等。也许孩子那时会照你的意愿去做，可久而久之，根本起不到什么作用。大人们需要选择的机会，孩子更要有选择的机会，他们有权选择自己的爱好，自己的朋友，自己的生活方式，家长应该尊重孩子的选择。当然，有的孩子还小，不能正确的分辨是非对错，需要家长的指导，家长也要耐心的给予正确引导。

» 支持男孩参加社会实践活动

我看到过有个孩子在日记里写道：“我没有兄弟姐妹，爸爸也不让我随便出去玩，我就像那笼中的小鸟自我封闭，我既没有机会也没有能力去求知和探索。”照这样下去，孩子就会长期心理压抑，身心健康就会受到损伤。

研究表明：中国中小学生的动手能力、操作能力和社会实践能力比他们的认知能力差。

在日常生活中，父母要为孩子提供接触社会、接触自然的时间和空间。节假日和双休日，父母可以带孩子到郊外游玩，也可以带孩子到少年宫、博物馆、展览馆等场所，让孩子在观察事物中学会发现问题，接触的事物越多，产生的新想法也就越多。那种只想把孩子关在家里，只想让孩子在家里写字，画画的办法，只会把孩子培养成书呆子，绝不可能把孩子培养成有探索精神和创新能力的新人。

所以，父母在督促子女学好科学文化知识的同时，应该鼓励孩子积极参加社会活动，多带孩子参加有益的课外活动。

1.让孩子参加有益的校外活动

幼儿园小朋友即将毕业升入小学前，为让孩子们幼儿园生活划上难忘句号；为使孩子们进一步了解大自然，亲自感受体验大自然；为对孩子们进行自理能力和抗挫折能力的教育和培养；幼儿园决定组织全园小朋友进行一次走出校门，亲近大自然的社会实践活动。

活动之前，老师通过调查表的形式向家长征求了意见。有98%的家长表示同意出行，但其中大部分家长都怀着矛盾的心情，一方面对活动的安全问题担心，他们提出“孩子太小，步行是否可以？”“孩子这么小，出去后能否自理？”等等一系列相关的问题；另一方面，“让孩子出去看看外面的世界”又是家长们共同的心声。

这天，孩子们怀着高兴而迫切的心情，一大早背着“行囊”，由爸爸、妈妈送到车上，在他们再三叮咛声和不放心的眼神中出发了。一路上，洋溢着孩子们雀跃的歌声、笑声和欢呼声。他们打开自己的“行囊”将“好吃的”分给周围的小朋友和老师，而且都能够管理好自己的物品。也许，他们早就明白，爸爸妈妈不在身边的自己就应该是个“大人”，而平时实在是没有这样表现自我的机会。

来到目的地，第一项活动是“毕业汇报演出”。孩子们身着漂亮的演出服，在青青的绿草地上和老师一起载歌载舞。奇怪的是，在家娇滴滴的孩子们没有一个嫌小草扎人的，她们穿着裙子在地上跪、躺、下叉、打滚儿……我内心不禁有些酸楚，孩子们的“娇”不是与生俱来的，是成人强加给他们的。不要这、不要那的声音将孩子们与大自然隔开。

“爬沙比赛”开始了，这是一项考验孩子们毅力和耐力，培养他们抗挫折能力的活动。离开父母关爱、呵护的孩子们出乎意料地勇敢、独立、团结、友爱，有的孩子先爬到沙顶，高声为下面的同伴加油；有的伸出小手，助同伴“一臂之力”；孩子们在沙顶尽情地追逐、游戏、合影，在松软的沙的怀抱中尽享大自然的抚爱，体验响沙的神奇。有趣的“沙地探宝”活动，孩子们特别感兴趣，同时也培养了他们的观察力和探索精神。

归途中，老师又以庄稼地为课堂，在那里，让孩子们认识多种农作物，亲身感受绿色生命的活力。田间、地头，孩子们围着老师新奇地问这儿、问那儿。有的孩子与农民伯伯热情地搭话，并为他们唱歌，感谢他们的辛苦劳作。绿色怀抱中，孩子们欣喜的脸上绽放出动人的光彩，形成一幅人与自然和谐的美景。

让孩子多去参加一些有意义的课外活动是件好事，一方面可以让孩子学会关爱他人，体会集体的力量；另一方面也开阔了孩子的视野，还会让孩子学会与人交往，得到很多的锻炼。

2.鼓励孩子的探索活动

1962年，诺贝尔化学奖得主鲍林，从小就喜欢到从事药剂师工作的父亲的实验室里去玩。他看到父亲调配药剂，自己也很想亲自动手做实验。

父亲注意到儿子对实验的浓厚兴趣，就开始慢慢地教鲍林怎样调配药品，怎样做实验。鲍林很感兴趣，每天都要到父亲的实验室去做实验。渐渐地，他学到了很多关于药品和实验的知识，当然也学到了如何自己去探索的方法。

在鲍林9岁时，父亲因病去世，鲍林一度非常消沉。

后来，怀着对实验的喜爱，鲍林又重新走进实验室。有一天，他得知好友的父亲做了“高锰酸钾产生气体”的实验，让鲍林对化学产生了浓厚的兴趣。

从此，鲍林迷上了化学。他一直不间断的做各种实验，正是父亲的鼓励，使鲍林走上了探索科学的道路，也才有了后来鲍林在化学领域所取得的巨大成就。

一位儿童文学家说：“人应该有探索、有追求，这些都应该从幼儿时期培养孩子的实践性和探索性做起。”有些父母总对孩子说：“你怎么能这样做？或者这太危险了，你可不要玩！”“这种危险性很大的活动还是别参加了，在家看看动画片吧。”

其实，孩子在进行探索活动的过程中，不仅仅得到了他探索的乐趣，其思维能力，创造力也得到了发展。

3.让孩子品尝打工的滋味

在国外的很多家庭，很小的孩子就早早地出去打工，不是因为家里需要他赚钱，而是父母觉得要从小锻炼他的生存意志，多给他接触社会的机会，让孩子明白生活的意义。

在美国的富裕家庭里，孩子一到法定年龄（13岁左右）家长就迫不及待地给他找工作，比如，餐馆里的跑堂、超市的收银员、卖报纸的报童等等，美国每年大约有300万中学生在外打工，他们有一句口头禅：“要花钱自己挣去。”

一个日本小男孩的家境很好，可是父母给的零用钱却很少，因为父母总是告诉他，赚钱要靠自己付出劳动，因为现在不能干什么活，所以零花钱自然就少。有一天妈妈对他说：“儿子，你不是想有更多的零用钱嘛？你可以试试这个办法。”

“什么办法？”小男孩急切地问。

“我们这里的垃圾箱有很多的饮料瓶，你可以捡来卖啊。”

“嗯，妈妈，这个主意不错。”

从此以后，小男孩就趁着空闲的时间去拣饮料瓶，有时还到邻居家上门收购。

后来，邻居干脆把用完的饮料瓶直接送到他家。

靠着买饮料瓶子，小男孩已经挣了一小笔钱。

日本教育孩子有一句名言：“除了阳光和空气是大自然赐予的，其他一切都是要通过劳动获得。”许多日本学生在课余时间都在校外打工挣钱，或者是做义工，体验有意义的社会实践活动。

» 单独旅行，让男孩更独立

父母总会为孩子的各种行为担心，担心他们的健康，担心他们的安全，所以从来不让他们离开自己的身边。如果他们总是这样，孩子永远不知道外面的世界是什么样子的，将来可能会面临更大的危险，所以从小让孩子有机会接触外面的世界，并告知外面世界可能存在的危险，让孩子做好应对的心理准备。

广东电视台曾经举办了好几届《生存大挑战》，引起了人们的关注。来自上海、北京、新疆、新加坡等地的12名中学生参加比赛，要在100多天的时间内经受“孤岛求生”、“黄河溯源”和“逐鹿新西兰”三种截然不同的生存体验，体会物竞天择的自然法则。

在“孤岛求生”中，12名中学生开赴到了人迹罕至的西太平洋塞班岛和天宁岛，在没水、没电、没有现成食物的洪荒中开始了艰辛的求生历程。在30多天的挑战期限中，“赤手空拳”的学生们刀耕火种、积水成饮和大自然做顽强斗争，坚强的维持着脆弱的生命。

在“逐鹿新西兰”中，最后4名挑战者凭着机智与勇敢闯荡异域。4名学生抽签分成两队，分别凭借一部全球定位仪，在最短的时间内到达了指定的目的地。

体验自然的澎湃气势，体会竞争的惊心动魄，生存挑战带给孩子们一个自然与文化交相辉映、竞争与人性相互撞击的另一个世界。

所以，不要让孩子整天局限在学习的圈子中，也让他们找一个机会去跋山涉水、结伴野营，然后渐渐地走向挑战自我极限的旅程。在一次次跨越原先认知的极限中，孩子能够发现自己蕴藏的许多潜能。

1.男孩要有冒险精神

一个十四五岁的男孩来到一个路口，似乎有那么一条小路若隐若现，召唤着他前进。当他正要迈步，他的母亲拦住他：“孩子，那条路走不得！”

孩子说：“我不信。”

母亲说：“我就是从那条路走过来的，怎么不相信？要知路好不好走，要问过来人。”

孩子说：“既然你能从那条路上走过来，我为什么就不能？”

母亲说：“我不希望你走弯路。”

孩子说：“我不怕，我自己选择的，我要走！”

母亲看着孩子，叹了一口说：“你这孩子太倔强了，那条路很难走，你一路上要多加小心！”

孩子雄心勃勃的上路了。走在路上，孩子发现妈妈没有骗他，那条路确实难走。虽然碰了壁，摔了跟头，有时候的确想停下来，但孩子选择了咬牙坚持。终于，他走过来了。

父母的经验不是没有用，而是很多人不会采用，特别是孩子，很多事情是需要他们自己去探索的，不管前路如何，不去试试总是不甘心的，父母要鼓励孩子的探险精神，但是对于有一定危险性的活动，父母也应该告知孩子，让孩子做好充分的思想准备。

2.让男孩有独立的空间

儿子刚上小学时，妈妈就给他准备好自己的房间，说是给孩子一个独立的空间。可是，儿子从学校回到家中，妈妈就开始管束他，不能看动画片，不能玩玩具，要先把作业做好，然后再做妈妈给他买的课外练习。

儿子虽然不满意，可还是坐在自己的小桌前，磨磨蹭蹭地开始写作业。妈妈不放心，过了10分钟就进来检查儿子的作业进度。儿子虽然反感妈妈的做法，但也只是敢怒不敢言。

在孩子很小时，有的父母就会为孩子准备自己的房间，让孩子在这里安心的玩耍，安心地做作业。可是，父母是否会想到，孩子需要的不仅仅是形式上独立的房间，更要有自己遐想的空间。

» 放手，让男孩自己去闯

现在，有不少孩子胆子非常小。他们不敢一个人睡觉，不敢到没有电灯的房间里去拿东西，也怕见到陌生人，有的连在同学面前说话也有点胆怯。

虽然胆小并不意味着内心软弱，但男孩只有勇敢起来，才会更加有男子汉气概，所以胆小男孩的家长应该着重培养孩子的勇气。

让孩子脱离家长的庇护，摆脱凡事依赖家长的习惯，这一点我的一位朋友做得很成功，他在教子日记里这样写道：

为了使儿子变得勇敢起来，我经常带他去参加体育锻炼，并有意加入一些训练勇气的项目。如碰撞、玩勇敢者游戏。孩子很喜欢在游戏里和我较量，在较量中孩子不但增长了力气，而且学会了保护自己。当然，孩子也有不小心受伤的时候，一次，儿子玩滑梯时，不小心把膝盖磨掉了一层皮。当时，儿子抱着膝盖，眼泪马上就要掉下来，我没有大惊小怪，而是一边帮他处理伤口，一边对他说："你是大孩子了，受点小伤就哭鼻子，会被别的小朋友笑话的。如果你是勇敢、坚强的孩子，就对爸爸笑一笑。"儿子含着泪笑了起来。

我的态度对儿子起了很大的作用，从那以后，儿子受一点小伤不再告诉我，甚至他自己还学会了包扎伤口。

当男孩的勇气一点点增加时，他的胆子就会一点点大起来。而且，随着孩子勇气的增加，他会变得越来越坚强，越来越有男子汉气质。

有时候，当孩子满怀信心地在大人面前表现自己时，得到的不是表扬而是嘲笑、挖苦，使孩子灰心丧气；当孩子打过一次针后，疼痛使他下一次再到医院就会害怕。

胆小主要是后天原因造成的，大多数胆怯心理是后天造成的。

家长自身的胆怯会有意无意的感染孩子，有的家长见到一条小虫，就会大惊小怪，孩子见了，也会害怕小虫，也会变得很胆小。许多孩子主要是由妈妈抚养大的，有些妈妈很胆小，遇到一点小事也会惊慌失措，造成了一种恐慌的气氛，孩子在这种环境下长大，往往是胆小的。

勇敢是一种好品格，不仅在人生的旅途中，需要用勇敢地精神去克服各种困难，而且在各种工作中，要靠勇敢的精神去争取事业上的成功。对男孩子来说，勇敢精神是男子汉品格的重要组成部分。一个胆小怕事的男孩不是男子汉。

曾经看过这样一个故事：一个小男孩和妹妹相依为命，他很爱他的妹妹，有一次，妹妹得了很重的病，需要输血，虽然医院已经免了妹妹的手术费，但是输血费，确实很高，男孩作为妹妹的亲人，而且血型也一样，他决定给妹妹输血。输血时，他问医生，输血后还能活多久，这话震撼了当时的医生。在男孩的心中，只要输血就会死，但是他还去给妹妹输血。医生说，男孩能活到一百岁，而男孩却让医生把一半的血抽给妹妹，让他们俩都活到五十岁。

这个故事很感人，大家可能觉得生命是最宝贵的东西，但是小男孩在觉得只要抽血就会死的情况下，去给妹妹抽血。而且还愿意把自己的生命给妹妹一半，小男孩的勇敢，让我记在了心里。

那么，怎样帮助孩子消除胆小、恐惧的心理，培养孩子的勇敢精神呢?

爸爸妈妈要了解自己孩子的个性，允许孩子有一个逐渐适应的过程，同时尽量地给予孩子关爱。爸爸妈妈应该做孩子的榜样，不要一遇到事就在孩子面前流露出胆小怕事的情绪。

在教育上，家长不能把孩子当做“大人”，不能用过高的标准去要求孩子做力所不能及的事情。爸爸妈妈尽可能地陪孩子一起玩，启发他玩出新花样，如果爸爸妈妈因事不能陪孩子一起玩，可以规定他在什么地方玩，玩多长时间，并要注意安全。另外，如果阻止孩子玩，切不可用可怕的事物吓唬孩子。当孩子回家后，可以让他讲述玩的过程，然后对他的行为进行评价。多表扬，少批评，这样既可以锻炼孩子的胆量，又能培养他的口头表达能力，如条件允许，也可适当地让孩子帮助买一些零碎的东西或到邻居家里借东西，这也是培养孩子勇敢精神的好方法。

当孩子独立做完某一件事时，不管结果怎样，父母都应该尽量给予多的鼓励。切记讽刺、嘲笑。尤其孩子遇到困难和挫折的时候，应该多给他讲讲解放军、科学家等如何不怕困难，与困难作斗争，最后取得胜利的故事。以帮助孩子克服困难，激励孩子的勇敢精神。“温室里培养不出经得起风雨的花朵。”只有从小让孩子就经受各种锻炼，让他们在实践中增强克服困难的勇气，才能使孩子具有勇敢的精神和坚强毅力。

一个星期天，同事一家三口去爬山。山并不高，可是对于五岁的小孩子来说是绝对不可能爬上去的。开始爬山了，爸爸在前，5岁的儿子在中间，妈妈在最后。刚开始，儿子还很有兴趣，可爬着爬着就不想爬了，于是就喊爸爸抱他，说自己害怕。爸爸本来不想理他，可是妈妈却非常担心。她怕儿子摔下来，又怕他磨破细嫩的小手。妈妈一会看看儿子，一会儿担心地嘱咐一声，一会又喊前面的爸爸慢些，儿子最终胆怯了，不肯再往上爬，后来还是由爸爸抱了上去。

对于勇敢，大人的看法会有性别上的差异。我们常对男孩子说：“你是男孩，你要勇敢。”却容许女孩子从小就不勇敢。然而，要孩子勇敢，究竟要勇敢到什么程度呢，没人敢去的地方，他去了；没人敢做的事，他做了；没人敢说的话，他说了。这样就是勇敢吗？还有“只要我喜欢，有什么不可以”的心态，是不是最勇敢的表现呢？

当然不是的，要让孩子知道，所谓勇敢，指的是遇到痛苦，困难，危险情况时，不但不害怕，还能在遵纪守法的原则下，想方设法去克服、去挑战。因此，逞强的血气之勇，不讲原则的江湖义气之勇，绝不是真正的勇敢。

» 男孩遇到困难，让其自己解决

孩子遇到困难时，很多家长表现得比孩子还紧张，马上就动手帮孩子解决了，有的家长，对孩子的问题不管不问，让其自行处理，当发现孩子处理不得当时，才回去帮孩子。

国外的孩子很早就脱离家长的庇护，他们自己赚零花钱，自己做家务，俨然成了小大人，当然，当他们遇到困难的时候，也不会轻易地去求别人帮忙，而是靠自己的努力去解决。这就是中外教育的差异之处。

1.为孩子提供一个良好、和谐、愉悦的家庭气氛，促使孩子鼓起勇气，正视面前的困难。成人理智的爱，可以使孩子紧张的情绪得以松弛，可以使孩子增强与困难拼搏的信心;成人的关心、同情能够帮助孩子渡过难关。孩子在慈爱而不是溺爱，严格而不严厉，诱导而不是包办的环境中生活，会得到莫大安慰和力量，激发正视困难的勇气。

反之，如果家庭不和睦，势必造成家庭气氛冷清，孩子缺少家庭温暖。当孩子遇到困难后，感到孤立无援，往往会表现出沮丧、恐惧、萎靡不振，并想躲避困难。

2.和孩子诚心坦率地交谈，有利于孩子树立信心，战胜困难，交谈，可以使双方更加了解，做到知己知彼。孩子从小就与父母在一起，每天都有机会进行言语交流，成人要抓住时机，多和孩子推心置腹地谈论周围发生的事情，讨论遇到的问题。成人的观点，会使孩子耳濡目染，在不知不觉中受到熏陶。

如果孩子遇到困难，他们首先就会想到有成人的关心和支持，继而勇敢地把自己的见解大胆陈述出来，而成人又给予恰如其分的同情和开导，引导孩子用正确的途径去解决困难，那么，幼儿会从小树立战胜困难的信心。

3.以信任和鼓励的态度，引导幼儿独立解决困难。信任和鼓励是刺激孩子奋发进取、坚决完成任务的有效方法，而且会使孩子身心得到愉悦。谁都明白，一名运动员在最后的冲刺阶段，往往会在观众的叫喊加油声中，创造出优异的成绩。

教育孩子也是如此，当孩子遇到困难解决不了时，成人切忌采用不管不问、讽刺嘲笑、过多的批评、大声呵斥和粗暴责问的方式，这样会使孩子精神更加紧张，不仅不会缓解孩子沮丧的情绪，反而会使孩子感到束手无策，失去解决困难的勇气和信心。

4.创造条件，让孩子亲身实践并尝试成功后的喜悦。要给孩子多讲故事，多以英雄人物或范例鼓励孩子，并创设良好环境，提供锻炼的机会，在平凡的小事上开拓孩子的进取意识和创造力，提醒并指导孩子克服困难的具体方法，帮助其解决自己生活中的问题，使之体验达到目的后的快乐。

家教规矩60分——给孩子自由成长的空间

随着孩子一天一天长大，孩子们需要理解他们周围世界的规则，他们需要别人对他们的期待；他们和别人怎么相处；他们能够把一件事做到什么程度，如果他们做过了头，会发生什么；他们需要用一些方法来衡量自己不断增长的技巧和能力，规则在孩子学习到发现的过程中起着极为重要的作用。但是，父母一心想教给孩子的东西很容易不起作用。规矩对孩子的成长，不但起着约束作用，更会使孩子没有安全感。

前Google中国区总裁李开复认为：失败的父母才会把惩罚当成手段，他主张：最好的方式是规矩越少越好。

李开复有一位开明又严格的母亲，五岁时，表现优异的他，就有权利选择自己要继续念幼儿园还是升小学；虽然顽皮，但母亲从未因此而处罚他。只有一次，他向长辈们夸口自己总是考满分，“连九十九分都没有看过”时，母亲以家法狠打了他一顿，要他“戒骄”。

三十岁那年，李开复升格做了父亲，对两个孩子的教养，他说，不是要教出“乖巧”的孩子，而是要教出“积极”的孩子，所以“规矩要越少越好”不要因处罚孩子让孩子失去自律性，而变成他律性的小孩。

李开复在接受某杂志访问时说：“虽然我相信启发式教育，但当孩子还分不清楚对与错的时候，父母还是要辅导，因此，我也相信孩子需要管教，需要规矩。”我对“规矩”有四个定义：

1.定好规矩，但是首先要把规矩的道理讲清楚，不是要盲目的服从。

2.在规矩内孩子有完全的自由。

3.违背了规矩，孩子将受到好的惩罚。

4.规矩越少越好，才能做到启发的作用。

如果你不告诉孩子规矩背后的原因，孩子不会因为你说的一件事是对的或是错的，就在心里深深记住。设立规矩却又不讲为什么，一方面小孩就无法学习自律；另一方面，孩子会把父母亲定位为独裁者，没有通融的余地，如果你定了一个他无法接受的规矩，他不是认为你不好，就是会反叛性的想去做什么。因此，在给孩子立规矩的时候，信号要明确。

» 粗野、粗俗的行为不能有

粗野和粗俗的行为包括两个方面：一是显见的，指行为和语言上的粗野；另一个是隐形的，指对他人心理上的控制和压制。

火车上，一个四岁的孩子在卧铺席上爬上爬下，几次攀爬后，他的妈妈开始制止他：“听话，下来！再这样我就不要你了。”这句话并没能阻止孩子。对攀爬的需求使他忽略了母亲要抛弃他的威胁，他仍然开心地探索着。就在这个时候，走过来一个乘警，妈妈赶紧说：“看，再不下来，警察叔叔就来抓你了！”孩子立刻紧张地坐在了铺位上，放弃了攀爬。

这个年龄的孩子一定会有这样的攀爬，这是他心智成长的一个需求。在火车上攀爬，一般情况下，只要别人同意，孩子是可以这样活动的。但是，孩子的攀爬行为可能会给父母带来心理上的压力。很多父母不容许孩子攀爬，并不是因为孩子打扰了别人，而是他们不愿意让孩子发生危险。

很多家长从孩子的角度考虑，但是在别人看来，这也许是一种粗野的行为，会打扰他人的正常休息，而家长往往忽略了这一点。

在学校里，一位父亲既无奈又骄傲的跟老师说：

有一次他严厉而粗暴的指责他的孩子，孩子等他发完火，对他说："爸爸，你能不能注意一下你的坏脾气？你的坏脾气解决问题了吗？"然后孩子继续说："能不能换一种方式？"这个孩子，遵守了这样一条规则，粗野的行为不能有，在实行了这个规则的幼儿园生活中，孩子显然感受到了至少两个方面的内容：

其一：规则使他超脱了对父亲的恐惧，跳到局外来观察父亲。

其二：孩子在自己的生活经历中发现了更多、更好的沟通模式，这种模式一定为他以后的发展打开了通道。

这些，是他受用终生的。

在孩子的生活环境中，很多人都遵守着道德规范，所以孩子就知道自己能够做什么、不能够做什么，这样就能生活在不超底线的自由状态中，让孩子的童年在和谐的氛围中度过。

而对于从未建立规则的孩子来说，要想达到这样一个状态，可能需要几个月，在这几个月中，你能够看到，孩子是多么乐意遵守规则，当孩子发现某些人不能遵守规则的时候，他又是多么痛苦和不安。

孩子出现这样的行为，家长要帮助他明辨是非，明确地告诉他："这是粗野的行为。"然后请孩子重新选择："请换一种正确的方式解决。"在一个平等的环境中，很快就能寻找到其他的解决方法。

粗野粗俗的行为是万万不能有的，哪些行为是粗野的：

· 棒子和石头不能拿；大孩子不能强制小孩子；

· 要学会尊重宽容有问题的孩子（生理和心理的）；

· 在任何地方不可以搞破坏（教具、学校财产、同学的东西）；

· 不可以打人骂人推别人；不可以在走道里奔跑；

· 不可以在楼梯上相互拥挤、推；纸屑不可以扔在地上；

· 不可以打人；不可以挖鼻孔；

· 从哪里拿的东西就归位到哪里；

· 谁先拿到谁先使用，后面的必须等待；

· 不可以打扰别人。包括在公共场所高声说话、哭闹、奔跑、闹就是打扰别人；

· 在学校里，不可以踩别人的工作毯，在别人工作时不可以打扰别人，但可以保持沉默在一旁观察；

我们常常看到一岁多的婴儿，对规则有着强烈的要求，杯子一定要放回原处，出门时间长一定要关灯。这样的规矩下成长的孩子，才是有责任感的，相对的一些规矩是会限制孩子成长的。

» 别人的东西不可以拿，自己的东西自由支配

孩子在很小的时候，很难分辨出什么东西是自己的，什么东西是别人。别人的东西不可以拿，自己的东西自由支配，这对孩子来说有时候是件复杂的事情，需要大人们的辅导，让孩子明白哪些东西可以动，哪些不可以动。

邻居家的儿子牛牛每天晚上吃完饭都要和妈妈出去散步，现在天冷了，大人们不想以后让他养成这个习惯，可是昨天晚上吃晚饭的时候，怎么叫牛牛都不过来吃饭。

妈妈："说快点吃饭了，吃完饭出去散步了，谁不吃饭就不带他。"

牛牛赶紧跑过来吃了两口饭，"妈妈，我吃饭了，咱们下去散步吧。"

"不行，才吃了两口饭，能吃饱吗，多吃点才带你下去。"妈妈说。

“妈妈说话不算数，妈妈说吃完饭就带我下去的，我都吃完了。”牛牛撒娇说。

妈妈拗不过牛牛，而且说过的话要算话啊，于是带着牛牛下楼玩去了。

出去后，牛牛背着他的书包抱着球，就直奔那个卖童装和玩具的店，看见里面的皮球篮球兴奋极了，跑过去就摸那些球，妈妈就跟她说：“这些球不是你自己的不能动，是售货员阿姨要卖的，摸脏了阿姨就卖不出去了，所以就不能摸。”牛牛倒是蛮听话的.跑过去又看书包，又去那边看小孩车，看着很想坐的样子，妈妈又说：“这些车都不是你的，也是阿姨要卖的，想坐的话等爸爸拿钱买了后才能坐的。”牛牛只是转来转去地看，转完了就坐店里的那个摇摇车，不过摇摇车开动了他倒是不敢坐的，就只是在那坐了一会，然后就回家了。

在商店里，妈妈让牛牛知道了，不是自己的东西，是不能都随便乱动的，这是一种不礼貌的行为。

对小孩子来说，他眼中的世界都是“我的世界”“妈妈是我的”“我看得到的所有东西都是我的”。所以，刚开始的时候，先要告诉孩子：“这是你的。”经过一段时间后，儿童已经能很好地区分你、我、他后，再告诉他说：“这是你的，这是我的，这是他的。”这个概念清楚以后，在遇到类似的情况，一定要重复告诉孩子：“这是你的吗？”不是自己的东西就是别人的，不论这个人是谁，要告诉孩子：“别人的东西不能拿。”这样做事让孩子学会区分“你的”“我的”“他的”。在幼儿园里，老师们总是重复地问这样的问题：“这是你的吗？别人的东西不能拿。”“如果你想分享，要征求别人的意见哦！”

1.我的东西我做主

有一天，妈妈想收拾一下儿子穿不了的衣服和不爱玩的玩具想送给亲戚家的弟弟妹妹，可是儿子一看到妈妈往包里装这些东西，就上来拼命地抢夺，还大声哭着说："你干嘛把我的东西送给别人，就是不让你送给别人！"

妈妈讲了半天道理也不管用，妈妈特别不明白，衣服肯定是穿不了了，太小了，留着一点用也没有，而有的玩具儿子更是半年多都没碰一下，儿子时也不小气呀，今天这是怎么了？

孩子的这种行为在许多同龄人身上都发生过，甚至有的孩子发脾气宁可玩具摔坏也不肯给别人玩，如果你的孩子发生这种行为，请不要感到生气。因为这期间的孩子正处于自我中心反抗期，一个明显的标志就是把属于自己的物品都贴上了一个"我的"标签，也就是他认为：这些东西既然是我穿过的，用过的，玩过的，都是父母或者别人送给我的，我就有这些物品的所有权和支配权，我扔掉也不给别人，这是我的自由。这样的孩子看似有些"霸道"父母应该如何制止这种行为呢？

2.灌输"轮流""借用"的观念

孩子抢夺别人的东西，可能是因为好奇，此时父母应该趁机灌输给孩子"轮流"借用"的观念，告诉他："再过半小时，你才可以玩那些玩具，现在先让弟弟玩。"或者是"那是哥哥的玩具，你要先问问哥哥愿不愿意借给你玩。"

3.给孩子的规矩要明确

孩子想要什么要跟大人讲，在公共场所或者在别人家里，什么东西是可以拿的，什么东西是不可以，最基本的规矩是：想要什么，在拿起来之前，先询问大人可不可以。

同事带着儿子来家里做客，小家伙虎头虎脑的很可爱，一进门看看这，看看那，对什么都那么好奇，忽然他看见了柜子上摆的一架飞机模型，看得出来，他很喜欢，可能是来之前妈妈吩咐了他不许乱动东西，小家伙就在呆呆地站在那看着，也不出声，我走过去，轻轻地问他："喜欢吗，喜欢拿去玩吧。"

"可以吗？妈妈不让我乱动别人的东西。"

"阿姨同意了，你可以拿去玩。"我笑着说。

"妈妈？"小家伙还是不敢动，怯怯的问妈妈。

"阿姨说让你玩，你就玩一会吧，但是要小心，不要弄坏了。"同事说。

小家伙很高兴，拿起飞机模型自己去玩了。

4.让孩子学会分享

当家中来小朋友作客时，正是大孩子学习分享的最佳时机，好的东西要和其他小朋友一起分享，这样，才能体现这件东西的价值。妈妈可以征求孩子的意见，"这个玩具和弟弟一起玩好不好啊！""这是你的东西，你自己来决定，但是我觉得大家一起玩才会玩得更开心。"分享，不仅是分享玩具，更是分享快乐，感染气氛。

» 从哪里拿的东西放回到哪里去

从哪里拿的东西放回哪里去，既是一种良好的生活习惯，又是带有强制性的规矩。父母在日常生活中，应该时刻督促孩子东西从哪儿拿的，要放回到哪儿去。

很多幼儿园现在都有这样一课：在音乐声中家长带着孩子沿着地上的红线走几圈，然后示范两种玩具的玩法，其中强调的是自己铺被子和玩具从哪里拿的放回哪里去，中途，家长需要像孩子强调"从哪里拿的放回到哪里去"，一样玩具玩完必须放回原位才能拿第二种。同时，老师也会要求家长在家里也这样要求孩子，一个学期下来，孩子就会变得主动遵守“从哪里拿放到哪里去”的规则。

从哪拿的放回到哪里去，对于很多人来说是一条很简单的规则，但是正是因为简单，所以才要让孩子从小养成这个习惯。尤其是对于男孩子来说，从小养成好的习惯，有秩序，有条理的生活，对于孩子今后的成长是有重要作用的。如果孩子没有按照父母的要求来做，那么要惩罚孩子，请及时！

孩子的长期记忆比较差，把东西放回原处这件事他可能早就忘了，妈妈实际上也没有必要再说：对孩子的惩罚要切实可行，如果父母的话对孩子是个不切实际的“威胁”，这个威胁对孩子不起警告作用。所以，在立规矩的时候最好能把遵守和不遵守规矩的后果明确告诉他。比如，孩子吃饭的时候磨时间，妈妈起床一定要告诉他：30分钟吃完，否则端走，吃饭中途，可以提醒他一次，告诉他还有多长时间，还可以添加一些额外条件，比如按时吃完，给点奖励。不按时吃完，取消某个优惠，有惩有罚，孩子才有动力坚持下去。

朋友的宝贝儿子有一大堆的玩具，每次都是十几种的摆成一堆，玩完这个玩那个，别的小朋友来家里玩，小家伙也乐得高兴，可是小家伙有一个毛病就是一大堆玩具拿出来，玩完后，就堆在那，也不收拾，弄得家里很乱，跟他说了很多次了：“玩完的玩具要收起来，放回原处，这样下次才能再找出来玩啊！”

小家伙玩得正高兴，当然是说什么是什么了，可是玩完之后，还是一地的玩具不收拾。

妈妈想了个办法，趁小宝贝不注意的时候把玩具偷偷藏起来了，下次儿子再玩的时候找不到玩具了，就问妈妈：“玩具哪儿去了？”

妈妈说：“我不知道啊，你玩完放哪了？我没看见。”

小宝贝说："真奇怪，明明就在地上的，怎么不见了呢？"

这时妈妈说："不是告诉过你吗，你的东西要自己收好，从哪里拿的就放到哪里去，这样下次就能找出来接着玩了。"

» 别让"狼来了"的故事重演

孩子说谎，常常伴随着某种企图，为此，家长对待孩子说谎不能听之任之，也不能过分指责，父母应该以榜样的作用来教育和帮助孩子克服这一毛病。

邻居家的儿子涛涛爱画画，多次要求妈妈给他买盒水彩笔，可是妈妈没把此事放在心上，一直没给他买。为了得到盼望已久的水彩笔，涛涛开始骗妈妈"我们幼儿园的老师说明天每人要带一盒水彩笔去幼儿园画画。"妈妈不好违背老师的要求，赶紧去给儿子买了盒水彩笔，涛涛终于以说谎达到目的。

幼儿时期孩子说谎比较普遍，但说谎的原因有多方面：主要分为有意识说谎和无意识说谎。

无意识的说谎是孩子的一种无心行为。对待孩子的无意识说谎，家长要加强教育，增强孩子的是非观念，使孩子自觉遵守道德规范，对于把想象当现实的无意识说谎，只要帮助孩子区别对待愿望和现实，培养孩子细心观察的能力，以符合语言表达情况就可以。

而有意识的说谎大致有以下几种原因：

1.为了得到喜欢的东西或者能够做喜欢的事，渴望得到又怕得不到而说谎

爸爸答应了给儿子买他心仪已久的玩具手枪，并要求儿子在玩的时候

不要把衣服弄脏了，儿子在游戏中还是弄脏了衣服，但是为了得到手枪，儿子说谎是别人不小心弄脏的。

2.为了取得家长的赞扬而弄虚作假

有的小朋友在听了老师表扬了衣着朴素的同学后，就故意用剪刀剪破自己的新衣服，再让妈妈补上补丁，然后穿着这个打了新补丁的衣服去幼儿园取得老师的表扬。

对待孩子有意识的说谎，家长应认真分析原因，根据具体情况区别对待。如果是家长要求过高，对孩子过于严厉造成的，家长要首先纠正自己的做法；如果是孩子本人的不良习惯，应该及时给他讲道理，鼓励和督促孩子改掉不良行为。

小孩子说谎，后果可大可小，如果你的孩子有说谎的行为，请及时帮他改正：

1.满足孩子合理的愿望和要求

对孩子的合理的要求和愿望尽量满足，暂时无法满足的，应该向孩子说明理由，如果对于孩子的要求不分青红皂白的不予理睬，容易使孩子说谎或背着家长干坏事。

童话大王郑渊洁的儿子上小学时特别调皮，但对于当国旗手充满了向往。有一段时间，他努力克制自己，勇于表现，幻想着能都达到老师的要求，当回国旗手。但是很长时间都没有满足愿望，后来孩子的兴趣丧失了，郑渊洁问他还想不想当棋手了，他儿子说：“旗手与我没关系，只有老师喜欢的同学才能当上，我可没那运气。”后来，郑渊洁就做出常人难以想象的事情，让孩子辍学，自己成了孩子的专职老师。

2.正确对待孩子的过错

家长本着关心孩子，爱护孩子的原则，态度温和的鼓励孩子承认错误，并帮助孩子改正错误；如果用训斥、讥讽来对待孩子的过失，就可能使他为了逃避错误而说谎。

同事的孩子喝水时不小心打碎了玻璃杯，他主动告诉了妈妈，没想到挨了妈妈一巴掌，还加一顿骂。时隔不久，孩子又失手把妈妈心爱的花瓶打碎了，他记住了上次的教训，在妈妈面前说了谎话，是小花猫跳上去的时候弄碎的。

可见，本来诚实的孩子也会因为家长不当的教育而变得虚伪。

3.为孩子诚实做榜样

为培养孩子诚实做人，家长要为孩子作出好榜样。如果要求孩子拾金不昧，家长就不能将捡到的物品据为已有；如果要求孩子不说假话，家长就不能哄骗孩子。不然，孩子是难以形成诚实品质的。

有位叫佳佳的孩子，本来非常诚实可爱，但到5岁左右就变成了一个好说谎话的孩子。原因何在呢？原来是受他母亲的影响。佳佳母亲道德修养差，还爱占小便宜。一次，她带佳佳去买水果，趁卖主未看见，拿了几个梨放在自己提兜里。这情景佳佳看在眼里、记在心上。在家，佳佳妈妈总让婆婆做这做那，自己则借口出去办事，其实是领着佳佳去朋友家串门或上街闲逛。每当买回好吃的东西，佳佳母亲总是藏在自己房间里，同孩子一起吃，不让婆婆吃。她还叮咛佳佳：“奶奶问时，你就说什么也没买。”妈妈的所作所为，对佳佳的影响极大。不久，佳佳也成了爱说谎话的孩子。

4.和孩子建立诚实和相互信任的关系

有的家长在孩子面前常常言而无信。例如，孩子哭闹时，父母常用许诺来哄孩子："别哭了，回头妈妈给你买支冲锋枪。"尽管这样说了，家长并没想到兑现。但孩子却信以为真，满怀希望地等待着。如果一次次许诺都不过是一张空头支票，孩子的一次次希望都成了泡影，久而久之，孩子不仅逐渐失去了对家长的信任，慢慢地也就学会了说谎。因此，家长和孩子形成真诚和互相信任的关系，是培养幼儿诚实品质的一个重要条件。

"人之初，性本善"年幼的孩子是非常纯真的，家长要利用这个良好的条件，和孩子建立并保持真诚与互相信任的关系。我国古代有个"曾参杀猪"的故事。一天曾参的妻子去赶集，他的小儿子哭闹着要跟着去，曾参的妻子被纠缠得无奈，便对孩子说："你要听话，留在家里，妈妈回来杀猪给你吃。"孩子被哄住了。曾参妻子从集上回来时，见曾参正准备杀猪，就上前阻止说："不过是哄孩子玩的，怎么真的要杀猪呢？"曾参说："孩子是不能欺骗的，今天你说话不算数欺骗孩子，就是教孩子说假话。"于是，曾参杀掉正养着的猪，兑现了妻子随口许下的诺言。家长对孩子必须言而有信，以诚相待，这样，孩子才会信任家长，有什么事、有什么想法都愿意告诉家长。

» 玩自己的，但不可以打扰别人

在火车上，一个两岁的男孩不停地将手中的饮料砸向地下，妈妈捡起来给他，他又砸，一直持续了半个小时。周围的乘客都感觉心烦和焦虑，妈妈也准备斥责他了。这时，中铺上的一个10岁的男孩，伸出头对孩子的妈妈说："阿姨，他想学猴子，像砸坚果一样把瓶盖砸开。"妈妈捡起瓶盖问小孩子："你是想把瓶盖砸开吗？"小男孩认真地点点头。所有的大人都感到释然，释然中又带有惊奇。可能对于30岁的成人，10岁的大孩子更容易接近这个两岁的小孩子的世界。

这个两岁的小孩子，如果没有大人的提醒，可能会继续砸下去，直到他认为这个方法不能帮他打开瓶盖时，才会想到换另外个方式。在这个过程中，他的眼睛不会去观察瓶子之外的世界，不会想到他是否打扰了别人，他的全部精力和热情都在高度地专注于如何才能打开瓶盖。但是如果没有大男孩诠释他的这个行为，专注的小孩子极有可能遭到责备。因为大家越来越感觉到这个小孩在胡闹，越来越想禁止和斥责他。

这样的例子在孩子成长的过程中是很容易看到的。成长是最高法则，没有什么东西能胜过孩子自我成长中的冲动，这一冲动会使他将所有的注意力都投入到其中。在自由和不受干扰的前提下，专注力原本是孩子在成长过程中自然具有的品质。

在孩子成长的环境里总是充满了干扰因素，因此家长应该给孩子制定规则："玩可以，但是要在不打扰其他人的前提下"这是礼貌问题，但是又如何在可能的情况下不延怠孩子的成长呢?

1.给孩子一个不受干扰的空间

在家庭环境允许的情况下，为孩子预备一个房间，房间的色调要统一、和谐。这个当然要有专门为孩子设计的玩具架，高低正好能适合孩子自己去用，以白色或米色为基调。玩具都要分类，敞开的摆放在玩具加上，孩子可以独立选择。房间里备有给孩子画画的桌子和凳子。这样，当孩子选择自己活动时，大人与孩子们不会相互干扰。

成长中的孩子喜欢席地而坐，所以地面最好铺有地毯或地板，或者放一个薄的床垫。这样，妈妈在陪伴孩子的同时，也有了休息的地方。如果条件允许的话，可以为孩子提供一台电视和DVD，这样可以确保孩子不受成人所观看的电视节目传达出的信息的影响，能保证为孩子提供高品质的内容。

这个房间是属于孩子的空间，让孩子知道他可以在这自由自在的玩，即使房间乱一点也没有关系。家里来客人，或者过多的家庭成员的语言以及生活中的各种行为的重叠都不会影响到另一个独立空间的孩子，这实际上是在父母无意识时不破坏儿童成长的最好保证。这样的一个独立的空间还可以确保父母在情绪烦乱的时候，能够独自处理情绪，而不至于影响到孩子，您可以选择离开这个空间躲到自己的卧室或者客厅里。这个空间保护了自己，也保护了孩子。实际上，除了这些好处外，不受打扰的空间保护了孩子的专注力，也等于同时为孩子提供了一个独立思考能力的机会，同时也能让孩子明白，做自己事，不可以打扰到别人。

2.带孩子去一些不需要遵守很多规则的场所

如果必须去一些需要遵守很多规则的场所，要事先告诉孩子，并且为孩子预备必须保持安静时可以玩耍的玩具或物品。让一个孩子陪着大人，什么也不做，只是等待，那会让孩子发疯，最后大人也会发疯。

朋友每到周末都带着儿子去游乐场玩，“在那孩子玩得很开心，平时在学校里，在家里，孩子太拘束了，不敢大声说话，在游乐场，孩子能放开了，想喊叫就喊叫，这样挺好的。”朋友如是说。

» 承认错误也是一种勇气

现在的家庭大都是独生子女，周边人的一言一行对孩子的影响很大。很多孩子以自我为中心，缺乏责任感，即使做错了也有家长护着。在平时的学习生活中，发生争吵或犯错时听到最多的是孩子以“这不是我的错”“它本来就是这个样子的”“这是他做的”“是他先……”等为托辞抵赖狡辩或者指责别人。如果任其发展，他们长大后极可能会缺乏责任感。

错误对我们来说是不可避免的。面对过错，我们应该勇敢地承认它，不要试图逃避自己应该承担的责任。我们应将承认错误、担负责任根植于内心，让它成为我们脑海中一种强烈的意识和人生的基本信条。

承认错误、担负责任是需要勇气的，这种勇气源于人们的正义感。人们面对自己的过错时往往不如想象的那样勇敢。人们总认为错误是坏事情，只会带来负面影响，事实上，错误对我们来讲不再是负担，而是财富。如果我们能正确对待它，它会使我们不断成长，会让我们表现得更加出类拔萃。

“列宁打碎花瓶”的故事很多家长和孩子都耳熟能详。其实家长们从这个故事中得到的应不仅仅是教育孩子向列宁一样有敢于承认错误的勇气，更重要的是学会列宁的母亲这种引导孩子勇于承认错误的教育方式。她没有选择当面拆穿孩子的谎言，而是用很多故事对孩子旁敲侧击，引导孩子，这是非常有艺术的教育方式。

列宁八岁的时候到姑妈家去做客，不小心打碎了一只花瓶。因为没有人看见，当姑妈问起是谁打碎的时，列宁和其他孩子一样地说：“不是我！”但他母亲从他的表情上还是看出是他打碎了花瓶。应该怎样对待孩子撒谎这件事呢？当然，最省事的办法就是直接揭穿这件事，并且处罚他。但是列宁的母亲没有这么做。她认为，重要的是教育儿子犯错误后要勇于承认错误，做一个诚实的好孩子，而不是责备他。

于是她装出相信儿子的样子，在三个月内一直没有提起这件事，而是给儿子讲各种各样的诚实守信的美德故事，等待着儿子的良心深处萌发出对自己行为的羞愧感。从那以后，列宁的母亲明显地感觉到，儿子不如以前活泼了，似乎在受着良心的折磨。

有一天，在小列宁临睡前，母亲又像往常一样，一边抚摩着他的头，一边给他讲故事。不料小列宁突然失声大哭起来，痛苦地告诉妈妈："我欺骗了姑妈，我说不是我打碎了花瓶，其实是我干的。"听着孩子羞愧难受的述说，母亲耐心地安慰他，说："给姑妈写封信，向她承认错误，姑妈一定会原谅你的。"于是，小列宁马上起床，给姑妈写信承认了错误。

在这个问题上，一般的家庭缺乏一种健全的"容错机制"，要么认为孩子的错误用不着纠正，长大了自然就好了，要么认为孩子不能有错误，要做就做最好。前一种态度会导致孩子自以为是，知错不改；后一种态度会导致孩子压力过大，往往以撒谎来缓解父母的期望给自己带来的紧张。

虽然人人都会犯错，但是敢于承认错误并为之负责任的人却是少之又少。大人尚且如此，更何况是孩子呢。家长一定要鼓励孩子勇于承认错误，很多做父母的只会在孩子表现"精彩"时才给予奖励，殊不知，勇于承认错误是很难得的品质；其次要帮助孩子找到犯错误的原因，然后和孩子一起寻求解决的办法。很多时候，失败的经验教训更加能够推动一个人的成长。高明的家长可以让孩子在否定自己的过程中体会到更深刻的成就感。

很多时候，孩子因为害怕受到体罚、威吓或失去爱抚，而产生恐惧与焦虑的心态，会出现说谎行为。所以，父母在对孩子进行教育时，必须和孩子保持相互信任、相互友好的关系，解除孩子的紧张心理，使孩子敢于说真话，敢于承担责任，改正错误。

我远房表姐的儿子楠楠平时是个很乖巧的孩子，有一次，楠楠不小心把妈妈新买的手套弄丢了，回家之后怕妈妈批评他，就跟妈妈撒谎说，手套在忘在教室里，没有拿回来。可是第二天楠楠还是没有戴手套回来，理由还是落在教室里了，其实表姐已经很清楚，楠楠可能是把手套弄丢了，不敢和大人们说。于是她对楠楠说："楠楠，你跟妈妈说实话，手套真的落在学校了吗，还是弄丢了，不敢跟妈妈说。"

"真的落在教室了。"楠楠还在狡辩呢！

"妈妈以前和你说过，好孩子不怕做错事，勇于承认错误就不会再犯第二次错误了，所以还是好孩子，你说是吗？"

妈妈这样一说，楠楠就和妈妈说了手套在上体育课的时候弄丢了，因为是妈妈新给买的，所以不敢说实话。后来，楠楠向妈妈承认错误并道歉，保证以后再也不说谎了。

如果在平时生活学习中，一旦发现孩子有说谎的表现，要有耐心引导孩子自己承认错误，最主要的是，如果孩子主动承认了错误，就不要再过分地责骂孩子，而是首先要表扬孩子：敢于承认错误也是好孩子，犯了错误并不可怕，关键要诚实，发现错误要努力改正自己的错误。

英国哲学家罗素说过：从小未受过恐吓的孩子必定诚实，这不是由于道德约束的缘故，而是因为他想不到别的做法。

在孩子的成长过程中，父母应该预料到并允许孩子出现退步，要鼓励孩子勇于承认错误而不是隐瞒错误。孩子难免犯错误，但是勇于承认错误，却是非常可贵的。

鼓励孩子说真话，是每个父母都应该认真去做的，同时父母也应该反思一下自己的管教方式，如孩子稍有过失就被严厉处罚，孩子往往会为了逃避处罚而去说谎。所以，父母应该容许孩子犯错误、容许孩子改正错误。

» 不要过度限制孩子的自由

李开复在谈到他对两个孩子的教育时说："不要过度限制孩子的自

由，让自主权由你身上转移到孩子身上。”

不要用太多规矩限制孩子的自由，要让孩子去做他自己喜欢的事。如果你有顾虑，用“共同决定”的方法诱导他。例如，孩子喜欢玩计算机，不要说“不准！”告诉他，如果功课做完了就可以玩，但是一周只能玩两个小时。

我们到底有多少规矩，其实我都想不出太多的规矩，可能不会超过三四件事。比如说，他们出门的话，我们会定一个时间，希望他们能够准时回来；在网络上不能与陌生人聊天；还有重视礼貌，见到长辈尤其要站起来。还有就是负责任，自己的房间要收拾干净，吃晚饭要把碗拿到厨房。这些可能是我们会去要求的。

每一次孩子违背规矩受到惩罚，其实对他的心灵都是一种打击。孩子违背规矩的话，可能都有理由，也许他是抱着侥幸的心态；也许认为这件事只要不被捉到就可以，也许他说，你定的规矩，我不同意，我就要叛逆。不管是什么理由，最后孩子不管是成功了、还是失败了、被捉到，没被捉到，对他都是负面打击。

不过多地限制孩子的自由，不给孩子立下太多的规矩，让孩子在自由的天空下翱翔。

应试教育60分——别让课本知识束缚孩子的大脑

以成绩取人，伤害了学生，也伤害了老师，有的学生本来在其他方面很有特长，但是因为学习成绩低，所以被任课老师视为“差生”。为了成绩，学生的心理、身体都被放在了次要地位，注重孩子能力的培养才是重要的，为了成绩而读书的想法是大错特错的。

» 别拿分数衡量孩子

许多家长把孩子的考试成绩、能否当三好学生看得非常重要。因为如果连续几年获此荣誉，就有可能在残酷的高考竞争中加分，甚至能保送重点大学。但是在美国，大学的录取根本没有保送、加分一说。学生所获得的各种荣誉，有助于提高他的竞争力，但不会因此而多加几分。然而，对于中国的孩子来说，分数就意味着一切。分数高就意味着以后可以考上好的大学，意味着以后的前途一片光明，而分数低，或者总是考倒数第一，就认为这个孩子将来没有出息，前途一片黯淡。于是，分数就成就父母衡量孩子学习好坏的唯一标准。如果分数考得不高无论其他方面多么优秀，也会被父母认为是不好好学习，认为是没出息。

我一个同事的儿子明明，平时表现得很聪明，可是一到考试的时候就紧张，成绩总是在60分上下徘徊，同事很着急：照这样下去，我看连普通的高中也考不上。可是，同事并不知道，她说这句话的时候，给了孩子多大的压力，她不知道当考试卷发到面前时，明明大咽了一口口水，让自己平静了几秒钟后，才敢把试卷翻开看。啊！68分，真的死定了，全班最低啊。回家怎么跟爸妈讲呢？一路上，明明的脑子快速转动，就是想不出对策。那天虽说万里晴空，艳阳高照，可明明的心理却是一片阴云密布，有种暴风雨就要来临的感觉。

果然不出明明所料妈妈在看到他分数的瞬间，刚刚还缓和的神情一下子变得严肃起来。而爸爸看到妈妈阴沉的脸，过来瞄了一眼试卷上的分数就解下皮带对明明抽起来。吃饭时，爸妈严厉的目光一直盯着明明的脸，紧张的空气像是凝结了似的，吓得明明都不敢吃饭。不知道接下来父母会对自己怎样。

时间长了，明明对考试产生了恐惧心理，一到考试的时候就特别紧张，越是紧张，就越影响了考试成绩，明明也不想这样的。

其实，父母望子成龙的心情是可以理解的，但是应该从孩子的实际水平出发。一味的要求孩子成绩好，而不注重素质教育的提高，那么，即使将来他考了100分，考上了重点大学，也会是一个“书呆子”。

我们来看看美国的家庭教育：

一个7岁的美国小男孩因为没有完成作业，老师给了他一个C，并且全班只有他一个人得的是C，别人得的都是A或者B。

放学以后回到家长，这个小男孩垂头丧气的对父母说，自己这次得了全班倒数第一。

父母并没有责怪，他父亲还打趣道："儿子，你是男子汉，这点小挫折算什么，来，告诉爸爸，到底是怎么回事。"

"爸爸，是我当时只顾贪玩，没有好好做。"

"哦，是这样的，那我们现在来重新做一遍吧。爸爸相信你，这次一定可以做得很好。"

"是，爸爸。"儿子的语气充满了信心。

在美国，分数并不是衡量孩子学习好坏的唯一标准，大多数父母注重的是孩子的综合素质，即使孩子次次考试都是倒数第一名，但如果在其他方面很优秀，他们同样认为孩子是优秀的。

曾经看到过这样一个真实的故事，一名叫王金战的老师，让全班倒数第一的学生考上了北大。录取通知书到手的那一刻，这个学生激动地说："没有老师就没有我的今天。"

原来，这是一名有点颓废，自暴自弃的男孩，当老师了解以后，主动找男生谈话，了解男孩的心理，这名男孩一直认为："每次都考倒数第一名，那么，即使不参加考试，也没什么关系，省的给班级拖后腿了。"

"既然每次都是倒数第一，大家都会不以为然，要是哪次考试倒数第二，大家可能也会对你刮目相看啊，何不再给自己一次机会呢，老师全力支持你。"这样，男孩在接下来的期末考试中果然是倒数第二名，但是成绩却比倒数第一名多了30分，这是一个多么大的进步啊，就这样，老师总是找学生聊天，知道学生心里所想，以便能及时发现问题并纠正，就这样，老师激发了孩子学习的斗志，每次考试都在前进，最终考上了中国第一学府——北京大学。

在学生中间，有这样一句话："分，分，分，学生的命根"，可见孩子们对分数是多么的在意，在应试教育的负担下，很多孩子只是一味地学习，分数把他们压得透不过气来，而除了学习，他们似乎什么也不会了。

现在的教育提倡的是素质教育，德智体美劳全面发展，所以，考了倒数第一名，也并不是意味着孩子就一无是处。有些父母对孩子比较差的成绩特别生气。一方面是因为望子成龙心切，功利性太强；另一方面恐怕是攀比心理作怪。其实，孩子考了倒数第一不要紧，关键是家长怎样去引导。

» 给孩子选择课外书的权利

苏联著名文学家高尔基说过：“读书对于智慧，就像体操对于身体一样。”很多家长都存在一个认识上的误区，总觉得孩子看课外书是看“闲书”。他们恨不得孩子每分每秒都在听写、背诵、写作文，似乎只有这样，才能提高学生的学习水平。专家认为：“一个学生的课外阅读量只有达到课本的4到5倍的时候，才会形成语文能力。”

当代著名学者余秋雨曾说过这样一句话：“老师和家长在不知道孩子兴趣的前提下，不要硬性给孩子开出题目，使孩子失去阅读兴趣。”

有一次，朋友带儿子在书店看书，旁边的一位妈妈带着孩子在买书，小孩子看到书店里有那么精美的好书，非常高兴，精挑细选了几本故事书和童话书。没想到年轻的妈妈看到了，气不打一处来，一把夺过孩子手中的故事书，拉长着脸说：“就知道买这些书。看这些闲书有什么用，对你写作文又没有什么帮助。你怎么不去买几本作文书呀，也好学学别人怎么写作文呀。”结果，那小孩子兴致全无，一脸的无奈。不用说，家长把读书看成是考学，为了提高成绩。此时的小朋友呢，他以视“读书”为一种负担。

还有一次在书店，年轻的妈妈带了一个读一二年级的孩子来买课外书。看到孩子又去翻看《机器猫》、《虹猫蓝兔》等漫画书，妈妈特别生气的从书架上搬来高尔基的《童年》、《在人间》，还有《红楼梦》、

《三国演义》塞给孩子，对孩子说："整天只知道看些没用的书，就不能看看这些书？"这个妈妈的心太急了，她不知道从《机器猫》到《红楼梦》需要有个过渡，孩子是不可能一下子对那些名著产生兴趣的。

英国生物学家达尔文说过："在一切知识中最有价值的是关于方法的知识。"给孩子选择课外书，首先要明确孩子对什么类型的课外书有兴趣，然后再一点一点地引导孩子。

1.兴趣是最好的老师

只有培养学生对课外阅读的浓厚兴趣，学生才会以积极主动的心态投入到课外阅读中去。如英国儿童科幻小说《哈利波特》，征服了世界，连成人都不禁为小主人公的人格魅力所征服，学生对它更是爱不释手。对于绝大多数的孩子来讲，他们只选择自己感兴趣的读物。而对一些虽然有意义，有价值，但不感兴趣的读物很少顾及。事实上，仅靠兴趣来维持阅读是不长久的，也难以取得良好的成效。

2.不同年龄段的孩子适合读不同的书

小学一二年级，因为识字不多，拼音不熟练，学生读的书可以以图为主，字大一点，书簿一点，最好选的书是拼音版本的。童话与神话故事书是这个年龄段孩子的最爱，还有笑话书、卡通书等。

因为孩子小，不会选书，所以家长要帮着孩子参谋着选书。许多家长给孩子买了书，发现孩子不爱看，就以为孩子不喜欢看课外书，殊不知有时原因不在孩子身上，而在家长自己身上。有可能是家长选的书不适合孩子看，二是选的书难度高于孩子的阅读水平。

低年级的孩子最好读一些图文并茂的书，图多对开发孩子右脑有好处。可以丰富孩子头脑中的表象，对孩子今后创造力的发展有好处。

书尽量选簿一点的，最好是一本书里只有一两个故事的，这样孩子很快能读完一本，内心就能产生一种成就感和愉悦感。下次就还会想读。如果家长为了省钱，给孩子买那种少图的、故事多的，很厚的书，孩子就会丧失读书的兴趣。

暑假快到了，妈妈去书店给孩子买了些课外书，希望儿子能够好好地利用这个暑假，提高下自己，然而，妈妈并没有征求儿子的意见，自己挑选了一堆书回来了，儿子都是每本书翻了两页，就不再看了，妈妈问："怎么不看了，这些不都是你平时喜欢看的书吗？"儿子说："这些书这么厚，我什么时候能看完啊，想想我都不愿意看。"

小学三四年级，可以读一些深刻的童话书，像科学童话与故事，知识类图书（十万个为什么、自然科学、宇宙之谜、动物知识等）、伟人故事与历史类的书，还有儿童报刊等。

小学五六年级可以读一些漫画书、寓言、儿童小说、儿童报告文学、科幻小说、探险故事、人生智慧、为人处世、少儿百科全书等等。

初中时期最适合读的书是名人传记、谈人生以及人生智慧方面的书。因为初中时代是一个人奠基立志的时代，有特别强烈的模仿倾向，特别崇拜心中的偶像，如果孩子在初中时代没有机会接触这些名人传记方面的书，他就会去追明星，歌星。另外还可以看一些科普的、青春期知识方面的、大众流行读物等。

3.别错过阅读关键期

经过脑科学家的研究，发现自然界的所有动物，包括人，在大脑发育的过程中，都有一个发育计划时间表：在哪一个阶段哪些功能先发育，哪些功能后发育。如果家长抓住了这个大脑发育时间表，在孩子哪些大脑功能正在发育的高峰期，对孩子适时实施教育，则效果就要好得多。反之，错过了大脑发育的关键期，再对孩子实施教育，效果就要差许多。

称职的父母，在教养自己的孩子时，就应该认识关键期，不错过孩子成长的每个关键期。把握住了“关键期”，教孩子就会事半功倍，错失了“关键期”去教孩子，就会事倍功半。

» 培养男孩的创造力，让男孩与众不同

孩子在小的时候容易产生好奇心，所以有的孩子善于提问并善于思考，而且懂得如何在实践中体验。而有的孩子却不善于思考，更懒得实践。结果造成了他们未来的思维能力和成就有很大的差异。善于提问，善于思考，富于创造的性格是要从小培养的，一个男孩有了这种性格和习惯，他的发展前途就会非常广阔。

最早完成英国原子核裂变实验的英国著名物理学家卢瑟福，有一天晚上走进实验室，当时时间已经很晚了，见他的一个学生仍扶在工作台上，便问道：“这么晚了，你还在这干什么呢？”

学生回答说：“我在工作。”

“那你白天干什么呢？”

“我也工作。”

“那么你早上也在工作吗？”

“是的，教授，我早上也在工作。”

于是，卢瑟福提出了一个问题：“那么这样一来，你用什么时间思考呢？”

这个问题问的真好，古往今来凡是有重大成就的人，在其攀登科学高峰的征途中，都是给思考留有一定时间的。据说爱因斯坦狭义相对论的建立，经过了“十年的沉思”。他说：“学习要善于思考、思考、再思考，

我就是靠这个学习方法成为科学家的。”

如果说仅是对书本知识的认识，那么人人不都能当科学家了。

创造是一种顽强、细致并附有灵感的劳动。这种劳动需要创造者全部体力和智力的高度紧张，要求创造者有坚强的意志。一般创造力强的人都具有自觉性、坚韧性、果断性和自制力等良好的意志品质。青少年应该培养这种意志品质，使自己有主见、有耐心、有毅力；既不盲从，也不独断；目标明确，严格要求，积极引导，让学生的意志在为实现目标，完成任务而克服困难的过程中得到锻炼。

1.强烈的好奇心和怀疑精神

创造性高的孩子从不满足现成的答案，对未知的世界充满了好奇心和探索愿望，都想追根求源，找寻其秘密。未知的世界对于他们来说如强大的磁石一样具有吸引力，他们往往对于已知的答案不满足、不满意，在人们没有注意的地方，在人们认为不可能有问题的地方发现问题。

爱因斯坦曾在其自传中这样写道：“当我还是一个四五岁的小孩，在父亲给我看一个罗盘的时候，就经历过这种惊奇：这指南针以如此确定的方式行动，我想一定有什么东西深深地隐藏在事情后面。”正是这种强烈的好奇心，才引导他在成年后做出了重大的科学发现。

2.个性的独立

创造性高的孩子，比较少的受到家长的限制、规矩的约束，既不关心别人想什么，说什么，也不关心别人对他的言行怎么想、怎么说。在他们所关心的范围内，常常是“我行我素”。所以，他们常常显得不顺从、不随和。但是，在他们创造性的活动之外，他们又是很随和的，是一个顺从者。

一天，我到一个朋友家里去做客，发现朋友家五岁的儿子正拿着一盒彩笔在自己的房间里“挥毫泼墨”，“有意乱画”看样子他完全投入到了他伟大的绘画事业中去了。他房间的墙壁上、桌子上、床单上、玩具上以及他的小脸蛋上都画满了形状奇异的图形，这些图形在阳光的照耀下闪着五颜六色的光。

原先好好的一个房间的四面雪白的墙壁，现在变成了金蛇狂舞的五彩斑斓。

“阿姨，你觉得我画得怎么样？”小家伙看到我了，得意洋洋得问。

我笑了笑，没有说话。

然后，小家伙又挑出了一支蓝色笔在自己的小手背上画了一个圈，又拿出一支紫色笔又画了一个圈，然后再拿起另外一支笔，就这样一支一支的画下去，直到身上也变得五颜六色。

这时，朋友走了过来，看到这一幕，他瞪大了眼睛！我以为朋友一定会狠狠地批评儿子了，没想到，朋友竟说：“啊，你画的太棒了！没发现你竟然是一个伟大的天才艺术家！简直是达·芬奇第二！”然后朋友高兴地咧开了嘴笑了起来，并在儿子脸上亲了一下。

小家伙立刻因为妈妈的赞扬而高兴得手舞足蹈起来。

其实，孩子爱搞破坏是一种天然性，是创造力萌芽的一种体现。他们睁着一双无知的大眼睛，对社会中的各类陌生事物充满了新鲜感，合理的利用孩子的这种天性，多方引导、鼓励，有利于孩子大脑的发育以及日后处事能力的提高。更重要的是可从小培养孩子浓厚的求知欲望，为今后的发展奠定基础。

3.绚丽多彩的想象力

爱迪生在小时候可谓是异想天开到了极点。不管遇到什么事情他都要问个为什么，只要有个疑问，他便试着自己去找答案，直到弄懂。有一次他想：“为什么青草不能燃烧而干草会燃烧呢？”想着想着，他就把干草点燃了，结果酿成了一场大火。因为想孵出小鸭，他还亲自孵过鸭蛋……对于这些异想天开闯的下的祸，爱迪生的母亲从来没有粗暴的制止过、干涉过。而是循循善诱，百般呵护，支持爱迪生的创新精神。为了便于孩子的研究，这位令人敬佩的母亲甚至特地在自己的地窖里开辟了一个小天地，让爱迪生一边学习一边实践。正是因为父母的大力支持与鼓励，爱迪生才终于成了拥有两千多项发明的大发明家。

有的家长认为，小孩子的想象力只不过是些不着边际的胡思乱想，其实这是非常错误的。爱因斯坦曾说过，想象力比知识更重要。因为知识是有限的，而想象力概括着世界上的一切，并且是知识的源泉。在孩子的小脑袋里，总是存在着五彩缤纷的世界和千奇百怪的事物，他们想飞上天空，潜入蚁穴。这种丰富的想象力不仅是打开知识宝库的钥匙，更对培养孩子的绘画、音乐、文学等才能起着非常大的作用。

» 教会孩子把学习变成兴趣

很多家长只重视孩子考试分数，而忽略了读书的价值，因此，很多孩子也只看到读书是为了争取高分，自然对读书不会产生兴趣的。这种只重视分数的思想本事是大错特错的，现在学校里提倡的是素质教育，能够学有所用，才是关键。

朋友家的儿子李铭上小学一年级，每天的主要任务就是读书学习。他妈妈十分重视儿子的学业，时时叮嘱儿子要勤奋学习，李铭表现得也很合作。

一天，妈妈见到李铭桌子上放着很多本书，以为儿子在主动温习功课而暗自高兴，好奇地翻阅书本，岂料这一番，却有重大发现——书本下竟放着一本漫画书。

妈妈很生气的大声斥责李铭，没想到孩子竟大喊：“我不要再为你而读书了！”

妈妈一时呆住了……

李铭之所以生气，就是因为感到妈妈并不关心他，关心的只是他的学业，并且他会认为妈妈是压迫者，而自己是一直在妈妈的压迫下学习。

这种情况还很多，有些家长不仅催逼孩子温习功课，还要让孩子做大量的练习，孩子自然会对学习失去兴趣。

让孩子自觉学习，首先应该让孩子明白学习是为了帮助他把书本上学到的知识，应用在日常生活中，让孩子感到学有所用，才会有学习的动力。家长不应只懂得催逼孩子，应该寻找方法，让孩子觉得学习有乐趣，当孩子能够乐在其中的时候，他们才会对学习有兴趣。

1.有梦想才有学习的动力

有梦想的孩子，往往都是上进的，正因为梦想，孩子才有强大的求知欲，以求达到梦想的彼岸。

美国有一个男孩，他的父亲是一位马术师，他从小就必须跟着父亲东奔西跑，一个马厩一个马厩的四处奔波，男孩的求学过程并不顺利，初中时，有一次老师叫全班同学写报告，题目是《我的梦想》。

他洋洋洒洒的写了七张纸，描述他的伟大志愿，那就是想拥有一座属于自己的牧马农场，并且自此画了一张200亩农场的设计图，上面标有马厩，跑道等位置，然后在这一大片农场中央，还要建造一栋4000平方米的豪宅。第二天，他将他的心血之作交给了老师，两天后他拿回了报告，报告第一页上打了一个又大又红的“F”，旁边写了一行字：下课后来见我。

胸中充满幻想的他下课后带着报告去找老师，问：“老师，为什么给我不及格？”

老师回答道：“你年纪那么小，不要老做白日梦。你没有钱，没有家庭背景，什么都没有，盖座农场可是个花钱的大工程，你要花钱买地、花钱买纯种马、花钱照顾它们，你别太好高骛远了。”老师接着说：“你如果肯重写一个不太离谱的志愿，我会给你重新打分的？”

男孩回家后反复思量，然后征询父亲的意见，父亲只是告诉他：“儿子，这是非常重要的决定，你必须拿定主意。”

再三考虑以后，他决定原稿交回，一个字都不改，他告诉老师：“即使拿个大红‘F’，我也不愿意放弃梦想。”

后来这位男孩真的完完整整地实现了自己的梦想，那位老师还曾经带着自己的学生来到农场露营，离开之前对这位已经长大的学生说：“初中的时候，我曾经给你泼过冷水，这些年来，我也对不少学生说过这样的话，幸亏你有这种毅力去追寻自己的梦想。”

父母或者老师对孩子梦想的态度决定了孩子的发展方向，无论如何，都要珍视孩子的梦想。诱发孩子的求知欲，就是让孩子不断有梦想，并在梦想的熏陶中去做每一件事情。

2.学习的兴趣从喜爱开始

学习的兴趣是从孩子喜爱开始的，兴趣是最好的老师。要尊重孩子最初的热情，父母不要一味的强迫，要根据孩子的兴趣来帮孩子找到发展的方向。

表姐家六岁的男孩，每次背书他都背不下来，但却对下围棋有一种特别的爱好。他甚至可以不看棋盘同时和两个人下两盘棋，而且会大获全胜。对于这两盘棋的每一步他都记得很清楚，并能在棋局结束后把两盘棋恢复起来重新走一遍。他虽然背书很慢，可是背起棋谱，围棋定式，似乎有过目不忘的本事，甚至在放学的路上见到别人下棋，也能在旁边站上半天。

可是，这个孩子的成绩却老是提不上去，表姐就给他报了几个补习班，并且规定必须每天几点回家做作业。一旦发现孩子看别人下围棋或者和小伙伴下围棋，表姐就不分青红皂白地把他训斥一顿，然后就开始唠叨个没完。

一次又一次，这个有围棋天赋的孩子再也不敢看别人下棋，也不敢同别人下棋了。每天除了看书就是看书，可是成绩依然和以前一样，没有什么长进。

大多数的家长都期待自己的孩子比别的孩子学习好，总要帮孩子排满辅导课程及才艺学习，而这一切却从来没有问过孩子是否有学习的意愿。父母都忘了，只有主动、有意愿的学习才能让孩子的专注力得到最大的发挥，专注力可谓是学习的一个十分重要的条件。被家长胁迫去上各种课程，不但对孩子没有一点帮助，还可能使孩子因为心情不愉快而影响日后的学习。

一般传统的学习方式，能让大多数孩子习惯、接受，而他们却无法从学习中发现自己的兴趣。培养个人的兴趣可以为生活带来许多乐趣，因此作为父母，应该为孩子提供宽松的环境允许依照自己的方式及步调去学习与探索。

» 让孩子轻松应对考试

在孩子的学习过程中，大大小小的考试充斥了孩子的生活。本来，这些考试只不过是孩子学习生活的一小部分，是检测孩子学习成果的一种途径。但却在父母的过度重视下成为决定孩子未来的工具，决定孩子人生的手段。就是因为考试被父母所赋予了这种“使命”以及考试所代表的某种意义，让孩子对考试充满了厌恶，在面对考试时却又会焦虑不安。

在家庭生活中，不乏听到这样的对话：一家人正在吃饭，妈妈好像忽然想起了什么似的，对正吃得起劲的孩子说：“你们最近考试了吧？”听到妈妈的问话，孩子咬着夹菜的筷子，说了声：“考了。”听到孩子的回答，妈妈紧接着又问：“你考得怎么样？”这个时候，孩子或者停下动作，低下头，闷闷地说：“考的不是很好。”或者说：“成绩还没有下来。”更有些孩子，任凭父母怎么问，就是不说话。如果这个时候父母继续问：“为什么没考好？”或是“难道你心里没有谱吗？自己考得怎么样都不知道？”抑或是看到孩子不说话，就直接认为孩子没有考好，对孩子进行一顿严厉的教训。其实，不管是哪种方法，对来自来说都是一种伤害，让孩子更加害怕面对考试。

同事的儿子君君在平常的学习中表现得非常好，深得老师的喜爱，但是，每次考试君君却不能取得好成绩。这让老师和父母都感到莫名其妙。有一天晚上，妈妈发现君君房间的灯一直亮到很晚，第二天，妈妈特意注意了一下君君，发现君君显得有一些焦虑。妈妈问：“今天有什么特别的事情吗？”君君皱着眉头说：“明天要考试。”后来，妈妈又发现了几次君君有那种焦虑的情况，每次问有没有什么事情，君君都说要考试。妈妈怀疑君君有对考试恐惧的心理，因为只要是第二天考试，君君在前一天晚上就会睡不好觉，并且有焦虑的表现。

如果像君君这样不能摆脱这种焦虑，孩子在以后的考试中就不会取得好成绩，相对就会影响到孩子的一生。

孩子之所以会产生这种焦虑，一方面是因为父母和老师在无意或是有意之间向孩子透露出这样一个信息：考试非常重要，不能出错！孩子为了能够让父母和老师不失望，也为了让自己不失望，孩子的内心会因为这些儿产生过多的压力，造成一遇到考试就会产生焦虑情绪的情况。当然，还有来自社会的原因。社会发展的越来越快，也越来越需要人才，而孩子知道，只有自己成为人才，才可能融入社会，才可能被社会接纳，因此，他要努力学习，努力考出好成绩，才能使自己成为人才而努力。

1.减轻孩子的压力，让孩子卸下沉重的包袱

想消除孩子的焦虑，首先要减轻孩子的压力，让孩子卸下压在肩上那沉重的包袱。当然，对于孩子来说，考试是其接受教育过程中不可缺少的一项，不可能不让孩子面对考试。再说了，不让孩子面对考试也只不过是一种逃避，根本不能解决问题。其实，让孩子有一些压力是必然需要的，但是，过多的压力就会产生反作用。因此，父母可以相对地让孩子减轻一些压力，不要让孩子被压力压得喘不过气。比如，在孩子平常的学习中，父母不要总是催促孩子不停地学习；不要在孩子考试完之后追问孩子的考试成绩；当孩子考得成绩不好时，不要对孩子摆脸色，更不能打骂孩子。

2.让孩子端正自己的动机，改变自己的认知

有些孩子的考试焦虑完全是自己找的，他们对考试这件事的认知完全是不正确的，从而导致他们情绪上的紊乱和行为上的异常。这样的孩子通常会对自己的要求非常严格，不允许自己出现一丁点的错误。他们还会错误地认为，如果自己没有考出好成绩，就会产生严重甚至是可怕的后果。这样的孩子，父母要让他们对自己的看法有一些改变，让他们知道，其实考试的失败没什么可怕的；还要让他们知道，其实很多时候，如果能够用轻松地心情去迎接考试，往往会比用紧张的心情去迎接考试的效果好。

3.让孩子用平常心对待考试

有的孩子平常的学习成绩很好，但是从来没有考出过好成绩，其实，

这是因为孩子在考试时过于紧张，以至于孩子的水平没有得到正常的发挥。面对这样的情况，父母要教孩子学会用平常心看待考试，这样才会把自己最好的水平发挥出来。

4.不要让孩子总是处于紧张状态

有些孩子在考试前会有焦虑的表现，有时候因为他们不能很好地学习和休息。有的孩子为了备战考试，就会把大量的时间都投入到学习上去，不注意休息和休闲活动。即使有一点空闲也会想着学习，一点喘息的机会都不留给自己。有人说，休息是为了走更远的路，这话一点都不假，父母要让孩子学会劳逸结合，生活有张有弛，用最好的状态去学习。也只有在最好的状态下学习，才能够达到最好的效果。

第三章　女孩篇

100分培养完美女孩

家庭环境100分——给女孩营造一个温馨的“港湾”

家庭环境对于孩子的心智和才能的发挥至关重要。父母是孩子的第一任老师，是孩子学习的榜样，父母的教养态度和教育方法是直接地影响孩子的行为和心理。在温暖而充满爱的家庭中，父母能尊重和接纳孩子的问题，鼓励和赞美孩子的优良表现，不但可以帮助孩子发展健全的人格，还能激发其创意而使其变得更聪明。

» 温馨的家庭环境让女孩健康成长

挑剔中成长的孩子学会苛刻；敌意中成长的孩子学会争斗；讽刺中成长的孩子学会羞怯；羞辱中成长的孩子学会愧疚；宽容中成长的孩子学会忍让；鼓励中成长的孩子学会自信；赞扬中成长的孩子学会自赏；公平中成长的孩子学会正直；支持中成长的孩子学会信任；赞同中成长的孩子学会自爱；有爱中成长的孩子学会关爱。可以说孩子成长与环境的影响密切相关。孩子小时候大部分时间是在父母身边度过的，所以家庭环境对孩子的成长相当重要。

尤其是女孩，对环境的影响尤其敏感。如果家庭环境和谐温馨，父母家人相信相爱，这样环境下成长的女孩乐观开朗，长大后也希望自己的家庭是这样的；如果父母整天为一些琐事争吵，或者是单亲家庭，孩子的心理会产生不平衡，不仅是想逃避家庭，甚至对今后的婚姻都有影响。所以，父母为了子女的健康成长，请给他们一个温馨和谐的家庭环境。

年轻的父母都期望把自己的孩子培养成自信、自强、有道德、有能力的人，那么，为孩子营造一个良好的家庭环境。美国学者在调查基础上的总结了10条有利于儿童成长的家庭条件：

1.孩子在场，父母不要吵架。

2.对每一个孩子要一视同仁。

3.不能对孩子失信和撒谎，说话要算数。

4.父母之间要谦让，不要互相责难。

5.父母对孩子要关心，关系要亲密。

6.孩子的小朋友来做客时要真心欢迎。

7.对孩子不要忽冷忽热，不要发脾气。

8.家里要尊老爱幼，重大事项决定前要征求大家的意见，要有家庭民主。

9.家里要搞文体活动，星期天至少要有半天娱乐时间。

10.父母的缺点孩子也可以批评。

实际上，把上述10条归纳做一条，就是要为孩子营造一个轻松和谐、充满民主和爱的家庭环境。

» 尊重孩子的人格，给孩子自主权

家长在教育孩子尊重父母、尊重他人的同时，父母也要尊重孩子，不要把孩子看成是自己的附属品，而应该把孩子看成是一个独立的个体，要尊重孩子的人格。在与孩子交谈、探讨问题时，应该持平等认真的态度，要尊重孩子的爱好、兴趣、语言要平和，亲切，不要粗暴的训斥孩子。即使在孩子做错事的情况下，也要晓之以理，循循善诱，维护孩子的自尊心，尊重孩子的意愿，给予孩子个人自主权，要让孩子积极参与家庭的各种活动，并鼓励孩子提出自己的意见，说出自己的想法。父母在倾听孩子的意见后，对孩子的正确想法和行为给予充分的肯定，还应经常和孩子讨论问题，谁讲得有道理，就听谁的，以理服人。

邻居家的女儿玲玲今年12岁，妈妈却还是把她看成是个什么都要父母管的小孩子，不论在学习上，还是在生活上，不顾玲玲喜欢不喜欢，妈妈总是把一切安排的好好地。玲玲有时也不同意妈妈的做法，但妈妈却说："小孩子懂什么，妈妈都是为你好。"

妈妈给玲玲买了很多衣服，并且多数是玲玲不喜欢的颜色。玲玲向妈妈提出建议，妈妈去说："你不懂，买什么衣服你就穿什么衣服吧。"玲玲感到很委屈。

玲玲说："我知道妈妈很爱我，可是我很快就要小学毕业了，妈妈还不让我处理自己的事。我自己的事自己也无权做主，就连要买什么样的衣服这样的小事，也要妈妈做主。在这个家里，怎么老没有人尊重我的意见！"

也许在父母看来，今天的孩子已经足够幸福了，他们吃穿不愁，父母对他们关怀备至，唯恐委屈了他们，可以说从物质到精神应有尽有。但是父母忽略了一个重点，就是孩子有自己的想法，他们也需要表达，可是又有谁能够真正倾听呢?

» 良好教养彰显女孩魅力

良好的家庭教养对于女孩来说是一种夺目的吸引。它胜过华美的服饰、昂贵的饰品、健康的形象、得体的举止、恰当的谈吐，都将吸引无数的目光和赞叹。每个家长都希望女儿成为万众瞩目、有着优雅气质的“公主”，对于女孩来说“性格决定命运”。性格并不是与生俱来的，也不是一朝一夕形成的，而是孩子从小耳濡目染，在父母的家庭教育过程中逐渐积累起来的。

大人们在夸赞别人的孩子的时候常常说：“这孩子真有礼貌”“真懂事”等，这就是良好教养的一个重要体现，也直接说明了父母教育成果的直观体现。

1.懂礼貌是教养的第一课

在公交车上，两个孩子跑来跑去，司机一个突然刹车，两个孩子失去平衡跌倒了，并不小心碰到了前面的乘客，这时，一个孩子马上对撞到的乘客说：“阿姨，对不起。”被撞的乘客笑着说：“没关系的，下次小心点。”

而另一个孩子在撞到了其他乘客时，毫无反应，站起身来，继续嬉闹，引得大家很是反感：“这孩子也太没礼貌了，撞到人连对不起都不说，大人们怎么教的。”

这种情形往往会造成家长的困扰，令家长很难堪，那么，如何杜绝这类情况的发生，家长又能做些什么呢?

（1）孩子见人不知问候

在见面前，要先告诉孩子“待会儿会见到什么人”、“要如何称呼”，以及“该说什么”，让他有心理准备，甚至可先练习一下。见了面，要给孩子留时间，而不是大人忙着说话，突然间，发现孩子还没和对方打招呼，就急着催孩子，结果愈催愈糟。家长应该做的是鼓励他把先前练习过的说出来，如果真是害羞，一时怯场，让孩子点点头，笑一下也可以。

回家后，则要极力赞赏孩子今天所做的事。例如，“你今天和隔壁爷爷奶奶打招呼了，做得很好。”其实孩子都很精明，当她发现“嘴甜”可让大家都开心，又可得到奖赏时，她会很乐意去做这件事。

（2）孩子在公共场所吵闹不休

要处理这个问题，事先预防是关键。外出前先告诉孩子，外出的目的是什么，让她知道会发生什么事。出门前，也要先跟孩子说好规则，确定她已经听明白，并问她是否能遵守。

到了外边，这些规则一定会被打破，但家长要耐心地提醒与纠正，直到孩子遵守。同时，家长也要坚守自己的原则，例如，孩子在超市奔跑吵闹，屡劝无效时，可问她：“你是要安静下来，还是要离开？”如果孩子不听劝说，就冷静地带他回家，千万不要舍不得选好的物品。让孩子清楚明白，除非在公共场所表现得宜，否则不能再出门。下次出门前，可再和孩子谈一次，是否了解这些规则，能不能遵守；如果不能，就把孩子托给其他朋友，大家按需要轮流外出购物，这样也能让孩子学会自我控制。

还有一些小技巧。例如，别在吃饭前或午睡时间带孩子出门，因为那会让他们更兴奋，难以控制，孩子吃饱睡足了，大人也比较轻松。

（3）带孩子去餐厅吃饭

带孩子出去吃饭或聚餐，也得做“预防”工作。出去前，先跟孩子说明状况，像是到餐厅不能大声喧哗等。

就餐前，可先为孩子准备小点心，或带他们四处走走，缩短呆坐在高椅子上的时间，看看餐厅周围的摆设或环境，让孩子有点乐趣。用餐时，别一口气就把孩子喂饱，而是和大人进食的速度差不多，否则孩子一饱就精力充沛，很难再坐得住。

在这过程中，还可从孩子的“百宝袋”里掏出好玩的东西吸引他。像是拿出绘本图书，让孩子一页一页地翻。绘本比其他玩具更适合带到餐厅，因为它不容易掉落一地。也可拿出家里的相本，孩子喜欢看自己的照片，还可以问他：“这是在哪里拍的？”“那天做了什么事？”让孩子沉浸在愉快的回忆情绪中。

2.良好的教育让女孩学会思考

我国著名的教育家陈鹤琴说：“家庭教育，对父母来说首先是自我教育。”父母自身具备的人格修养会潜移默化地对孩子产生影响。幼儿来到世界上，首先是从父母那里开始学会认识世界的，父母的言行举止、家庭的生活氛围，每时每刻都会给幼儿的情感、行为、道德、个性产生着丝丝缕缕的影响。“随风潜入夜，润物细无声”。父母的人格特点还会辐射到家庭生活的各个层面而使家庭生活染上独特的色彩，继而影响孩子的人格形成。如父母为人热情诚实、做事认真踏实，往往会融洽家庭气氛，孩子们经常置身于亲朋好友常相往来之中极易形成热情、诚实、友爱、善于交往等人格特征；如父母心胸狭窄、斤斤计较、好算计，孩子长期置身于好贪小便宜的家庭生活氛围中，极易染上小市民、利己主义习气，将来走向社会极易养成投机取巧陋习。同时，家长的教育素质和教育孩子的能力、知识、观念等也直接影响儿童的发展。

同事的女儿莎莎是个活泼的孩子，她非常喜欢参加各种活动。

一次，莎莎的老师组织同学们去郊游，当莎莎赶到汽车站时，她的老师不让她参加班级的这次活动，因为她忘记带父母的同意书。莎莎感到非常气愤，当她回到家时，就对妈妈说："妈妈，你必须开车送我去郊游的地方，不然我会不开心的。"

"莎莎，不要耍小孩子脾气了，我知道你很想去的，我也希望能够帮你，但你要自己思考如何到达你要去的地方。"妈妈说。

"那怎么办呢？"莎莎低着头小声说道。

妈妈看了看女儿，说："你可以乘公交车去呀！"

莎莎摇了摇头："不行，那样太麻烦了，我要换乘好几趟车。"

"哦，你是说你已经决定不乘公交汽车了，对吗？"妈妈平静地问道。

莎莎接着又发了几分钟牢骚，诉说她的不幸，然后就走出了房间，当她再次回来的时候，兴奋地对妈妈说："我已经找到了一辆直达山区的公共汽车了，根本就不需要转车。"

就这样，妈妈开着车把她送到了公共汽车站。而莎莎也如愿以偿的参加了自己喜欢的郊游，她用自己的思考换取了郊游的快乐。

莎莎母亲的这种教育方式，让女儿学会了自己独立思考，从小养成这样的习惯，长大之后也必定是个人格独立的优雅女性。

良好的教养，不是一蹴而就的，是要用一生去培养的。教养，对于女孩来说，就像一张明信片，体现了个人的魅力和修养。

» 要多花些时间陪女儿

父母是孩子的一面镜子，也是孩子最早的启蒙老师。父母给孩子带来的欢乐是任何东西都无法代替的。在繁忙的工作和生活中，有些父母往往没有时间或者没有意识到和孩子进行情感交流的重要性，把和孩子亲近的时间用在了工作上。他们认为：别人有的东西自己的孩子也都有，已经满足了孩子的一切需要，只不过就是没有时间和孩子接触，但也是为了这个家，为了孩子的生活。如果这种情况是偶然的，那也无可非议；如果这种情况长期发生，父母只顾忙于自己的事，不顾孩子，长此以往，孩子必定会疏远于父母。

尤其是女孩子，需要比男孩更多的来自父母的关心和爱护，心理学家研究发现：当女孩需要父母关心、陪伴的请求被拒绝以后，她会非常失望，会导致孩子烦躁、脾气多变，甚至会通过摔打自己的玩具来发泄内心的不满。父母不能很好地和孩子接触、不重视与孩子的交往，会导致孩子性格的孤僻、冷漠，产生攻击性和行为失控。

我远房亲戚家的一个孩子，从小父母就对她宠爱有加，就这么一个宝贝女儿，什么事都依着她。在孩子还小的时候，不管多忙，都会抽时间多和女儿在一起，更不要说六一儿童节这样特殊的节日了。而女儿也很享受和父母在一起的美好时光，乖巧可爱，父母都非常欣慰。

孩子大一点的时候，父母忙于工作，陪孩子的时间越来越少了，女儿的不满情绪渐渐表现出来，开始和爸爸妈妈顶嘴了。起初，父母并没在意，依然忙于事业。后来，妈妈很偶然的在街上看到女儿和一些不良少年在一起，没有去上课，这才意识到问题的严重性。当时就把女儿带回家，准备好好训斥一番。

“说！为什么不去上课，那帮人你是怎么认识的？”妈妈严厉的问道。

“现在想起来管我了，早怎么不管，我需要爸爸妈妈在身边的时候，你们在哪，是他们陪着我的。”女儿很激动地说。

听到女儿这样一说，妈妈没再说话。“是啊，这些年光顾着工作，陪女儿的时间越来越少了，连她交了什么样的朋友都不知道，是家长的责任啊！”

此后，妈妈尽量多抽出一些时间和女儿在一起，女儿也感受到妈妈是爱自己的，于是渐渐疏远了那些朋友，重新做回了一个好孩子。

父母与孩子关系密切的中心，是父母和他们一起休息、娱乐和交流的时光，可是很多父母与孩子共享天伦的时间总是不多，父母与孩子渴望有更多的时间子一起。为此，著名教育家斯宾塞为我们提供了很好的建议：

1.与孩子共进晚餐

吃饭的时候往往是家人可以进行有趣谈话的唯一时刻，我们在前面也讲到了“饭桌上的节俭教育”吃饭的时候的确是个和孩子沟通的好机会。在最忙碌的家庭，每个星期也至少可以安排一两个晚上大家在一起轻松地用餐。晚餐是一家人建立感情的时间，一家人可以坐在一起享用食物可不是件随随便便的事情。一起用餐可以增进彼此的沟通、鼓励、讨论、分享，也可以增进彼此的爱。一起用晚餐可是更好地了解孩子生活的一个好方法。另一个增进家庭融洽的方法，是不时鼓励孩子请个朋友来吃饭，让每个孩子轮流选邀客人，这样可以帮助父母认识子女的朋友，也使子女感到自己在家里受到尊重。

2.安排专门的时间陪女儿

没有充足的时间和孩子在一起也许并不是父母的错。在现实社会里，父母的职能令人遗憾地被低估和误解了。大多数父母都期望营造小家庭中的温暖、亲密的关系，却发现自己承担的种种责任已足够占据三个人的全部时间，超负荷的工作使父母难得与孩子在一起。

安排专门时间和孩子在一起活动，可以很好地解决父母难得与孩子在一起的问题，可以较容易而又行之有效地密切父母与孩子之间的关系，这对于那些沮丧的、经常责备自己不够称职的父母来说是一剂良药。当父母使用专门的时间致力于改善与子女的关系时，内心深处的对与爱和亲密关系的需求也会得到一定的满足，还会深刻地体验到身为父母的自豪感。由于专门安排的时间和孩子在一起是以一种活泼的形式倾听孩子，孩子可以通过游戏向父母讲述自己的生活和感受。从一开始你就要把自己的注意力全部放在孩子身上，而不是漫不经心地玩耍，也不是随意的交流，你要注意的孩子的所有表现，包括讲话、表情、语调、姿势、动作等，要运用全部的感官去捕捉信息，权当自己完全不了解孩子。

我朋友的女儿读的是寄宿学校，周一至周五都在学校，只有周六，周日两天才能回家。朋友觉得住在学校委屈了孩子，所以孩子回到家就加倍地对她好，不管多忙，周末总会抽出一天时间和女儿待在一起。有时候就是聊聊天，说说这个星期家里的事，单位的事，而女儿也很乐意和妈妈分享学校发生的有趣的事，朋友通过女儿的讲述，认识了很多同学，还让女儿有时间请他们到家里来做客呢！

有的时候母女俩互相聊聊，有的时候朋友就带女儿逛逛商店，去游乐园玩玩，总是要和女儿在一起的，不管干什么，朋友都说值得，有时候一家三口手牵手的在大街上有说有笑，旁人不知道有多羡慕！

每个周末，都是朋友全家最期待的时候，这一天，他们可以和家人一起分享的美好时光。

3.创造和孩子沟通的机会

父母要让孩子养成早起晨跑的习惯，或者星期天全家一起爬山。孩子大一点以后，可以教他们打排球，网球之类的运动，也可以教她们下棋，弹琴。因为每天一起运动，家长和孩子之间，就会有许多共同的话题。

日本的不少家庭中，母亲往往会负责修剪孩子头发这样看似琐碎的事情，当然这么做并不仅仅是为了省钱，而是借此机会多和孩子在一起。想想看，母亲一面为了孩子剪头发，一面和他们谈谈学校发生的事、同学之间交往的情形，是一件多么其乐融融的事啊！

多与孩子在一起，能给孩子提供向父母学习的机会，还会促进家庭成员的交流，增进父母和孩子的感情。专家还建议：如果孩子的年龄比较小，那么，父母应该坚持每周有几天有规律地与孩子一起玩耍，并保证遵守时间规定，持之以恒。对于大一些的孩子，如果在规定严格的玩耍时间则是比较笨拙的方法，应该随机寻找机会参加适合他们的活动。

» 教导女孩积极地面对生活

大多数的女孩心态是积极的，但是如果他们遇到一些事情，往往会手足无措，前面我们提到女孩应该在温馨和谐的家庭环境中成长。但是，有的女孩并不是那么幸运的拥有完整的家庭，可能从她们出生就要面临很多困难。所以，不论是幸福家庭出生的女孩，还是贫苦家庭的女孩，都应该积极地面对生活，长大之后才能以乐观的心态去迎接生活。所以，家长要从小培养女孩积极面对生活的心态。

美国现代舞的奠基人伊莎多拉·邓肯出生在旧金山，当她还在襁褓中时，父亲便和母亲离了婚，她有五个兄弟姐妹，所有的孩子都是由母亲抚养，她的母亲是一位很穷的音乐老师，所有小时候她家的生活经常是缺吃少穿，还经常因交不起房租而搬家。

但是贫困的生活挡不住快乐的来临，伊莎多拉从来就不是普通人，童年的她就和其他孩子表现得大不相同。

按照伊莎多拉自己的说法，她的性格在娘胎里就已经决定了，她在妈妈的肚子里便开始跳舞。母亲怀她的时候，经常痛苦地说：“这个孩子一定不正常。”而且预料会生下一个怪物。

伊莎多拉五岁时，有一天，妈妈回家发现她召集了六七个街坊邻居家的孩子，让他们坐在地板上，教他们挥动手臂。母亲问她在干吗？她骄傲地说这是自己办的舞蹈学校。

在伊莎多拉十多岁的时候，旧金山许多有钱人就都请她去教舞蹈了，于是，伊莎贝拉成了世界上年龄最小的“舞蹈老师”。

在全家的生活陷入最困难的境地时，伊莎多拉表现得比兄弟姐妹都乐观，她总是自告奋勇地去肉铺或是面包师那里去弄点吃的。她总是撒娇，或是给老板表演一段舞蹈，这样总会得到一点羊肉或是面包。每当成功的时候，她就会手里拿着战利品，跳着舞，高高兴兴地回家。

伊莎多拉对当时生活的社会的狭隘束缚极为不满，对强加于生活的种种限制不断地反抗，并且对东方怀有一种热烈的向往。在她的想象中，东方一定是比较自由、宽广的。她总是说：“我们一定要离开这个地方，在这里是什么事情也做不成的。”

母亲为了培养她的舞蹈兴趣把她送到了芭蕾舞学校，但是在小伊莎多拉看来，那个芭蕾舞学校的舞蹈动作只能被称为陈腐的体操动作，尽管她的舞蹈遭到了老师的嘲笑和批判。但她还是相信自己的判断，她所追求的是一种与此不同的舞蹈。上完一节课后，她就不去了，并且永远没有再回去。

16岁的她缠着母亲来到芝加哥发展，在这里，他们重新体会了饥饿的滋味和不被理解的感受。但是伊莎多拉没有灰心，她仍然坚持自己的梦想。21岁时，她远渡重洋来到了伦敦。多年过后，积极寻找机会的伊莎多拉终于成功了。她创立的具有古希腊风情的自有独特的舞蹈与一直统治着西方舞坛的芭蕾舞大相径庭，充满了新鲜的创意。

生活中的不如意处处存在，如果教会孩子积极乐观的面对生活，做个有气质、有睿智的人，即使生活不能时时如我们所愿，但美好的希望却依然时时存在。

生活就是一面镜子：你对它哭它亦哭，你对它笑它亦笑。乐观是“一种性格倾向，使人能看到比较有利的一面，期待更有利的结果”。也许有些孩子天生就比较乐观，有些孩子则相反。但心理学家发现乐观是可以培养的，即使有些孩子天生不具备乐观的品质，也可以通过后天的努力来实现。

要培养孩子乐观的品质，父母首先必须有乐观的态度。父母在处理自身问题和家庭问题时的乐观态度，对孩子具有重要的示范作用，孩子可以通过观察和模仿逐渐养成乐观品质。如果下雨了，可以对孩子说："哦，下雨了。"而不要说："该死的天，又下雨了。"因为这样说并不能改变下雨的事实。如果家长对孩子说："瞧，太好了，又下雨了！小鸟在歌唱，小草在摇曳，它们都得到了雨的滋润。"这样就会把快乐传递给孩子，让他无论面对何种环境，都能保持愉快的心情。父母批评孩子的方式也影响着孩子日后性格是乐观还是悲观。父母对孩子的批评应该恰如其分，不要把孩子的几次错误夸大成永久性的过失，应让孩子体会到所犯的错误是可以改正的，并知道从何处着手改。

有的女孩心理承受能力很弱，一次考试失利便一蹶不振，几个星期也无法恢复。有的甚至从此走进了学习的低谷，徘徊不出。

有的女孩缺乏自信心，因此总不能在活动中好好发挥和表现因而情绪低落，甚至感到自己很没用，从此再也不愿意尝试此类活动。

还有的女孩无法接受别人的批评和指责，一旦遇到别人不理解或不认同自己的观点，便感到沮丧，失望或干脆放弃了自己的主见，转而附和别人的意见。

孩子对自己的评价很大程度上是建立在父母对他们的评价之上的。因此，父母对孩子的言行应以欣赏鼓励为主，并善于发现孩子身上的优势和闪光点。掌握以下几种教育孩子的方法，可以让孩子变得更乐观一些：

1.肯定孩子的行为

家长应该经常表扬、祝贺孩子的成功或进步，即使在您看来是微不足道的事情。如孩子自己独立完成作业、自己整理和收拾物品，家长要抓住机会适当、适度地表扬他。还可以把孩子的好品质和成功的事列在表上，并把表放在孩子能经常看到的地方。孩子沮丧时，可以提醒他看看那个表，这样孩子就会回想起自己的成功，唤起自己的自信。

2.放弃挑剔的眼光

不要经常挑剔孩子的毛病和不足，让他产生严重的挫败感。如：当孩子对你说他不会计算时，你可以对他说：“你的美术不错呀！妈妈喜欢你画的画。”不要拿他和别的孩子做比较，特别是拿他的短处与别人的长处进行比较，不论是不是出于想激励他的原因，这让会令他感到自己事事不如人。

3.适时解除孩子的困惑

父母要善于帮助孩子克服一些困难，解决他心中的困惑，只有这样，孩子才能轻装前进，保持乐观。如孩子经常会提到他自己的好朋友现在又有了新朋友，冷淡了自己时，你可以这样跟他说：“哦？是吗？他真的很不错，可能他喜欢换新朋友。你忘了呀！在你之前他原来也有其他朋友的，对不对？没关系，这不是因为你不好，你并不是他唯一的朋友，你也可以交新的朋友呀，你还可以邀请他们来家里玩呀！”

4.积极引导

当孩子不高兴时，家长可以帮助他尽量忘记不愉快的事。如拿出他喜爱的玩具、图书，或者请几个平时一起玩的小伙伴到家中来一起玩、为他们准备一些可口的点心，还可以带孩子到户外活动，感受大自然的美好，分散孩子的注意力，这样他自然就会很快忘记不愉快的事了。

5.故事激励

平时多给孩子讲一些名人在面临困难和挫折时，是怎样坚持下去的，同时鼓励孩子树立自己的理想，这样孩子就会觉得眼前的困难并不算什么。

从小让孩子保持乐观的心态，让孩子在平凡的日常生活中找到快乐，是孩子快乐成长、敢于面对困难、积极面对人生的重要因素。

宠爱程度100分——养育人见人爱的小公主

都说女儿是父母的“贴身小棉袄”天生就是用来宠的，所以父母要以无限的关爱呵护女儿的成长，以完整的教育充实女儿的内涵，但是，关爱并不是溺爱，公主也不一定都“娇气”，给女儿适当的爱，让她做个人见人爱的公主吧！

» 适当满足或者延迟满足女儿的要求

对孩子提出的合理要求要尽量满足，如果一时无法满足，要向孩子说明理由，不应该因为孩子还小而敷衍了事。真正爱孩子的父母，对女儿的合理要求会在能力允许的范围内尽量满足，更明智的父母，会选择延迟满足孩子的要求。道理很简单，让孩子懂得想要的东西要靠自己的努力得到，而不是通过父母得到的。

孩子太容易得到的东西，往往都不会懂得珍惜。宠爱女儿，并不是处处都让着她，要什么就给买什么，这不叫宠爱，而叫溺爱。在物质上，适当满足女儿的合理要求或者是延迟满足女儿的要求，都是对女儿的一种锻炼，而不合理的要求坚决不满足，杜绝女儿养成虚荣的“公主病”。

法国教育家卢梭在《爱弥儿》对孩子的父母这样说过："你知道用什么办法能使你的孩子得到痛苦吗？这个办法就是百依百顺。"在家长百依百顺中，孩子的欲望将无止境的增加，孩子的不良行为就会随时爆发，弄的家长措手不及。

在幼儿园门口，看到一个小朋友要买玩具，妈妈不给买就赖着不肯回家。然后就开始大哭大闹起来，可妈妈还是坚持不给买，最后小朋友越哭越凶，在地上打滚，这时很多人过来围观，妈妈觉得很丢脸，只好妥协把玩具买下，孩子顿时破涕为笑，乖乖地跟着妈妈回家了。但是估计以后，这个小朋友看中了什么就一定要买，否则就躺在地上耍赖，哭喊，直到大人们答应她的要求。如果你遇到这种情况，一定要沉住气：妈妈这个月的工资所剩不多，还要用于买菜、交电费、交水费等，如果买了这些玩具，就没有钱交电费和水费了。等妈妈下个月发了工资再买给你，好吗？经过家长耐心的解释，相信大多数的孩子都能接受家长建议，抑制自己购买玩具的欲望。以后遇到类似的事件，孩子才会信任你、尊重你。在对待难说话的孩子，家长一定要顶住。因为这一过程，是家长和孩子进行心理较量的过程，只要家长坚持自己的做法，孩子最终还是会迫使自己接受的。待孩子情绪比较稳定之后，家长要进行适当疏导。让孩子内心真正接受你的建议，心情才会愉悦。

孩子的合理要求可以满足，但是如果遇到孩子提出的不合理要求，家长应该怎样做呢：

1.坚决地进行冷处理

孩子提出不合理的要求，一旦被拒绝，往往会以哭闹要挟，这时建议父母要冷处理。先简单说清楚你拒绝她的理由，然后做自己的事情，对她的哭闹行为不予理睬。但是父母一定要留意孩子的安全。孩子的哭声确实让人心烦意乱，但父母此时应竭力控制自己不去哄劝她们。这样，孩子会从父母坚决的态度中了解到，哭闹是没有用的。反之，如果一哭闹你就妥协，那就等于在助长她提出更多的不合理要求。

2.转移孩子的注意力

孩子执拗于不合理要求的一个重要原因是：不能从时间、地点、场合等方面来考虑自己的行为、愿望的可行性。这时父母除了可以给孩子语言上的告诫外，还可以利用孩子注意力不稳定的心理特点，巧妙地将她的注意力引到别的事情上，使她在不知不觉中放弃原来的行为或愿望。例如孩子执意要玩小刀，这时可用其他一些有趣的事情如外出游玩、制作航模等来吸引孩子转移注意力。

周末，表姐由于加班把孩子送到我这来，希望我能帮忙照看孩子一天，我也乐于帮忙。于是，我和小外甥女在家看了会儿电视，就出去逛街了。在商场里，走到一家儿童玩具店，小外甥女就有点走不动了，拉着我说："小姨，我想要个洋娃娃，你买个给我好吗？"这时，我想起了表姐的交代："不要给乐乐买任何玩具了，她什么都不缺，家里的好多玩具她都不玩，可每次逛街还要买新的。"于是我对外甥女说："乐乐，家里的玩具不够玩吗？这样吧！咱们今天先不买了，待会儿小姨带你去个好玩的地方，绝对比这个洋娃娃好看又好玩。"

"什么地方啊，小姨，快带我去。"乐乐有些迫不及待了。

于是，我就带着乐乐来到了市图书馆，我蹲下来对乐乐说："乐乐，这里什么书都有，有你最喜欢的白雪公主，还有好多动画书，你可以尽情地看，也可以借回家去看，怎么样！"

乐乐高兴极了："小姨，那你今天陪我在这看书，好吗？"

"好啊！小姨也很喜欢看书，咱们俩一起看。"

3.告诉孩子拒绝的理由

对于孩子的不合理要求，父母应该明确地拒绝。所谓“明确”是指把拒绝的理由告诉她。有些父母拒绝孩子时不告诉真正的理由，而编造一些借口来骗孩子。例如，孩子想买某些玩具，父母往往习惯说“太贵了，买不起。”而实际情况并非如此。建议父母不妨告诉孩子，拥有很多玩具并不代表幸福，有些东西是没有价值的，不值得买。

4.说了“不”就要坚持到底

对许多父母来说，最难的其实还是将“不”的态度坚持到底。父母看孩子那样哭闹实在是不忍心，于是就满足了她的不合理要求。实际上，父母应该学会“冷漠”，要知道，这样一个“不忍心”会使孩子认定固执、哭闹还是管用的。对孩子的不合理要求一经表示拒绝，就不要再回头表示答应，要坚持到底。

大哭大闹往往是孩子逼迫大人“就范”的主要手段。如果大人总是迁就她，孩子一哭就满足她的任何要求，就会使她认为只要一发脾气，一切都会如愿以偿。以后遇到类似情况，她更会变本加厉，愈闹愈凶。养成难以纠正的任性、不讲理的坏习惯。因此，父母要坚定地拒绝孩子的不合理要求。

» 宠爱女儿不等于娇生惯养

很多父母对女儿千般疼爱，万般娇宠，给女儿吃最好的，穿最好的，教孩子弹琴，唱歌，让女儿生活得像公主一样无忧无虑。“富养女儿”很多父母深信：真正的公主必须要有奢华的生活和优雅的气质。最终，很多家长满足了女儿的种种要求，可是他们培养出来的是极其挑剔的女儿，眼光高的什么都看不上，心理特别脆弱，这样的“公主”是父母想要的吗？

新学期开学，大一新生军训时，很多人都发现：一群群橄榄绿的服装中，不乏带着大耳环，画着浓妆，染着五颜六色的头发的女生。而且，有的女生还别出心裁的进行了美甲，更有甚者还将军装进行了一番装饰，别上了各式各样的小饰品。

军训时，教官就已经了解了这些学生大多是家里的“小公主”“小王子”特别娇气，身体素质也不太好，所以无论从训练强度还是训练时间上都已经大打折扣了。可没想到仍有不少学生叫苦连天的，就拿“站军姿”来说，以前的学生半小时都没问题，但现在，有的女孩子站五六分钟就不行了，表情痛苦，脸色惨白，更有的女孩晕倒在地，教官不得不让其停止训练。

令人无奈的是，很多家长不但不鼓励孩子坚持下去，反而向学校投诉，称孩子军训条件太艰苦，教官要求太苛刻，希望学校改进。有的孩子因为受不了军训之苦而不断向家里投诉，家长疼爱孩子，于是就千方百计弄份病历，替孩子向学校告假，免于军训。

很难想象，这样的女孩毕业后将怎样面对自己的人生，怎样自己去独立生活，这绝对不是我们大多数家长想要的“公主”，其实，真正的公主不一定都是娇气的，她们的和普通人家的女孩并没有什么不同。

谁说公主的生活一定要奢华、娇贵、锦衣玉食、无忧无虑的，那只不过是童话而已，如果真的爱自己的女儿，是要培养她的自信，独立，高贵的品质，而不是娇气的公主。

苏联勋章的获得者柳鲍娃在教育孩子的问题上一点也不马虎，他们夫妻有两个孩子。儿子叫舒拉，女儿叫卓娅。因为卓娅小，又是女孩，父母对她有点偏爱，遇到什么矛盾，有什么要求，大家总是迁就她。时间一长，卓娅养成了“任性”的毛病，有什么事情没有按照她的意思去办或者有什么要求没有得到满足，她就倒在地上大哭大叫，直到别人顺从她的意思，满足她的要求为止。

一天，卓娅想在午饭前吃粉羹。按照常规，粉羹是在饭后吃的。因此，父母没有答应她的要求，她便躺在地上大哭大叫，父母见她又耍脾气了，认为不能再这样了，一次迁就，只能为以后更大的哭闹创造条件；多次迁就，会让孩子的不良习惯继续保持下去，长大以后就难以改正了。要想养成她自立的习惯，只有从小开始。于是夫妇俩互相使了个眼色，决心好好治一治她。

柳鲍娃夫妇见卓娅哭，马上离开了屋子，让卓娅独自待在里面。卓娅只顾哭闹，没有留意爸爸妈妈是否还在，还是一个劲儿的哭，并且不时地喊道：“我要吃粉羹！快点给我。”可是，这次和往常不一样，并没有人搭理她。她抬头向周围看了一遍，一个人也没有。哭了没人听，她也哭不起来。过了一会，她用木片堆东西玩了起来，等到父母回来，她又要哭。于是，父亲严厉地对她说：“要是你还哭的话，我们就不跟你一起住了，让你一个人待在这里。”卓娅见父母这次不但不迁就她，还批评了她，也就不吭声了。

还有一次，卓娅在哭闹的时候，偷偷通过手指缝看父母是否表示同情，却发现父亲只顾着看书，母亲照常在批改学生作业，根本就不理会她。看到这种情形，她也就停止了哭声。

碰壁几次后，卓娅的哭闹习惯很快改了。父母深有体会地说：“孩子哭闹不是个好习惯，克服得越早越好，如果不在小时候让她学会自立，她就会永远依靠父母。那样，她永远没有长大的一天。

父母应该注意在生活、学习、劳动等几个女孩容易表现出娇气的一面，运用合适的教育方法，使女儿在成为公主的路上远离娇气。

1.适当地做点家务劳动

有些女孩吃东西挑挑拣拣，爱吃的吃个没完，不爱吃的就一口也不动，每次吃饭都好像是一项艰巨的任务；使用文具、物品由着性子来，喜欢的就用，不喜欢的就扔在一边，今天喜欢这个，明天喜欢那个。

针对女孩生活上不知节俭的毛病，父母可以让女孩子做点家务劳动来改正。比如：每天擦擦地板，洗洗碗筷，刷洗卫生间等等。开始，家长最好和孩子一块干，随时指导，孩子劳动时，父母要多肯定、多指导。寒暑假里，可以安排更多，难度稍大一点的家务劳动。

2.独立、按时完成作业

有的女孩做作业的时候，很多家长在身旁伺候着，一会端杯牛奶过来，一会拿点水果过来，还有的家长乖乖地待在女儿身后一边看着女儿学习，一边给女儿扇扇子，而有的女孩，让家长给削铅笔、包书皮、整理文具，考试没考好，就责怪父母没帮自己复习功课，学习遇到困难时，动不动就发脾气。

针对这种情况，父母应该和孩子讨论，一次专心学习的时间能达到什么水平，然后定一个目标。比如：原来能专心学习三十分钟，现在就定四十分钟，而且明确学习质量要求。上好闹钟，抓紧分分秒秒，让孩子看到效果，及时鼓励。如果孩子做不到，家长可以一起参与，互相竞赛，互相监督，家长的表现要认真，不能装样子。

3.家长要和学校老师互相配合

有的女孩的娇气表现在心理素质上，经不起批评或表扬，受点表扬就沾沾自喜，甚至得意忘形；一受批评就委屈，情绪低落，流眼泪，有时还跟家长发脾气。

针对这样的情况，父母最好先跟老师沟通，请老师给孩子安排一些任务，并给予评价。在女孩受到表扬或者批评之后，父母要及时跟孩子一起分析为什么受表扬或者受批评，应该如何正确对待老师的评价，几次之后，孩子就能经受得住批评和表扬了。

4.家长多方联合统一，不能心软

女孩过于娇气，主要是大人过于疼爱和娇惯造成的，在家庭里，往往会出现父母对孩子严格要求，但爷爷奶奶娇惯孩子或者爸爸对孩子要求严格，妈妈却骄纵孩子的情况。如果家里几个大人不能统一认识，孩子的娇气就不容易根治。所以，家里几个大人应该对孩子提出一致要求，孩子才能有明确的行为标准。最后，还要提醒父母，为了更好地除掉娇气，父母必须下狠心，不能心软。

5.多让孩子参加体育锻炼

有的孩子有一点不舒服就不想去上学，要求家长请假，甚至还有的孩子利用装病来逃避上学。在学校也经常要求不上体育课，一到体育劳动时，就怨声载道，打扫卫生就嫌累，倒垃圾就嫌脏，重活干不了，轻活不爱干，在学校还能努力表现，回家就原形毕露，连脚都懒得洗。

针对这样的孩子，父母可以用跑步、爬山等方法教育。家长跟孩子定个协议，每周一起跑步，不少于三次，距离远近依孩子的年龄和身体情况而定。开始的时候定在四百米，以后循序渐进，逐渐延长距离。另外，利用双休日去爬山、徒步远足也能取得很好的效果。爬山、跑步，既能开阔视野，又能锻炼身体，磨炼意志，一举多得。

» 小公主的人生不可缺少父爱

孩子一出生，和她最亲近的便是自己的母亲，在孩子的成长过程中，也是母亲一直陪伴在她身边，这个时候，父亲好像显得不那么重要。可是，随着孩子年龄的增长，心态也慢慢发生变化，孩子就会越来越感觉不到来自父亲的信息，让孩子觉得自己正丧失父爱。

爸爸通常会因为工作繁忙而无暇顾及孩子，也是因为工作问题，孩子和爸爸几乎见不上面，只是偶尔和父亲在电话里交谈几句。慢慢地，孩子就会产生一种错觉："爸爸是不是不要我了？"当孩子产生这种感觉的时候，不管在心理上还是生理上都会出现异状：孩子会变得难以入睡，经常做噩梦，爱发脾气。这是为什么呢？其实，在孩子心中，父亲就代表了力量和坚强，如果有父亲在自己的身边，孩子就会有一种安全感，也就会生活的很快乐；如果父亲经常不在自己的身边，孩子就没有办法从父亲那里得到安全感，慢慢的会产生很多问题。特别是女孩，很容易产生敏感，所以，父亲应该多抽出时间和女儿在一起。

和妈妈比起来，爸爸更具有果断和勇敢，而女孩则是神秘的，在她看来，具有一种神秘感。经常和爸爸在一起的孩子，身上有很多的优秀品质，可以让孩子的个性发展得更全面。比如：在孩子做游戏的时候，和母亲在一起做的游戏可能是一人扮一种小动物，两个人一起做过家家的游戏，再不然就是你追我跑的游戏。然而，和父亲在一起的游戏做的都是一些关于运动或是智能性比较强的游戏，父亲还可能会在这些游戏中鼓励孩子去勇敢探索、克服困难。这样对于孩子来说，可以更好的地发展孩子的性格。这也是女孩为什么喜欢和父亲在一起的原因了。

玛格丽特·撒切尔是英国政治家、保守党领袖，英国历史上第一位女首相。她的父亲——艾尔弗雷德·罗伯茨是一个鞋匠的儿子，13岁辍学，开始经营杂货店。虽然他没有受过高等教育，可他非常热爱读书，人品又好，渐渐地成为当地颇有声望的人物。由于他积极参与公益事业，玛格丽特两岁的时候，他作为一名无党派人士、商会候选人，被选为格兰森市参议员。此后他在议会中任职长达25年之久，1945年出任格兰森市市长。

艾尔弗雷德经常教诲女儿："玛格丽特，绝不要去做或想那些平常的事情，因为人们早已经做过了。打定主意做你自己想做的事情，并设法说服人们遵循你的方式行事。"父亲的教诲使她成为一个非常有主见的人。

有人问撒切尔夫人，她的父亲在哪些方面对她影响最大，她说："父亲通过自己的努力、在政治上的执著追求及其是非观、道德观对我的影响最大。"

在女孩的成长中，父亲对女儿气质特征的发展和形成的影响也是非常重要的。因为父亲是她生活中的第一个男性，她需要父亲对她女性魅力的展现进行肯定和赞美，这将帮助女儿培养与他人交往的信心，尤其与男性交往的信心。那么，父亲要怎样向女儿传达父爱呢？

1.让孩子快快乐乐的成长

很多时候，孩子的快乐与否是与家庭的氛围，父母的爱护有很大关系的，而父亲和母亲比起来，父亲则更显得快乐，因为母亲通常比较敏感，就会容易受到伤害，孩子也就比较不快乐。

父亲是女儿接触的第一个异性，因此女儿对父亲既充满好奇又有些敬畏。父亲的表现，直接影响到女儿将来的择偶，很多女孩都视父亲为偶像的，所以父亲应该明白，要尽可能地给女儿带来快乐，而有些事情是越简单越快乐。当孩子在为自己不如别人感到悲伤时，父亲应该让孩子知道，虽然自己又不如人的地方，但是有些地方是比别人强的。要让孩子知道，每个人都会有自己的优点和缺点，没有人是十全十美的，当孩子因为遭受挫折而闷闷不乐的时候，父亲应该让孩子明白，挫折对于人们来说，更多的时候是一种财富，挫折越多，财富也就越多。

2.教孩子科学地认识事物

孩子小的时候，妈妈总会为她们讲一些童话故事。在童话里，很多不可能的事物都成为可能。比如：小花猫可能和小老鼠做朋友；小老虎和小山羊也可能在一起玩，甚至，连一些小花、小树也会有说话的可能，当孩子发出“为什么我们家的小树和小花不能说话呢？”有这种问题的时候，妈妈又会告诉她们，在现实生活中是不会出现这样的事情的，这样一来，孩子更迷惑不解了甚至连妈妈都会觉得迷惑。但是，有时候为了让孩子听话，妈妈还会用大灰狼来吓唬孩子，因此，孩子就会产生一些恐惧感。

面对这样的情况，父亲则应该让孩子科学地认识事物，让孩子明白，故事只不过是故事而已，是人们的一种想象。并且父亲要清楚地告诉孩子，什么才是事实，这样才能消除孩子的恐惧心理。

3.不要让自己的情绪影响孩子

母亲可能会因为心理或生理上的原因产生情绪的不稳定，一会儿心情好，一会儿心情就会变得很差，在心情好的时候，孩子怎么样都没有问题，任孩子胡闹；但心情不好的时候，即使是一点小事都可以让她大发脾气，父亲则相对比较理智，不会让自己的情绪影响到孩子如果孩子受到了母亲坏脾气的波及，父亲要趁机教给孩子如何控制自己的情绪，怎样才能不让情绪，当孩子发脾气的时候，父亲往往会人气吵闹下去，对其置之不理，也会阻止孩子的母亲去哄孩子，当孩子闹够了之后，父亲会适时的对孩子进行教育。

世界杯开始以来，堂姐的女儿小玉就对爸爸很有意见。爸爸下班后回家第一件事就是开电视，锁定央视5套，或者干脆与朋友相约酒吧看球；半夜12点时赶紧睡一觉，等待闹钟叫醒自己，以便看2点半的球赛。堂姐非常生气，怪他平时见不到人、回家后还影响家人，球迷的情绪容易激动，于是爸爸妈妈经常吵架。

现在正是小玉复习功课、准备期末考试的关键时期，听到爸爸在电视机前压低嗓子的叫声，小玉心痒痒地希望能跟爸爸一起看球，可是爸爸挥挥手要她好好学习，好好休息，不懂的地方问妈妈、或者打电话问老师。小玉很不满："平时爸爸都不管自己，家长会也都是妈妈去开，却有时间看世界杯。"

很多家长由于各种原因疏于孩子，孩子自然和也爸爸不亲，有位父亲伤心地说："孩子都上高中了，一年多没叫我爸爸，只有在要钱的时候才叫，我有时想讨好她，主动跟她说放学后陪她玩，可孩子说累了不去，可是吃饭的时候，自己却出去玩了，真是故意跟我过不去，我工作这样辛苦，对她是这样的爱。"这个例子表明，父亲必须花时间与家庭共处，共同参与教养孩子，才能建立良好的亲子关系。

» 女孩在精神上也要富足

父母在给予女孩充足的物质享受的同时，也不能忘记精神上的鼓励，只有精神上的富足才是真正的"富足"，它远远比物质上的享受境界要高得多。因为女孩的精神世界是一个无比神秘也无比丰富的诱人世界。

女孩的独立不仅仅是物质上的独立，更是精神上的独立。这种独立不是世俗意义上那种"女强人"的不可一世的独行。而是拥有自己的生活空间，内心感受和表达方式。在独立的精神世界里，女孩可以不断地追问自己，重新审视自己的能力，建立自己的知识架构，对未来做一个成功的选择。

有一次，同事和我说他们一家三口到餐厅用餐，他们带着八岁的女儿进入儿童服务区，这是一个专门为有儿童的家庭准备的区域。

笑容可掬的服务生穿着印有米老鼠图案的色彩鲜艳的衣服走过来，他先问母亲要点什么，接着问父亲要点什么，之后问坐在一边的小女孩："亲爱的，你要点什么呢？"

女孩说："我想要热狗。"

"不可以，今天你要吃三明治。"母亲坚决地说。

"再给她一点生菜。"父亲补充说。

服务生没有理会父母的提示，他目不转睛地注视着女孩："亲爱的，热狗上要放什么？"

"哦，一点西红柿酱和黄酱，还要……"她停下来怯怯地看了一眼父母，服务生一直微笑着等着他。女孩在服务生的目光鼓励下说："还要一份蔬菜沙拉。"

"好，谢谢。"服务生认真地记下菜单，转身径直走进那厨房，留下两位瞠目结舌的父母。"你知道吗？"他们在惊讶之余，听到女儿轻轻地说："原来我也没当真的。"

"原来我也没当真的"当女孩被问及自己的看法，往往会应付了事，因为她知道只不过是"形式主义"。然而当提问者抱有一种认真的态度，女孩就会惊讶、不安，然后开始认真思索。每个人都有与生俱来的潜能，当女孩循着自己内心的足迹，郑重其事的做出自己的选择，她的潜能就会像魔力一样，发挥出超凡的力量。她不再被怂恿着向男孩看齐，也不再为自己得不到尊重而沮丧，她会听从自己内心的声音，独立智慧。这样的女孩才是真正的公主，因为她们是精神的贵族。

1.鼓励女儿保持自己独特的见解

邻居家的女儿莉莉有一条漂亮的白裙子，她想在上面绣一朵花，以显示自己的娇艳美丽。刚绣了没几针，另一邻居家的小孩蒙蒙探过来问：“莉莉，你绣的什么花啊？”

“我绣的是桃花，这样能显出我的娇媚。”莉莉羞涩的一笑。

“为什么要绣桃花呢？桃花是易落的花，不吉祥，还是绣朵月月红吧，又大方，又吉利！”

莉莉觉得蒙蒙姐的话有道理，便把绣好的金线拆了，改绣月月红。正绣得入神时，只听婷婷在耳边说：“莉莉姐，月月红的花瓣太少了，显得有些单调，我看还是绣朵大牡丹吧！牡丹是富贵花，显得雍容华贵！”

莉莉觉得妹妹婷婷说的对，便又把快绣好的月月红拆了，重新开始绣起牡丹来。

绣了一半，丹丹又走过来，在她耳畔惊叫道：“莉莉姐，你爱在水塘边玩耍，应该绣荷花才是，为什么要去绣牡丹呢？这跟你的习性太不协调了，荷花是多么清淡素雅呀！”莉莉听了，觉得也是，便把牡丹拆了，改绣荷花……

每当莉莉快绣好一朵花时，总有人提不同的建议。她拆了又绣，绣了又拆，莉莉的白裙子上还没有任何花朵。

后来，莉莉的妈妈对她说：“莉莉，你的白裙子要什么时候才能绣上花朵呢？你需要有些自己的主见，自立一些，不然，你的白裙子将永远都是白的。”

莉莉听了妈妈的话，在别人提建议时，不再盲目的改正，而是认真的绣着自己喜爱的桃花，终于在春末的时候，莉莉的白裙子上开出了一朵漂亮的桃花。

女孩从小要养成独立，自主，坚持己见的品质，像莉莉这样，永远都是别人牵着走，最后裙子上还是什么都没有，让孩子自己拿主意，不仅能培养孩子的自信心，还使她常常产生一种心理优越感，不管当时她的感受如何，但是相信长大以后，这种精神独立的性格定会对她的事业和生活起到很大的帮助。

2.比别人更努力更优秀

高考前的一次模拟考试，女儿的成绩不理想，她愁眉苦脸的对父亲说："老师让我们根据自己成绩在班里的排名计算一下自己在全校的排名，在全区的排名，在全市的排名。"孩子说这样一算，她可能上专科都悬。父亲马上说："我的女儿百里挑一。"女儿疑惑不解。

父亲于是算了一笔账；初中毕业时全市近14万人参加中考，只有3万多人能上高中，能上市重点中学的只有几千人，我女儿的学习成绩在班里一直保持在班级人数前三分之一内，这样算下来不是百里挑一吗？经父亲这么一算，孩子的眼睛顿时就亮了，脸上也绽开了笑容，扑上来搂着父亲："爸爸，你的账跟老师算的不一样。"

那一年的高考，女儿考上了一个不错的本科学校，因为她总记得父亲对她说的百里挑一。

参加工作以后，女儿在新单位工作的很不高兴，她满脸忧郁的对父亲说，老板让她根据自己的能力和技能排一下自己的工资水平。她这样一算，自己是个新人，和老板的关系也不是很好，而且对刚接手的工作也不是游刃有余，她可能要领最低一份工资了。父亲马上说："我的女儿百里挑一。"

父亲又为她算了一笔账：大学毕业时全市共有60万大学生，有一半以上的人无法找到工作，我女儿能够找到一份待遇不错的工作，并且能在班上能够单独做一份工作，这样算来，我的女儿不还是百里挑一吗？女儿开心了，他说："爸爸，你总觉得我是百里挑一，这样我真的觉得我是百里挑一的人才了。不过，我觉得你是万里挑一的爸爸，不对，是万金不换的爸爸。"

后来，女儿为自己添了一份满意的答卷，得到了上司的赏识，并且在年末的时候得到了提升。以后的每一次为自己打分，她都会记得自己是个百里挑一的人。

女孩之所以能够对自己充满信心，得益于她所受的教育和生长的环境，而爸爸对她的教育，无疑是一种精神上的鼓励。

» 眼泪只是女孩的一种情绪表现

女孩，给人的印象是外表和内心都有柔弱的一面，让人心生怜爱，使人赏心悦目，在大多数人眼里，女孩是眼泪的附属品，她们喜欢用眼泪表现自己的情绪，高兴时流泪，感动时流泪，伤心时流泪。但是，现在的女孩，眼泪不再是她们的附属品，只是情绪的爆发。在面对逆境的时候，女孩坚强的表现往往出乎人的意料。

有的妈妈说自己的女儿太敏感，从小就特别爱哭。想要说一件事，说不清楚就哭，跌倒了也哭，玩具被小朋友抢走了也哭……让妈妈很苦恼，不知道怎么办才好。但是，家长应该明白，女孩在哭的时候，总有自己的理由和目的。可能是为了吸引注意，获得关心。有的女孩哭泣只是为了表达不满足，还有的女孩是因为一时的愤怒，失望或沮丧。实际上，女孩七岁之前，是没有能力把自己的情绪贮藏起来，她的情绪实际上是自然爆发出来的。

朋友小李的女儿九岁了，但是动不动就哭，他对此很担心，因此总是教育她“哭泣是不能解决任何问题的。”“你是大孩子了，不应该动不动就哭鼻子。”不过这些道理都起不到任何作用。后来，当小李知道了自己的女儿天性就是敏感的孩子后，决定采取了顺其自然的方法。

几周后，小李发现当他不再努力想让女儿改变时，女儿却改变了，当然，这个女孩还是依然很敏感，还是比其他女孩爱哭，但小李不再试图去改变她，而是倾听她的诉说，安抚她。现在，小李接受了女儿爱哭的天性，而女儿反而平静了下来，学会自信地解决很多问题了。

当然，妈妈也可以采取积极地倾听的方式，听出女孩所想表达的意思，说出她的内心感受。比如，“你觉得非常失望，难怪你这么伤心了”“你觉得很生气”等等，对于女孩来说，这就足够了，能够被理解和安慰就是一种满足。

对于有的孩子来说，不论是哭还是笑，都只是情绪的一种爆发，只要有家人耐心的开导，多站在孩子的立场上想想，你就会发现，很多时候都是“值得一哭”的。

但有的家长则抱怨，自己孩子的哭更像是无理取闹：

朋友小王经常和我抱怨，有时候，她带女儿青青逛街，看到有的小朋友穿的很好看，她就会央求妈妈也给她买一件，妈妈对她说：“你的衣服已经很多了，不用再买了。”于是，青青哭闹起来。

有时候，带青青去同事家玩，看到同事的小孩有一样很新奇的玩具，她也会要求妈妈给买一个。妈妈对她说：“那个玩具不适合你，你还太小。”青青又哭闹起来。有一次，青青的表弟来家里做客，买了两个玩具，妈妈把其中的电子手枪给了表弟玩，可青青不肯，她要一个人独享。有时候，青青发现了一本好看的书，或者找到一个好玩的东西，青青会爱不释手，妈妈对她说：“今天很晚了，明天再玩吧。”青青又哭闹起来。

类似这样的事情常有发生，尤其是处于青青这个年龄的孩子，哭闹似乎已经成为她的一件武器，每当她想达到某种目的而父母又不肯满足时，她就会把这件武器拿出来使用。这是很多家长都头疼的问题。

有时候，容忍孩子，孩子一哭就心软不是一件好事，如果父母不能意识到这一点，就会助长了孩子们的行为。不能被孩子的哭声所要挟，让她屡试屡败，那么这件武器也就丧失了威力，更何况，让孩子养成爱哭的习惯是很不好的，父母与孩子之间的交流，还是应该以对话、游戏等方式为主。

哭泣并不是软弱的表现。

美国国务卿希拉里在他的回忆录《亲历历程》中透露，她的母亲在她很小的时候就不许她在外面掉眼泪，不要示弱。

希拉里四岁的时候，在对街的邻居中，有一个霸道的名叫苏西的小女孩，她仗着几个哥哥的势力，经常欺负希拉里和她的两个弟弟，有时，希拉里会泪流满面地跑回家甚至不愿意出门玩。母亲注意到这个现象，唯恐女儿一遇到挫折就逃避，养成一种难以改变的“行为模式”。

有一天，在小希拉里再次遭到苏西的殴打而哭着跑回家的时候，母亲挡在门口不让她进门。“你给我再到外面去，”母亲下令道。“如果苏西再打你，我允许你还手，你得自己站起来，我们家没有懦弱分子的容身之地！”过了几分钟，希拉里带着胜利的笑容回到了家，告诉母亲：“我可以跟男孩子玩了，苏西也变成了我的好朋友了！”

后来，母亲告诉他，她一直躲在餐厅灯窗帘后，看着女儿昂首挺胸，跨步迈过街道，毫不畏惧的还击。她为女儿的坚强高兴。母亲教育希拉里说：“记住，再大的困难，只要你肯迎上去，那么，困难就会退缩。”

此后，希拉里天赋的领导才能日渐显露，她身旁很快聚集了一大帮的孩子。当年欺负希拉里的苏西，到现在仍然是她的好朋友。

四岁的希拉里就被母亲教会：女孩不能靠眼泪征服世界，要想得到什么，就要昂首挺胸，勇敢面对，尽力争取。眼泪知识情绪的爆发点，除此之外，它帮不了你什么。

对孩子的教育就是培养习惯，孩子养成的习惯会伴随着她的一生，并且对她的成长道路和生活方式都有着重要的影响。父母要知道，好的习惯会让孩子受益终生，如果孩子不小心养成坏习惯，那么也会让孩子终生受害。纵观天下，大凡成功人士，并非扶摇直上，而是从身边一件件具体的小事做起，不符按培养自己良好的思想行为习惯，最终方成大器。

艺术修养100分——清新脱俗的气质让女孩更加迷人

气质对于女孩是一种内在修养的表现，看不到摸不着，却决定着留在别人心目中的印象。每个女孩子都应该具有清新脱俗的气质，宛若一缕清风，优雅淡然，只要父母顺应她的先天气质精心打造，定能培养出公主般气质脱俗的女孩。

» 培养女孩的多种兴趣

兴趣是孩子最好的老师。广泛的兴趣爱好，对人的一生的影响是巨大的。而对于女孩子来说，则更为重要。女孩子能有自己的兴趣，并以此为乐，这样她在以后的日子里才不会因为一无所好而觉得孤单。女孩子兴趣广泛，并能够为此付出努力，就等于掌握了走进成功大门的一把金钥匙。

同事的女儿佳佳还没上小学，就开始用铅笔画图、写字，佳佳觉得有趣极了。当她发现母亲用钢笔写字时，立刻对钢笔产生了兴趣。

“钢笔不像铅笔要削，它没有铅芯。但钢笔有个大肚子，可以吸进去墨水。”母亲见佳佳总是拿着钢笔看来看去的，就拿出一只不能用的钢笔给她，并说：“实际构造妈妈也不清楚，你自己拆开研究研究吧！”佳佳高兴地点点头。

但对于一个未上小学的小女孩来说，拆钢笔并非是件容易的事情。不过佳佳这回表现了十足的耐心，最终拆开了钢笔，了解到了钢笔的内在结构。

佳佳母亲看女儿对收音机有兴趣，就给她一台报废的收音机，让她拆开彻底研究。这样久而久之，佳佳一直对理工科学特别感兴趣，因为有兴趣，佳佳的学习成绩也特别好，高考后，佳佳顺利地考上了一所重点大学的电子工程专业。

只有当孩子心中对事物充满兴趣的时候，才能激起她的好奇心和求知欲望，只有这样，家长的愿望才有实现的一天。所以，父母应该鼓励女儿参加各种游戏和课外活动，从培养孩子的广泛兴趣入手，帮助孩子扩大求知范围，激发孩子的求知欲望。

有一天，邻居家的小女孩在课堂上听老师讲到蚯蚓有很强的再生能力，即使被断成两截也可以活下去，并可能分别再生长出完整的蚯蚓。小女孩很好奇，一定要弄个明白。于是，她挖来蚯蚓断开两段，放在窗台上养起来。母亲发现后非常生气，狠狠地打了她一巴掌，并把蚯蚓扔出窗外。

这位母亲完全没有想到，她这一巴掌造成什么样的后果，很可能就打没了一个科学家。

著名教育家陶行知先生也碰到过类似的一件事，一位母亲对他抱怨地说，她的孩子非常淘气，把一块贵重的金表给拆坏了，她把孩子打了一顿，陶行知先生当即说：“可惜啊！中国的爱迪生让你给枪毙了。”

陶行知先生的这番话，说明了一个问题：父母往往在无意识中扼杀了孩子的好奇心，好奇心是孩子创造力的源泉，所以有时候父母不但不能批评孩子的“破坏行为”，还应该鼓励和引导孩子适当做一些“破坏”行为，从而满足孩子探索的欲望。

作为父母，不能只欣赏孩子的兴趣，还要善于发现孩子的兴趣。并且，不管你对孩子的兴趣持什么态度，你都要以极大的热情发现并支持，使其发展成为一种能力。

1.尊重并支持女孩的兴趣爱好

要想培养女儿的多种兴趣爱好、开发她的多种智能，作为父母，我们首先应当做到的就是尊重她的兴趣爱好，并使之得到适当的满足。

如果女儿喜欢扑蝴蝶，父母就不妨为她准备一只扑蝶网，和她一起到大自然去抓蝴蝶，并趁此机会教她一些有关蝴蝶或其他昆虫的知识。回家之后，父母还可以教她把蝴蝶制成标本的方法，然后和她一起对标本进行分类、存档。有机会还可以为她提供一些图文并茂的有关蝴蝶的书籍。说不定，正是在这一过程中，你造就了一位未来的昆虫学家。

2.在女儿遇到困难的时候耐心开导

培养孩子的兴趣爱好，离不开家长的支持鼓励。任何一件事情，孩子刚开始可能有兴趣，可是时间一长就会感觉枯燥乏味，这时就需要家长的支持鼓励，特别是在遇到困难的时候，要和孩子一起去克服、渡过难关。

一位聪明的妈妈在这方面就做得很好：

女儿上小学三年级的时候，学校兴趣班报名，她想报排球班，我和她爸爸都支持她，但我们心里清楚女儿不一定能吃得了那个苦。

果然，两个星期后，女儿苦着脸跟我说：“妈妈，打排球没劲。老师整天让我们跑步、学兔子跳、做仰卧起坐，太累了。”

我笑着对女儿说："女儿，老师那是在练你们的耐力和弹跳力，这是打好排球必备的基本功。我相信你是最棒的，别人能行的你一定也能行。"

在鼓励女儿加把劲儿的同时，我还特意为女儿买回了排球，鼓励她和同学们一起玩。此外，我和她爸爸还常去看她的训练、比赛，经常同她谈排球。渐渐的，女儿成了球队的明星，从一名二传手到一名主攻手，最后成长为了学校的排球队队长。

很多时候，孩子就像一棵幼苗，在成长的过程中难免会遇到困难、挫折。这时，父母就应像幼苗上绑着的两根结实的木棍，在孩子遇到困难、挫折的时候，帮助她、鼓励她、教会她如何战胜困难，使她能顺利而健康地成长起来。

在现实生活中，虽然有很多父母已经注意到了，培养女孩的多种兴趣爱好是多么重要。但不可否认的是，很大一部分家长，仍然是在按照自己的想法和爱好，为孩子安排未来发展的道路；或者因为某种固有的教育思想，强迫孩子放弃自己喜欢的事情，阻断了孩子兴趣爱好的萌发。

» 女孩的气质与艺术熏陶分不开

法国著名雕塑家罗丹曾说："世界上并不缺少美，只是缺少发现美的眼睛。"然而直爽发现美的眼睛就是指我们的感受力，尤其是艺术感受力。人们常说，女孩的美不是指外表的美，因为外表的美是经不起时间的考验的，真正的美是女孩由内到外散发出的魅力，而这种魅力，离不开艺术的感染。

秀兰·邓波儿出生在美国加利福尼亚州的圣莫尼卡，她的父亲乔治是加州一家银行的很有才华的经理，母亲格鲁特天生丽质，善于音乐舞蹈。这是一个艺术修养很好的家庭。

邓波儿出生的时候，就显得娇艳可人。3天过后，她面颊上出现了一对逗人爱的酒窝，笑得特别妩媚，再加上满头金色的卷发，实在是一个天生的美人。父母当即决定要把可爱的女儿培养成一名了不起的艺术家，不辜负上帝给的这块好材料。

父亲爱好音乐和歌舞，他尽可能把许多业余时间都用在教女儿学习上。而且邓波儿有一副甜美的歌喉，唱起歌来婉转动听。

与此同时，父母还十分注重对邓波儿的行为举止、礼仪方面的教育。他们告诉邓波儿什么是对的，什么是不对的；一个有礼貌的孩子应该如何对大人说话，如何对客人说话；还告诉她怎样让自己的行为举止看起来更加优雅，更加招人喜欢。

邓波儿很听话，她按照父母的教导做得十分得体。也许还因为她是天生的乐天派，似乎有比其他小孩更多的快乐心情，天使般的笑容时常挂在她的脸上，这让她看上去更加可爱。

在她刚满三岁的时候，父母亲便把女儿送进了海格林夫人办的舞蹈学校，希望孩子能在有经验的教师指导下顺利成长。这个行为乖巧的金发女孩一看到老师就微笑着上前打招呼，并且优雅地行了个小姐礼，表现出良好的家教。她的这一动作立刻博得了老师的喜爱。

有一天格鲁特夫人开车来接女儿回家，忽然学校来了一帮人，原来是好莱坞一家制片公司的工作人员来这间舞蹈学校寻找合适的小演员。他们一眼就看中了邓波儿，从此，邓波儿踏上了星途。

在邓波儿获得奥斯卡特别奖时只有七岁。

我们不得不说，正是邓波儿身上这种与众不同的气质才让导演相中她，而邓波儿的父母从小就开始培养女儿有个良好的习惯，这也为今后气质的培养奠定了基础。

家长都希望女孩在未来的人生道路上更加美好，拥有与众不同的艺术气质，那么就要从小培养其对艺术的感知力和美的创造力：

1.培养女孩子的文化内涵

要让女孩子多读书，不仅是要学习好课本知识，还要让女孩子多看唐诗宋词，多读优美散文或者是小说，要不断增加女孩子的文化修养和内涵。我们不但要让女孩子有高深的文化知识，能够上好的学校，还要让女孩子有高雅的生活情趣和深厚的文化积淀，使女孩子不要成为“书呆子”，不成为“女学究”，让她成为一个有文化内涵和有文化品位的人。

2.培养女孩子的文明礼仪

女孩子的外在形象很重要。外在形象不仅是指女孩子要长得“眉清目秀”，还要语言文明、举止得体、服饰恰当。外在形象是要清清爽爽、干干净净，因为容貌是父母“恩赐”的，无法改变；而干净大方却是每个人都能够做到的。要学会对人文明礼貌，要懂礼仪，要懂规矩，要“坐有坐相，站有站相”，要“语言文明礼貌，永远不讲一句不文明的话”，要把“您好、请、对不起、谢谢、再见”终生挂在嘴边，每天练习和使用，使女孩子成为一个人人尊重的人。

3.培养女孩子的艺术素养

我国古代在培养女孩子事就特别注重培养女孩子的素养，“琴棋书画”都让女孩子去学习，去练习。现在更应该注重培养女孩子的艺术修养和素质，要从小让女孩子学习弹琴、画画、唱歌、跳舞、书法、下棋、音乐、唱歌等艺术特长，即使孩子将来不能够成名成家，最起码孩子具备了一定的艺术素养和一定的艺术细胞，一举手一投足也颇有味道，颇显艺术家风范。要使女孩子学会欣赏美、发现美、创造美，使女孩子成为美的化身，锻炼和塑造女孩的气质，增强其生活情趣和品味。

4.要培养女孩子的高贵气质

对于女孩子，我们一定要培养她的高贵气质。何为“高贵”？就是道德水平高尚；就是品德优秀；就是地位高，受人尊重；就是落落大方，做人不卑不亢；就是不低三下四，不小里小气。做一个高贵的人，就是要有较高的、较深的追求、处世、为人和修养；就是一个对长辈有孝心，对晚辈有爱心，对事业有忠心，对朋友有诚心；就是要做一个善良的、崇高的、阳光的、感恩的人；就是处世内敛、谈吐文雅，举止端庄；就是胸怀宽广，富有爱心。高贵的人，就是让人一看就会肃然起敬，让人不忍亵渎和侵犯她。培养一个高贵的女孩子就是要她受到人的尊重和爱戴，一生幸福而富足！

» 绘画丰富女孩的想象力

上司的女儿萍萍很爱画画，入幼儿园前就爱用彩色粉笔在地上画画，入幼儿园后对画画的兴趣更强烈了。爸爸专门给她购买了彩色画笔，用废纸订了一些小本本，有时候一晚上萍萍就能画上一个小本。爸爸妈妈只教了萍萍握笔的姿势和认识红、黄、蓝、绿等颜色，至于画什么他们从来不设定框框。萍萍的画可以说画的随心所欲，十分夸张：小鸡娃跟在妈妈身边不是在走路，而是张开翅膀像鸟儿一样飞翔；白雪公主穿上了恶毒皇后的衣服。她还画过一张有关月亮的画，月亮上盖起了高楼大厦，与地球架起了索道。问她架起索道干什么？她说准备以后搬到月球上去住；又问她如果想爸爸妈妈了怎么办？她说利用人工索道来接爸爸妈妈；问她在哪里吃什么，她说那里养着狼和老虎，可以吃狼肉和虎肉。萍萍的话道出了儿童天真的本性。

萍萍画画的时候非常专注，旁若无人，仿佛完全置身于画的意境之中。画白雪公主的时候，就幻想着自己是公主，画美少女战士的时候就把自己想象出是主人公，大叫“我是水冰月”这种天真的行为，让人觉得很好笑，但是如果用心体会，融进她的那种气氛之中，便会被深深感染。孩子的圣洁，纯真的心境所产生的美妙感觉，难以用言语表达。

让孩子学画画，并不表示想让孩子当画家，主要是想通过绘画活动，培养孩子的审美能力和高尚情操，开发孩子的想象力，培养孩子的观察力、记忆力和创造力，锻炼手的灵活性，使孩子在绘画中抒发自己的想象和情感，通过绘画把自己对周围事物的认识表达出来，从而培养孩子的审美情趣和修养。尤其是培养孩子良好的心理素质和毅力、耐力。

另外，不管教孩子画画，还是做手工，都要根据孩子的年龄特点、使其生动活泼，富有娱乐性，这样才能不断培养孩子的兴趣和热情，让孩子乐此不疲。父母可以带着孩子去田野，去爬山，去看海，去动物园，让孩子随身带着画笔，在观察浪花、树木、建筑物、旷野、天空以及飞翔的小鸟、动物园里的野兽，产生创作的欲望时，马上画上几幅。这样做，比让孩子待在家里画画效果好得多。

表姐家的女儿乐乐在上幼儿园时，有一次绘画课上，老师让画一只大公鸡，而且老师还画了大公鸡的“样板”，但是乐乐却画了一座大楼，然后再大楼的最高层画了一只大公鸡。大公鸡将头伸向窗外引吭高歌，楼顶上有个扩音喇叭，楼内有电视机、录音机、楼下还有绿绿的树木和一群正在散步的鸡娃娃。虽然画的不甚美观，但应该说是一副充满想象力的画。这幅画出自一位不满六岁的孩子之手已非易事，但是因为没按要求去画，老师只给了个“及格”的成绩，乐乐委屈的直哭。放学之后，乐乐又哭着把画拿给爸爸看，爸爸没有责怪她，而对她的想象力给予充分的肯定，并用红笔给她打上了鲜红的“优”，然后把这幅画裁下来，贴在乐乐的床头上。乐乐破涕为笑，她认为爸爸的批判是最公平的，但是爸爸告诉她：老师给你判了“及格”可能是一时疏忽，也可能是画的不够美观，以后再上图画课时还要尽量按老师的要求去做。

孩子画画是有一个过程和规律的，画画是与她的心理发展和绘画能力相符合的，孩子学画画应表现在孩子的感受和天性，应具有孩子独特的思维方式和想象，具有天真、童稚的特点。有的家长却不了解这些，对儿童的画过分挑剔。常常说：“这孩子尽胡画，哪有把人画的比房子还高的？”“这画的是什么呀？难看死了！”常常用成人的眼光和标准来批判儿童画，要孩子照大人的想象画，画不好就命令“擦了再画！”这样做会使孩子对画画产生畏缩情绪或厌烦情绪，这种教育方法，往往会扼杀孩子的想象力，限制她的自由想象空间，而使其失去绘画的兴趣。作为父母应该经常鼓励孩子，任她充分发挥自己的想象力这不失为促进孩子成才的一个秘诀：

1.学画画锻炼孩子的感知能力

绘画课每天都有新的内容，绘画应该是孩子距离客观世界最近、最直接的一种活动。画画的孩子每天都会在老师的带领下，专门研究不同的观察方法，并且是对不同的事物进行有目的的观察与描述。如此日积月累，孩子就越来越完整越来越细致地观察身边的事物，孩子的感觉就会越来越敏感。换句话说，就是孩子的感知能力越来越强，也就是越来越聪明。

2.学画画锻炼孩子的动手能力

实践证明，用双手制作一件东西对于发掘孩子潜在的天资与无限的智慧具有不可替代的作用。而在绘画、手工的教学中，孩子会用自己的双手接触到不同的笔、颜色、纸……等各种各样的工具材料，并在绘画与制作练习中熟练掌握这些材料各自的特点与不同的用法，也许只有在美术课堂中，孩子才能真的利用他们的双手独立创造出完全属于自己的艺术作品。

3.学画画增长孩子学习的综合能力

每画一张画，每涉及一个新的绘画内容，孩子不仅仅要准确观察对象的形状与颜色，更要认真了解每一事物的构造与特征，分析其外在特征的形成原因，并大胆设想其可能出现的变化，只有这样才能画出成功的作品来。美术课堂的讲解范围广泛涉及艺术、文学、自然科学、哲学、伦理学以及生活中的各种常识。所以，美术课堂真的可以当做一本趣味性极强的百科全书。

4.学画画培养孩子的想象力与创造力

美术也许是唯一一个永远都没有枯燥的重复、永远都不会出现固定法则的学科。美术永远有新的课题、新的内容、新的方法、永远需要不断去尝试、不断去感受、不断寻求自己的观念与与众不同的表现方法—这种创造性的思维习惯，应该从小养成。让一种优秀思维在不知不觉中变成自己意识，才算真的具有创造性。

5.学画画培养孩子独立思考与独立工作的能力

孩子绘画时需要自己准备绘画工具、寻找绘画素材，绘画过程中的构思、构图、造型、涂色、修整……从始至终所有的全过程，无论是动手还是动脑，都是完完全全独立完成而且永远不能和其他人一样。从某种意义上来讲，在孩子的童年时代，在独立思考与独立工作的训练上，没有任何一种活动能与画画相比。

» 微笑是女孩坚强的力量

桑兰的故事似乎已经成为了一个经典，但最让人动容的还是他脸上永远挂着的微笑，似乎总在鼓励着人们。

桑兰是在一次体操运动会的赛场上受伤的，当时由于一名外国教练的出现，导致她在做一个很熟练的动作时，头部和颈部重重地摔在了地板上。而造成的后果也是严重的，她的颈部呈开放性、粉碎性骨折，中枢神经严重受伤，双手和胸部以下失去知觉。这对当时只有17岁的桑兰是一个毁灭性的打击。但是，坚强的桑兰忍住悲痛，安慰痛哭流涕的父母说；“你们不要哭，我都没有掉眼泪，你们为什么要哭？我会慢慢好起来的，不要为我担心。”

当医生告诉桑兰，她可能永远都站不起来时，桑兰只是痛苦地盯着自己的手指。片刻之后，她坚定地对身边掩面而泣的父母说：“没关系，我还可以做很多我可以做的事情，做一个对社会有用的人！”她总是用半杯水的故事开导自己和身边的朋友：在燥热的沙漠里，悲观的人面对半杯水时会沮丧地说，我只剩下半杯水了；而乐观的人会开心的说道，我还有半杯水。我一定要好好享用着半杯水，尽管我不能在走路了，但是我会带着微笑向前跑。

从此不管什么时候，出现在人们面前的都是桑兰充满阳光的微笑。“桑兰微笑”几乎让美国人为之疯狂，很多名人都去医院探访她。在他们看来，桑兰是美丽的东方女孩的典范。著名歌手席琳迪翁更表示：“比起我的歌声来，桑兰的乐观和坚强更能感染和震撼美国和全世界。”

尽管人生不可能永远风平浪静，会遇到这样那样的挫折，但是微笑却是一道不会褪色的风景线。所以，要培养孩子高贵的气质，很重要的一点就是微笑着去对待每一件事。

有的女孩因为性格的原因比较孤僻，害羞，没什么朋友。这时候，你只要微笑着去面对你的同学，周围的人，相信大家都愿意和你做朋友的。

前面我们提到过，女孩具有语言和交际天赋，但是如果女儿不爱说话，甚至性格孤僻，做父母的也不要着急，这仅仅说明她的天赋还没有发挥出来。此时，家长的鼓励就是激发孩子天赋发挥的最大动力。

因为父母的工作调动，小童转学到另一所城市，离开了朝夕相处的好朋友。在新学校，小童觉得很不习惯，她听不太懂当地的方言，也不知道该怎样和同学们交流。往往是一群女生在跳皮筋，她却远远地看着，表现出漠不关心的样子。久而久之，小童成了班级里的“独行侠”一个学期下来，本来成绩不错的她，有好几门功课都亮起了“红灯”。

父母看出女儿的变化，马上向心理专家去咨询，心理专家了解了小童的所有情况后，给了小童父母这样一个建议：“只要你鼓励孩子学会了微笑，她所有的问题都会解决。”

父母按照心理专家所说的去做了，他们鼓励女儿说：“女儿，你笑起来真漂亮，如果你对同学们微笑，同学们一定会因为你的微笑而喜欢你的。”

第二天，小童鼓起勇气对遇到的每一位同学微笑，虽然那笑容还是羞涩的。从此，班上的独行侠消失了。

鼓励女孩走出封闭心境最直接的措施就是让她学会微笑。如果一个女孩对着任何一个人微笑，就如同这个女孩用愉悦的态度对大家说：“让我们来交个朋友吧！”所以，会微笑的女孩不会孤独。会微笑的女孩散发出一种坚强的气质。

孩子们需要微笑，他们的心地单纯，就像晶莹剔透的美玉。他们喜欢笑，也希望周围的人们给她们以微笑。在她们的世界里，微笑就是阳光和雨露，是人体中不可或缺的营养。

微笑往往可以消除亲子间的争执、冲突、愤怒等不良的情绪，拉近父母和孩子之间的距离，使亲子关系更融洽，让孩子更喜欢你。比如，当你面带微笑对孩子说：“孩子，妈妈知道你已经很努力了。但是，事情还是发生了，我们来汲取这件事情的教训吧，希望下次不会发生这种事情。”你的孩子能够从你的微笑中感受到你的真诚和鼓励，其效果比单纯的语言要好得多。所以面对孩子时，不论你再怎样疲劳，再怎样心中困苦，都要展开你真诚的笑容。因为，当孩子望向你时，他的心中充满希望，他渴望看到的是鼓励、支持和热情。

总之，父母要创造一个微笑的环境，包含鼓励、认同、友善和引导，如此才会让孩子们展现最灿烂的笑容！

百货店里，有个穷苦的妇人带着一个约4岁的女孩在转悠。她们走到一架快速照相机旁，孩子拉着妈妈的手说：“妈妈，让我照一张相吧。”妈妈弯下腰，把孩子额前的头发拢在一边，很慈祥地说：“不要照了，你的衣服太旧了。”孩子沉默了片刻，抬起头来说：“可是，妈妈，我仍然会面带微笑的。”

相信每个读过这个故事的人，都会被小女孩所感动。生活需要微笑，不要抱怨生活中太多的磨难，不必抱怨生命中太多的挫折，教会孩子微笑面对生活，用微笑寻找一个坚韧的支点，我们的孩子也能像故事中的小女孩一样，在生活的照相机前，穿着旧的衣服，一无所有，坦然并从容地微笑。

不要让孩子吝啬他们的微笑，让孩子用微笑去面对生活赋予的一切。如果你的孩子会微笑，那么很好；如果你的孩子不会微笑，那么你只需告诉孩子发自内心地扬起嘴角，这便是微笑。

» 孩子有一双善于发现美的眼睛

美是无处不在的，只是人们没有及时的发现它。爱美之心，人皆有之。孩子生下来几个月就喜欢色彩鲜艳的东西，爱听优美的音乐；一两岁的孩子就懂得穿新衣服好看，愿意别人夸她美。但是，孩子在幼儿时期，对真正的美与丑是缺乏辨别能力的，往往以为衣服色彩鲜艳就好，不管颜色是否协调，有的以为式样新奇的就美，不管好看不好看。随着年龄的增长，孩子的审美能力会逐渐提高，但毕竟还是很不成熟的，这就需要父母进行有益的引导，不断给予培养和提高。

同事的女儿妞妞今年有七岁了，在大多数事情上，她是一个很好的孩子，但她对一切事物都感到特别的好奇，不是自己亲手去了解，她是不会罢休的。

她和母亲在田野里劳动，阳光照耀，草已被修剪，花儿开得美丽。

这一次，妞妞决心做一个好孩子，她的脸上布满了微笑，她希望自己能够帮助妈妈。她说："妈妈，我现在很好，我愿意按照你的吩咐去做，那我现在去扔干草吧。"

"那好吧。"妈妈回答。于是，她们开始扔干草。正像妈妈所期望的那样，女儿卖力地工作着，虽然很辛苦，但是她为此感到非常快乐。

"你现在肯定累了吧？"妈妈说："在这坐一会儿。我会送你一支漂亮的红玫瑰哦！"

"哦！妈妈，我想要一支。"妞妞说。于是，母亲拿出了一支红玫瑰送给她。

"谢谢你，妈妈！"妞妞非常喜欢这枝花，不住地把玩着，还不时深深吸几下醉人的香气。但她看到妈妈的手中还有一枝白色的玫瑰花，那支白色的玫瑰花看起来似乎更加娇艳美丽，于是，她央求妈妈："妈妈，请把这支白色的给我行吗？"

"不，亲爱的！"妈妈说，"看见它的枝上有很多的刺了吗？你不要摸它，假如你不小心，你的手一定会被弄伤的。"

但是妞妞一定想要得到那支白玫瑰，她伸手去抓，可是抓到了它的刺上，她的手渗出了血。妈妈说："我说过它有刺的。"妞妞说："可是它看起来是那么的美丽。"

妈妈包裹着她的手，对她说："世界上的美丽都是有缺憾的，就像是带刺的玫瑰，不过虽然它的刺刺伤了你，但也是你自己要去抓它的不是吗？"这就是白玫瑰的美丽，真实的美丽。

那么，怎样让孩子拥有一双善于发现美的眼睛呢？仅仅带她们到自然环境中去是不够的，还要引导，培养孩子热爱自然的胸怀和知识积累的广度。

1.为发展孩子美感和审美能力提供条件

孩子生活在家庭环境之中，家庭环境的好坏，直接影响着孩子的情趣和习惯。家庭环境美，最基本的标志就是干净、卫生、整洁、明亮。父母把家里布置得井然有序，家具摆设合理、疏密适度、门窗明亮、干净的家庭环境给人以愉悦的感受，会使孩子感到舒适愉快，形成一种明快的美，无形中培养了他们爱整洁、爱干净的情感和美的习惯。若是把屋里的东西摆得杂乱无章，装饰庸俗土气，没有一块儿孩子玩耍的空间，这些都不利于对孩子进行美的熏陶。

2.教育孩子懂得审美的辩证法

父母还应该教育孩子懂得美的辩证法。许多哲学的道理都是可以用现实中平凡的例子去说明的。如外表漂亮的金龟子、蝶类和各种蛾类，虽然它们鲜艳夺目，但因为它们摄食农作物，与人类为敌，往往不被认为是美的；而外表并不好看的蝙蝠、青蛙，却因为能够消灭害虫有益于人类，人们都时时不忘它们，它们的本质是美的。又如下肢瘫痪仍然顽强学习的张海迪，双耳失聪的音乐家贝多芬，他们都克服了生理上的巨大痛苦而为人民作出贡献，成为受人尊敬的人。他们的心灵美，是值得每一个身体健康的人好好学习的。这些生活中的例子，历史上和现实中的人物事迹，证明了一条朴素的真理：为人类作出贡献，虽然外表差一点，但人们也认为是很美的，而那些损人利己的，即使看起来很夺目，但本质是丑的。这些道理，靠泛泛而谈，不容易使孩子信服，而从故事和见闻中的例子加以启发和诱导，却容易取得良好的效果，通过这样的审美教育，孩子就懂得了美的真谛。

3.培养孩子广泛的艺术兴趣

父母应借助于艺术的手段，培养孩子广泛的艺术兴趣，丰富孩子的生活，培养孩子高尚的情操，这对发展孩子通过艺术的美来提高审美能力是十分重要的。对孩子来说，文学作品、音乐、舞蹈和工艺美术等都有巨大的感染力，并且富有形象性、直观可感性等特点。如音乐可以陶冶孩子的情趣，优美的旋律能培养孩子的音乐听觉，歌声进入幼小的心灵，起着潜移默化、发展智力和想象力的作用。父母还可以从小培养孩子学习一两种乐器，如钢琴、小提琴以及管乐等。玩玩具可以发展孩子的想象能力和思维能力，看图书、听故事能培养孩子对文学作品的欣赏兴趣和求知欲望。

4.重视孩子观察力的培养

审美的过程离不开生动丰富的感性材料，因此要重视观察力的培养，哪怕是一束花的放置、一幅图画的悬挂、一个装饰品的陈设，都应具有美感。可以从形状、色彩、结构、以及平衡、对称、变化、统一等方面引导孩子仔细观赏。另外，还可通过欣赏图画、电视节目、工艺品、生活用品等活动，获得造型美的粗浅知识。

5.引导孩子领略自然美

丰富多彩的大自然山清水秀，鸟语花香，欣欣向荣。对孩子来说，这一切都充满了神奇的色彩。父母应利用大自然的美好对孩子进行美的熏陶。如带孩子到郊外野游，到公园做游戏，到动物园观赏动物等。在欣赏时，家长最好把简练的语言和眼前的风景融合在一起，进一步启发孩子的灵感和想象力，加深对大自然美的领会，把孩子的思想感情带到优美的境界中去。

我的同学中有一位是小学美术老师，有一次我们聊天，她刚给我讲了发生在她课堂上的有趣的事，在三年级美术课本上第七课是《留住秋天》，让学生们在放学回家的途中观察：秋天到了，哪些树的叶子变黄了？哪些树的叶子落下来了？哪些树的叶子还是绿色的呢？秋天到了，小草还好吗？花儿去哪了？这些问题让孩子们在回家的路上通过观察，看到了生活中的美术。

很多小朋友，去了附近的公园。而在上课时，随即让大家说说自己观察到得秋天的特征，可是因为年龄较小，观察的不够细致，大家并没有说出更多的能显示出秋天的画面，看到这样的情况，老师灵机一动，利用教室靠近一个小型健身场的优势，带领学生一起观察了起来，在老师得引导下，孩子们不再是仅仅看到叶子黄了落了，小草黄了，花儿没有了。而是从天空、植物、动物、人物等各方面来观察秋天的印迹，秋天的天空天很蓝很蓝，像小崭穿的蓝色上衣。秋天的叶子有的是黄的有的是红的，秋姑娘的风一吹就掉到了地上。秋天一来，我们都穿上了厚衣服，有的同学还戴了帽子。秋姑娘来了，她一吹风，小动物们都怕冷，也换上了厚厚的毛衣服……

这就是孩子，用手中的笔，用真实的色彩表现他所看到的东西。实际生活体验始终是孩子作画的第一位，循序渐进，因势利导，引导孩子将他的生活体验，将现实中美好的场景作为美术的素材，使现实生活与艺术紧紧地融为一体，让孩子的笔触表达各种生活体验，使孩子懂得生活即欣赏，懂得欣赏即获得了艺术。

这些自然的景象，孩子们大大看得到，但都不知不觉地成为过眼烟云，脑子里似乎没留下什么。只有家长用适当的方式来启发和诱导，孩子们才能从平凡的事物中体会到自然美，体味到其中蕴涵着的美。对于山水景物的欣赏更需要家长慢慢地加以引导，让孩子去感受自然造化的美。孩子们徜徉在品类繁多的动植物大观园中，能学到知识，开阔视野，丰富想象，同时也接受了美的熏陶。

生活阅历100分——让女孩增长见识、开阔眼界

孩子总是对新鲜事物充满了无限好奇心，家长应该满足孩子的这种好奇心。从小培养孩子思考、读书、阅人等的人生体验和经历，对于孩子掌握知识，提高能力，培育品德和形成人格都起着至关重要的作用。

» 让孩子在玩中长知识

孩子幼小稚嫩的天性就是玩，很多家长为了让孩子学到更多的知识，限制孩子玩的时间，让她们把更多的时间用在了学习上、课外班上。但是，你知道吗？孩子在玩中也是大有文章可做的，玩可以使孩子逐渐积累和增长生活阅历，只要家长正确引导，孩子就可以在玩中学到家长、老师所教不到、书本上也学不会的知识，玩也可以增加孩子对某种事物的感悟，可谓是一举多得。

邻居张太太是个喜欢旅游的人，只要一有假期，就全国各地的走。用

她自己的话说就是旅游不仅陶冶身心，更重要的是增长了阅历，接触到了不同层面的东西。所以待张太太的女儿够大的时候，张太太就利用寒暑假带女儿一起出去旅游。

今年暑假，张太太带着女儿到了北京和上海，在北京，去了长城、故宫、颐和园等名胜古迹。每到一处，张太太都耐心地给孩子讲解其中的历史故事，就拿故宫来说吧：一共有多少个房间，一共住过多少个皇帝，这些问题对于女儿来说都了如指掌。去爬长城，张太太也给女儿讲了其中的历史故事，女儿一边游玩，一边掌握了相关的历史知识，见了世面，在孩子不多的人生阅历尚又增加了一笔。

张太太带女儿去上海的时候，正是在世博会期间。张太太带着女儿走了几个场馆，回到宾馆后，女儿就开始不停地问妈妈："巴西在哪啊？那里有什么好玩的吗？"女儿不停地问问题，张太太也耐心地给女儿讲解，她认为，孩子能够发问，说明对这件事感兴趣，所以她要有耐心，不能打击孩子的求知欲望。回到家后，女儿自觉地写了几篇游记，记录了此次旅行的见闻，收获。张太太很高兴，并答应女儿只要一有时间就带她去旅游。

对于女孩，家长应该在经济和时间允许的情况下，多带她去外面游玩，让她增长见识，这也是内在气质的一种锤炼。

1.玩可以锻炼才智

貌似小小的玩，可说是深藏玄奥。生活中，孩子在玩中，得到了开心，得到了快乐，从而在玩中，才智也得到了锻炼。

小一点的孩子在潮湿的沙堆中，用稚嫩的小手凿洞或搭桥，开始几次不成功。可到后来，通过反复的实践，先是用树叶铺垫，效果不佳。继而，想到用小树枝撑垫，上面再铺以小树叶，洞和桥再也没有出现塌陷情况。面对做成的漂亮的小洞小桥，小朋友高兴地拍着小手跳着，笑着，叫着，互相看着，互相教着，互相学着。最后，大家都做出了一个个漂亮的小桥，坚固的涵洞，并把一座座小桥和涵洞连接贯通起来，在小桥上放置几个行人和车辆，路边植上几棵小树，活灵活显，富有生机。这就是孩子丰富的想象和得意的创意和实践。孩子在这种玩中，得到了劳动后的收获和满足，且也思考为什么不借助树枝和树叶，单用沙子就做不成小桥和涵洞。通过这次玩耍，在下次类似游戏中，就会毫不费力气地很快做成。孩子学会了动脑，学会了思考，学会了简单的劳动，学会了环境的美化和人与自然的协调共存。稍大点的孩子在玩中既锻炼了身体，又将所学很好地应用于实践。如踢足球、打篮球，不但锻炼了身体，也锻炼了协调和配合。在小制作中，将现有知识用运于实践，反复揣摩，最终达到成功。健脑益智，何乐而不为。

2.玩能够增长知识

通过看似简单的玩，孩子学会了某种简单的原理，既形象又生动，胜过大人的灌输和课堂教育。这种直观的体会和所得的技巧记忆深刻，甚至一辈子都不会忘记，将在一生中留下深深的烙印。玩使孩子在无需要借助大人外力的情况下，慢慢学会了自然知识，做人的道理，人生的初步经验，某种对生活，对人生的独特体会和感悟。这就是生活的一种原始积累。这种原始的积累，结合日后知识的逐步增长，会逐渐上升和回归到正规的书本理论，并且有助于知识的记忆和理解。知识原理本身就贯穿和体现于生活的方方面面，当孩子在学习类似原理的正规理论时，就很容易理解和接受，吸收并牢牢地变为自己的永不淹没的知识。

3.玩让孩子休养生息

孩子通过玩，可以很好地调整身心，得到天性的满足。当这种天性得到满足后，孩子就会有个愉悦的心情，也乐意听话，乐意做事。特别是当孩子在重负的学习下，尤其需要劳逸相结合，需要放松和调整心态。大人要帮助孩子科学安排和调剂学习和休息，切忌长时间死学。死学效果不好，也不利孩子身心的发育成长。文武之道，一张一弛。较好地把握和区分孩子的年龄段，当孩子尚处年幼时，不应过多地强调学习和做事，当过多的放开孩子的手脚，让他们尽情地玩耍，适应自己的小天地生活，学会与他人相处，无忧无虑地成长。当处于一定的学习阶段时，要严格掌控孩子的学习与娱乐，既不使之放纵，沉溺于玩中，也不致使孩子和过度要求孩子从一睁眼学到很晚。哪一面的轻重都会导致和影响孩子身心和学习的健康成长。过度的贪玩，必将玩物丧志。过度的严格要求孩子学习，会束缚孩子的天性，效果不好的同时，最易使孩子产生逆反心理，于事无补，得不偿失。

很多家长想让孩子一心扑在学习上，又怕孩子不乐意，也对孩子身体不好。想放开让孩子玩吧，又怕孩子年幼，自控力差，把握不住自己，误了前程。家长要有一颗坦然的心，在正确的教育下，相信孩子有一定明辨是非和把握自我的意识，不要过度施压，干涉孩子支配时间的权力。孩子在学习之余，在安全和守纪的前提下，家长要还孩子的本来天性，放心让孩子玩耍，尽情地使孩子放松自我，调整心态，以良好的心情迎接新的学习和挑战。

» 多带女孩出席各种聚会，开阔眼界

很多家长不敢带孩子出席一些朋友聚会，就是怕孩子有什么不礼貌的行为会让自己很没面子，要不就是带孩子出席一些场合之前，唠叨个没完，让孩子一定要注意这，注意那，搞得孩子也没兴致参加了。

在孩子感兴趣的前提下，多带孩子参加亲戚朋友的聚会，未尝不是一件好事。尤其是对女孩子来说，参加这样的聚会，既能锻炼社交能力，在谈吐，姿态，礼仪方面都是一个学习的机会，也算是见了世面了。女孩子将来要面临很多诱惑，从小多带女孩出入各种场合，多见世面，既能增长孩子的人生阅历，长大后也能很理性的抗拒那些所谓的诱惑了。

新年来临，单位搞了个新春职工家属联谊会，同事小李带着六岁的女儿婷婷来参加。婷婷长得很漂亮，小嘴儿也很甜，叔叔阿姨不停地叫着，大家伙都很喜欢她。

因为爸爸要表演节目，婷婷就自己坐在位置上吃东西，我看见婷婷一个人坐那，就走过去坐在她旁边，问她："婷婷，想吃什么，阿姨给你拿。"

"阿姨，我想吃那边的鱼，你能帮我夹点吗？"婷婷怯怯地说。

"当然可以了，但是你为什么不站起来夹呢，那样你就能够到了。"

"爸爸说那样很不礼貌，吃自己旁边的就好了，一会转盘转到我这，我就能夹到了。"说话的功夫，小李开始唱歌了，婷婷在下面高兴地为爸爸打着节拍，高兴地说："阿姨，你觉得我爸爸唱的怎么样？"

"不错！很好听！"

"恩，我也觉得我爸爸唱得不错！"

事后，我问小李："怎么想起把女儿带到这来了？"小李说："就是想让孩子长长见识，餐桌上的礼仪啊，长辈打招呼啊，孩子坐在这，总归能学到点东西吧，再不行，让孩子练练胆，在人多的地方说说话。"

"那你不怕小孩子贪玩，给你惹出什么麻烦啊！"我问。

"小孩子怕什么呢，不让她见见世面，她永远不知道外面是什么样的，现在孩子还小，犯点错误，及时改正就好了，等长大了，就来不及了。"小李语重心长地说。

是啊，让孩子从小见见世面，长大之后就会比那些没见过大场合的人多了一份睿智，对孩子的身心发展和交际能力的提高也都有好处。

1.让害羞的孩子变得大胆

邻居的女儿小丽是一个非常害羞的孩子，她总是在教室里静静地坐着，老师和同学们有时竟然会感觉不到她的存在。她也没什么特别要好的朋友，所以在自由活动时间或午餐时间里，已经习惯自娱自乐。陌生人和她搭话，她就会满脸通红，好像是要快哭出来的样子，躲到妈妈的身后。她的妹妹小敏比姐姐小两岁，性格正好与她相反，她能和第一次见面的人打成一片，在大人面前也非常活泼。

小丽的妈妈现在已经开始担心小丽的性格，她希望孩子如果有不知道的问题，就举手提问，有需要的就说清楚自己需要什么，但是孩子总是静静地坐着。

有一次，她领着小丽和小敏去快餐店吃东西，两个孩子都想再要一杯可口可乐，于是妈妈就让小丽到柜台买，但是小丽不愿意，和妈妈僵持了20多分钟，最后经过一番练习之后才走到柜台前说出了她的台词，但是由于小丽的声音太小，服务员没有听清楚，小丽哭了出来。

有些孩子是天生就害羞，有些孩子则是因为和陌生人接触的太少，不管是哪种原因，都是可以改变的。父母应该多带孩子出席公共场合，到人多的地方，鼓励孩子多和陌生人说话，比如，到餐厅点餐的时候，让孩子自己和服务员说；在幼儿园的时候，让孩子主动举手发言，这些都能锻炼孩子的胆量，克服害羞的毛病。

2.丰富孩子的生活阅历

多带孩子参加朋友聚会，可以接触到形形色色的人，对一个新鲜的而又陌生的环境有所认识，孩子长大以后会接触到各种人，如果没有好的心理素质和阅人的本领，很容易吃亏。从小让孩子接触不同的环境，既有机会尝试各种生活，又能丰富生活体验，增加生活阅历。比如，应该穿什么养的衣服参加聚会，在聚会上都应该注意什么礼仪，遇到什么人，该说什么样的话，都是技巧，对于女孩来说，这些对他们太重要了。

3.让孩子掌握交往技能

孩子在与人交往的过程中，能学到很多技能：

寒暄是最基本的交往技能，其实，寒暄就是见面打招呼，比如认识了新朋友，或者是老朋友重逢，这个时候就需要嘘寒问暖，问候致意等。父母应该教会孩子怎样和刚认识的人打招呼，怎样和他们鞠躬握手，怎样向别人介绍自己，如何使用恭敬言语等等。

培养孩子人际交往的综合能力和素养，和人见面之后自然要进行一番对话，只有通过对话才能够建立起更为深入广泛的联系，加深彼此的印象，增进双方的信任和好感。父母应该让孩子学会如何提出讨论的问题，面对别人不合理的要求怎样拒绝等。

有人说，想要拥有好的人际关系，就要学会倾听，倾听是了解别人，把握双方心理感受的最有效手段。父母应该教孩子如何认真地做一个倾听者，比如倾听别人说话的时候，目光要专注，点头，语言附和等。

» 女孩也要有一颗坚强的心

坚强是可贵的，是能让人勇敢地面对恐惧、面对自己本身的缺陷、面对生活的伟大力量。坚强也是能培养女孩高贵气质的有力武器，家长要从小培养女孩有一颗坚强的心。

为了让女儿妮妮的身体得到良好的锻炼，也为了让她多种娱乐活动，同事小王在院子里专门安放了一个秋千，虽然荡秋千是大多数孩子喜欢的一项运动，但小王把它安放好之后才发现女儿很害怕。

当小王第一次把女儿抱上秋千的踏板时，妮妮吓得哭了起来。

“不，不。”妮妮站在踏板上紧紧抓住绳子，她的动作狼狈极了，不停地哀求爸爸把她放下来。

“这没有什么，很多孩子都会玩，你不用害怕。”小王一边说一边将她稳稳地扶住。

“爸爸，我不想玩这个，我会摔下去的。”妮妮哭着说道。

“你不会摔下去的，只要你抓住绳子，这是很安全的。”

“不，我害怕。”女儿仍然坚持。

见到她那副害怕的样子，小王知道再说什么也没有用，便把她抱了下来。

“这样吧，爸爸先给你做个示范，等你看到爸爸玩得非常高兴的时候，你一定会改变主意。”说完，小王就上了秋千开始摇荡起来。

“爸爸，你真行！”见爸爸在秋千上荡得很高很高，妮妮高声欢呼起来。

“那么，你来试试好吗？”小王问女儿。

“好吧，可是我不要荡得那么高。”妮妮终于同意试一下。

这一次，女儿仍然很害怕，但她毕竟有了一个开始。她在秋千的踏板上扭来扭去，样子难看极了，不仅如此，她几乎没有把秋千荡起来。

这时，妈妈走了过来，她见到妮妮的模样顿时大笑起来：“妮妮，你这是在荡秋千吗？怎么一点也不像啊。”

“不，你不应该这样说，妮妮做得很好。”听见妈妈那样说，小王担心会由此打击女儿的自信心，连忙出声制止了妈妈。

妈妈很聪明，立刻明白了爸爸的意思，连忙说道：“哦，我忘了，在我第一次荡秋千时还不如我们妮妮呢。”

“是吗？”女儿听见妈妈这样说，便立刻来了精神，用力在秋千上要荡了几下。

“是这样的，据我所知，每个人第一次荡秋千的时候都害怕得要命，爸爸也是这样的。”小王趁机鼓励妮妮。当你坚强地面对困难的时候，你会发现，其实，恐惧只是心里的一个小秋千，你推它，它就会走远。

“真的？”妮妮听见爸爸和妈妈都这样说，恐惧感顿时消失得无影无踪。

第二天，小王下班回家后，还没走近住处便听到了花园中传来的欢笑声。妮妮和妈妈正在高兴的荡着秋千。

在孩子的成长道路上，存在着一个温柔的陷阱，这是那些过分庇护孩子的父母亲手挖掘的。掉进陷阱里的孩子，由于被剥夺了犯错误和改正错误的机会，从而也失去了长大成人的权利。

如今的家庭一般都是独生子女，家长大人都溺爱自己的孩子，只重视观察力、想象力、创造力、记忆力的培养，却忽视了意志力，自信心等潜在能力的培养。就像故事中的小王，从小培养孩子在面对困难时，要勇敢地去战胜它，有信心才能有所收获。

其实，要想让女儿健康成长，父母必须有一个正确的观点：女儿不是脆弱的花瓶。也许家长们不知道，在教育界有一个很具有讽刺意义的事实：你越小心呵护，孩子就越脆弱。对于女孩子来说更是如此，如果父母真把女儿看得像花瓶一样脆弱，她也就真的经受不了一点的苦难。相反，如果父母把女儿当做一个容易敏感，但很有发展潜力、需要处处为她指引道路的人，那女儿就能从容的面对生活中的一切苦难，并且能够练就出一副坚强的性格。当父母不再把女儿当做脆弱的花瓶来看时，女儿身上就会释放出一种惊人的潜能。而这一切为女孩的成长打下坚实的基础。那么如何培养孩子自信坚强的性格呢?

1.给孩子独立锻炼的机会

单独活动，同生人谈话，与小朋友来往，自己完成作业等。即使有一定困难也要让孩子自己去做。因为只有孩子经常完成具有一定难度的事情他才能体验克服困难和成功的喜悦，从而增强自信心并变得坚强起来。

2.相信和尊重孩子，要孩子在幼儿园中担负一定责任

老师可以委托孩子负责监督活动室内的卫生，这样可以培养孩子的自我要求能力和坚持力，心理学也认为让孩子担任一定角色可以使孩子的性格像这个角色靠拢。如我班的一个幼儿个人卫生不好，当让他来检查其他小朋友的卫生后，他自己的卫生明显好转并且在其他方面如自尊心，责任心，协调性等方面都有明显改善。这个例子说明孩子的性格受老师及家长期望影响很大，所以日常生活中老师及家长应把孩子当做坚强的孩子来培养。

3.保持及增进身体健康

一个身体虚弱的孩子对自己的身体没有信心，心情不好，必然怕这怕那，对人对事积极不起来，性格也就很难坚强起来。相反，孩子的身体体质好，有信心，有勇气就容易培养自信坚强的性格。

4.发展良好的品德和智力

良好的品德受人喜爱和尊重，知识和智慧使人有信心，人的各种心理品质是相互影响的，培养各种积极的良好品德，都能有效地使孩子的性格

变得坚强起来。

5.要求孩子做一些力所能及的事情

如孩子摔了跟头不哭，打针不哭等。父母应利用孩子的好强心理，在孩子未哭之前给予鼓励，如孩子真的不哭那么就要表扬强化效果。如有的孩子不愿意去幼儿园，常在送幼儿园时大哭大闹，那么父母老师一方面设法消除孩子去幼儿园的不适心理，另一方面应鼓励去幼儿园不哭才是勇敢的孩子，一旦孩子不哭了马上应及时鼓励，加上适当的奖励，这样孩子就会逐渐形成坚强的性格。

» 培养女孩养成阅读的好习惯

对于从小就爱读课外书或者所谓“闲书”的人，你如果问她从书中具体得到乐什么了收获，也许她会懵懵懂懂地反问：“能得到什么？反正我就是爱看故事。书里的故事太好玩了。”其实正是这种好玩的心态，这种看似漫无目的的泛读，奠定了孩子的知识框架与思维框架。使孩子们在日后遇到陌生事物时，会下意识地将自己读过书中的人物行为来指导自己。

你可以观察一下，凡是看书较多的孩子都不由自主地流露出一种自信，一股英气，一股聪明劲。或者说你可以说是素质，或者你可以说是气质。

表姐家的两个女儿，欢欢和乐乐从小就非常喜欢看书，每次去逛书店，姐妹俩都很兴奋，这本也想买，那本也想买，当爸爸说每人只能买一本的时候，她们真是难以取舍，因为喜欢的书实在太多，最后都舍不得走。欢欢和乐乐虽然智力发展一般，但是从小就喜欢看书，读中班的时候，幼儿园有许多兴趣班，她们选择上“分享阅读”兴趣班，表姐觉得比较有利于提高阅读能力和表达能力，所以非常支持。现在欢欢和乐乐已经养成了固定时间读书的良好习惯，让爸爸很是欣慰。

良好的习惯也不是一天就形成的。去年有一段时间，欢欢和乐乐迷上了看电视，特别是央视放《李小龙传奇》的时候，欢欢和乐乐成了十足的李小龙FANS，虽说是女孩子，两个人在家时常学着李小龙打打闹闹，“世界上只有一个李小龙！”她们最喜欢向对方喊这句话了。《李小龙传奇》放完后，爸爸为了改变她们晚饭后跟爷爷看电视的习惯，就尽量给她们讲故事，陪她们一起读书。后来，爸爸干脆让欢欢和乐乐轮流当老师，给我们上课，教大家读书，不懂的地方就请教爸爸。欢欢和乐乐很快就喜欢上了扮演老师这个角色，而且学得有模有样，先是拿以前的课本来教，温故而知新，这个比较容易，然后再读课外书，这个生字比较多，爸爸就耐心教他们读，鼓励她们坚持读下去。现在每天吃完晚饭稍微休息之后，欢欢和乐乐不再惦记着去看电视，而是邀请爸爸一起到她们的房间，开始读书上课。相信经过不断的积累，欢欢和乐乐的阅读能力会有比较大的提高，从而也提高她们的认知能力和理解能力。

为了奖励欢欢和乐乐良好的表现，让她们长期保持阅读的积极性，爸爸决定每十天就带她们逛一次书店，每次可以选购一本课外书。

现在，姐妹俩长大了，还是一如既往的读书，她们说读书能让他们足不出户看到外面的世界，让他们的自身价值有所提高，眼界更开阔了，气质也更显知性了。

让孩子学会读书，不但要问孩子读到了什么，更重要的是读了这些东西你学会了什么。要让孩子知道学会了，也只是明白了，这还不够，重要的是还得会用，学可从书本上学，但用则非得是在生活中千锤百炼出来的。读而能学，学而致用，读书才会有其真正的价值。否则极有可能只是一个书袋。

有人说："读书就是阅世"，这句话直接诠释了读书带给孩子们最直接也是最深远的益处。有些人，读书是为了获取知识，增长阅历，阅读提高了他们的人生境界，使生活更加很充实；有的人，读书是为了愉悦身心，陶冶情操，在平时生活的闲适中修身养性，铸就了淡泊平静的一生。这样的人像一首诗，看似简单，实则广博。还有的人，读书只是一种娱乐和消遣，或者只是附庸风雅，他们热衷于一些低级趣味的文学作品和影星、歌星名人的花边新闻，这样的人，只会越来越低俗；也有的人，难以平心静气地抛开各种欲念和世俗而坐下来读书，过于心浮气躁，于是囫囵吞枣的去读书，结果一无所获。因此同样是读书，收获完全不同。

好书能使人充满希望，充满理想，心胸开阔，积极向上。坏书能使人思想淫逸、精神萎靡。读有益的书，会使我们的生活更丰富、更幸福；读有益的书，会使我们的思想更成熟、更健康，所以把高品质的书籍报刊送到你的孩子左右，他们将会终生受益。

1.营造看书的环境

家庭应该订阅一些杂志、报纸。图书、报刊既能帮助家长营造一个看书的环境，同时也能激起孩子阅读长篇文章的兴趣。不仅如此，还应该给孩子订阅他喜欢的报刊。让孩子读到他想读的任何图书，不要阻止他的决定。

假如你们发现孩子一直到10岁还不大喜欢看书，也不要气馁，决不会没有希望的。但是千万不可突发奇想，塞给他一本世界名著。

2.引导孩子读书兴趣

为引起孩子的兴趣，家长可先讲讲某书的故事梗概，尤其是其中趣味性的游戏或字谜。如果孩子平日离不开立体声音乐，不妨买一本关于摇滚乐的书，不经意地递给他，“这本书你可能会喜欢”。除此之外，别的话不多说。一旦他产生兴趣，他不仅会读完这本书，而且可能还会跟你们再要一本书。

对无论什么年龄段的孩子，都要顺其自然地通过他不爱看书的阶段，尤其是10来岁的孩子。

总之，在孩子成长过程中，尽早给孩子读书非常重要。这就是家长该送给孩子的一份最佳礼物。最后，作为家长该注意的是，要给孩子选择什么样的书来读。

人从一出生，就会睁大两眼看世界，看大人的行动。看实际动作，而不是听大人的理论演讲，这是动物本能，是人类天性。因此，我们应该选择以情节取胜的真实故事书，不要大而空的。

我的叔叔是一所中学的校长，虽然平时工作忙了一些，但他还是尽量在晚上和周末抽出大部分的时间和孩子们在一起。比如晚上的阅读就是一家人在一起共度的美好时光，大家围坐在一圈，几个孩子轮流去选一本自己喜爱的图书交给爸爸妈妈，爸爸妈妈就会声情并茂地给孩子们读这些对孩子们而言十分有趣的故事。几年下来，渐渐长大的孩子们也都养成了爱好阅读的好习惯。每当一家人组织外出旅游时，孩子们都要带上一些图书作为闲暇时的读物。

现在叔叔的女儿已经上初中了，她在学校的成绩一直名列前茅，而且明显地在语文阅读方面比其他同学有优势，这些都是得益于孩子从小就培养的阅读习惯。

从小培养孩子的阅读习惯，对她今后的学习和生活都会有很大的影响，在语言表达能力和生活阅历方面都是高于那些不经常读书的孩子的。所以，培养孩子的阅读兴趣对孩子的成长是件有益的事情。

学习成绩100分——把女孩培养成学习型人才

很多家长认为女孩不是学习的料，对她们的要求也不高，考得过去就行。但现如今，家长们不这么想了，他们坚信：男孩能做到的，女孩也能做到，理科不再是男孩的强项，只要充分认识到女孩的能力和特点，好好挖掘一下她的潜力，对她抱有更多的期待，女孩并不比男孩差。

» 女孩也是学理科的料

很多家长认为女孩不适合学理科，觉得数学学起来太吃力，还是学文科好；而有的家长觉得："学好数理化，走遍天下也不怕"的老话依然很有道理，所以主张女孩学理科。其实，对于女孩来说，学文学理最重要的是兴趣。但大多数女孩认为，数学让她们感觉头疼、死板、枯燥，而且怎么学也学不明白。

生活中处处离不开数学。我的表妹洋洋是个文静的女孩，喜欢看书，很多人不知道，其实洋洋的强项是数学，多次参加竞赛并拿奖，大家都挺奇怪，认为洋洋应该学文科，像个文艺女青年，但是洋洋偏偏对数学感兴趣。

洋洋的书柜总是收拾的整整齐齐，从高到低归类排列看着很舒服。原来这个书柜的排列也是有“数学规律”的。洋洋书柜里的书一共有四种尺寸：最大的是从网上下载或者复印装订的资料；还有就是16开的，是她的专业课教材；再小点的是32开的，都是休闲书；最后是小开本的工具书。

有一次围棋比赛，洋洋和同学去做礼仪接待，一大堆的嘉宾胸卡等着要发，多得让人头皮发麻，整理的时候，他们很自然地将这些嘉宾的胸卡按照姓氏笔画排列好了。等到发礼品袋的时候，要装的东西堆得跟小山似的，他们就搞流水作业，你装资料，我装纪念品，三五分钟就搞定了200多份礼品。他们运用的是统计学分类物品。赛场上的工作者笑着对洋洋说：“幸亏你们是学数学的，这事要是搁文科生身上，说不定已经乱成一锅粥了。”

洋洋不光数学学得好，还弹得一手好琵琶，经常在学校表演。又一次，洋洋在学校迎新生晚会上，弹广东名曲《旱天雷》，弹着弹着，感觉不对，怎么又绕回去了呢？洋洋只好面不改色心不跳的把当中的一段又弹了一遍。事后，洋洋还得意地说：“幸亏我是理科生，把握好了规律，这音乐就和数学一样，都是在寻找规律。起伏跌宕的音乐，背后是有规律的声音。要不然，我连弹两遍，别人早就看出破绽了。”

从科学的角度说，理科的逻辑性比较强，对学生的逻辑思维也比较高。限于男女脑功能的不同，男孩在逻辑思维能力上稍微占了一点优势，但这并不意味着女孩就学不好理科。女孩性格中认真和细心正好弥补了学数学方面所谓的劣势。看看这几年的高考状元，就知道女生理科上不比男生差。

一位初中女生曾讲过这样一件事情：

我不喜欢教我们数学的王老师，因为他总是偏向那些男生，上课提问时总是叫那些男生回答，自习课时，她还会走到男生面前，问他们有哪些题目不会做……如此偏心的老师，我真希望学校把他调走。

大多数女孩都是非常敏感的，他们不知道从哪听来的一个“普遍真理”女孩不适合学理科，并对此深信不疑。所以当老师对某一群体表现的特别关注是，他们会因为自己被忽视而对老师产生反感，而学校教育的现实情况就是这样，大多数教理科的老师都会对男生有一种特殊的偏爱。这会对女孩心里产生一种无形的伤害，并在无形之中打击了女孩学习理科的积极性。

那么，对于理科差一点的女孩，该怎样学习呢？

1.培养女孩学理科的兴趣

女生学习能力的下降，环境因素及心理因素不容忽视。目前家长对学生的期望值普遍过高。而女生性格较为文静、内向、心理承受能力较差，加上数学学科难度大，因此导致她们的数学学习兴趣淡化，学习能力下降。因此，教师要多关心女生的思想和学习，经常同她们平等交谈，了解其思想上、学习上存在的问题，帮助其分析原因，制定学习计划，清除紧张心理，鼓励她们“敢问”、“会问”，激发其学习兴趣。同时，要求家长能以积极态度对待女生的数学学习，要多鼓励少指责，帮助她们弃掉沉重的思想包袱，轻松愉快地投入到数学学习中；还可以结合女性成才的事例和现实生活中的实例，帮助她们树立学好数学的信心。事实上，女生的情感平稳度比较高，只要她们感兴趣，就会克服困难，努力达到提高数学能力的目的。

2.注重好的学习方法

在学习方法方面，女生比较注重基础，学习较扎实，喜欢做基础题，但解综合题的能力较差，更不愿解难题；女生上课记笔记，复习时喜欢看课本和笔记，但忽视上课听讲和能力训练；女生注重条理化和规范化，按部就班，但适应性和创新意识较差。因此，教师要指导女生“开门造车”，让她们暴露学习中的问题，有针对地指导听课，强化双基训练，对综合能力要求较高的问题，指导她们学会利用等价转换、类比、化归等数学思想，将问题转化为若干基础问题，还可以组织她们学习他人成功的经验，改进学习方法，逐步提高能力。

3.培养女孩课前预习，课后复习的习惯

女生受生理、心理等因素影响，对知识的理解、应用能力相对要差一些，对问题的反应速度也慢一些。因此，要提高课堂学习过程中的数学能力，课前的预习至关重要。教学中，要有针对性地指导女生课前的预习，可以编制预习提纲，对抽象的概念、逻辑性较强的推理、空间想象能力及数形结合能力要求较高的内容，要求通过预习有一定的了解，便于听课时有的放矢，易于突破难点。认真预习，还可以改变心理状态，变被动学习为主动参与。因此，要求女生强化课前预习，笨鸟先飞。

4.巩固基础，多做练习

女生数学能力差，主要表现在对基本技能的理解、掌握和应用上。只有在巩固基础知识和掌握基本技能的前提下，才能提高女生的综合能力。因此，教师要加强对旧知识的复习和基本技能的训练，结合讲授新课，组织复习；也可以通过基础知识的训练，使学生对已学的知识进行巩固和提高，使他们具备学习新知识所必需的基本能力，从而对新知识的学习和掌握起到促进作用。

5.增强女孩学习的自信心

在数学学习过程中，女生在运算能力方面，规范性强，准确率高，但

运算速度偏慢、技巧性不强；在逻辑思维能力方面，善于直接推理、条理性强，但间接推理欠缺、思维方式单一；在空间想象能力方面，直觉思维敏捷、表达准确，但线面关系含混、作图能力差；在应用能力方面，“解模”能力较强，但“建模”能力偏差。因此，教学中要注意发挥女生的长处，增加其自信心，使其有正视挫折的勇气和战胜困难的决心。特别要针对女生的弱点进行教学，多讲通解通法和常用技巧，注意速度训练，分析问题既要“由因导果”，也要“执果索因”，暴露过程，激活思维；注重数形结合，适当增加直观教学，训练作图能力，培养想象力。

对于女孩来说，最重要的不是逻辑思维能力，而是自信心。如果女孩能做到不管是学文科还是学理科，都相信自己没问题，并能认真对待，抓住每个学科的知识特点，合理安排自己的时间，制定适合自己的学习计划，并能认真实施，对女孩来说，学什么都不是问题。

» 自信是通往成功的第一步

自信心是美好生活的源头，缺乏自信心的人，即使她们有多大的潜力，多高的天赋，多么优越的条件，多么宝贵的发展机会，也是不会取得成功的。自信不仅赋予女孩积极乐观的生活态度，而且能使她的身心极大地激活起来，所以“成功源于自信”，孩子应该从小培养信心，尤其是在学习上，自信心能让你事半功倍。

所有的母亲都希望自己的孩子不同凡响，我工作的同事小李也不例外，每次到女儿青青的学校开家长会，小李都积极地去参加，想听到青青在班上名列前茅的喜讯，青青上完钢琴课或溜冰课后，小李总是盼望能听到老师对她的表扬。但是，结果往往令人失望。

当青青很小的时候，小李就认为她很有才气。

青青是个文雅的女孩，小李曾相信有朝一日她会成为体育冠军。可是，有一天青青从幼儿园回到家里大哭时，妈妈的希望破灭了。妈妈问她："出了什么事啊？青青。"

青青抽噎着说："老师说我短跑不行。"

于是，第二个星期，母女俩一起练短跑，青青领会了要领。可妈妈却再也不敢奢望她成为奥运会选手了。

在过去的几年里，小李常常鼓励青青什么都要试试，体操、滑冰、音乐。虽然她们还尚未显示出特殊的才能，但是妈妈小李却相信她的孩子是特殊的人，她一向鼓励孩子尽力发挥其所长。

青青的妈妈小李也常常回忆起自己的母亲，感到自己辜负了她的期望，每当青春妈妈把四门课是甲，一门课是丙的成绩单拿回家时，母亲总揪住那个丙不放，并质问她为什么只考了个丙。

当时的青青妈妈只是个孩子，对此感到愤愤不平，她逐渐长大时，才慢慢体会到了母亲是对的，自己没有尽自己所能。可她也知道母亲从不指望自己做一个佼佼者，只要求她尽力而为。在尚未发掘母亲所希望的那种潜力之前，青青的姥姥就病故了，她对轻轻妈妈抱有那么大的信心，以致青青妈妈也不得不猜想它的确存在，因而设法去发现它，她对青青妈妈寄予的厚望萌发了青青妈妈沉睡的自尊心。

现在轮到了青青，一天晚上，青青在与妈妈谈论她的学习成绩时说，"得到丙就够了。"她又说："谁说过我聪明，只有你一个人这样想。"

"不错，青青，"妈妈告诉她，"我的确这么认为，所以我知道你完全能够做得更好。"

青青听到这些话后，紧紧地搂住了母亲的脖子："妈妈你一直都相信我。"

结果，在下一次考试后，青青真的拿回一个甲。

在以后的人生里，青青用自己的行动告诉母亲，母亲的相信让她得到的不仅是她收获的自信，还有自尊，还有一个完美的人生。

每一位家长都希望自己的孩子取得成功，这就需要你给孩子的心灵注入自信的力量，其实让孩子变得更自信并不是什么很困难的事情，你只要从以下几个步骤入手，就完全可以让自己的孩子充满自信。

1.增加孩子的成功体验

培养孩子自信心的条件是让孩子不断地获得成功的体验，而过多的失败体验，往往使儿童对自己的能力产生怀疑。对比较年幼的孩子来说，他们缺乏人生阅历和生活经验，没有经历过人生的坎坷，没有生活的磨砺，缺少韧性，往往经受不起大的挫折。过多的失败，很容易摧毁他们对生活所抱的美好希望，而导致他们在自己心里建立失败者的自我形象。对那些自我形象不佳、学习困难的儿童，更要增加他们成功的体验。

家长应根据孩子发展特点和个体差异，提出适合其水平的任务和要求，确立一个适当的目标，使其经过努力能完成。如让他跳一跳，想办法把花篮取下来，从而在不断的成功中培养自信。切忌花篮挂得太高，而实际能力不及，连连失败，致使自信心屡屡受挫。同样，他们也需要通过顺利地学会一件事来获得自信。一个在游戏中总做不好的孩子，很难把自己看成是成功的人，他会减少自信心，并由此不愿再去努力，越是不努力，就越是做不好，就会越是不自信，形成恶性循环。成人应通过帮助他们，完成他们想要做的事来消除这种恶性循环。

适度的成功体验往往会提高孩子的学习兴趣，帮助他们形成成功者的自我认识，从而成为不断上进的动力源泉。因此，家长应该设法创设各种有利条件，使自己的孩子在早期经历中更多地体验成功。通过创立顺境，增加孩子对生活的积极美感，对未来生活的美好预期，更重要的是帮助孩子在内心建立美好的自我形象，形成和发展他们的自信心。

另外，对于缺乏自信心的孩子，要格外关心。如对胆小怯懦的孩子，要有意识地让他们在家里或班级上担任一定的工作，在完成任务的过程中培养大胆自信。

2.帮助孩子充分认识自身价值和潜力，发现自身的长处

自信心是建立在充分估价自己的基础之上的，因此让孩子认识不到自身拥有的潜力或低估自己都不利于自信心的确立。要增强孩子的自信心，必须帮助他们认识到自身拥有的巨大潜能和广阔的发展可能性，使他们深信：只要自己在某些领域的努力持之以恒，坚持不懈，就一定能做出比较突出的成绩，成为国家的有用人才。

如果一个人能在人生早期就认识到自己的潜力和优势，及早采取措施，扬长补短，努力挖掘，则就很有可能在某些方面有所成就。一个成功的家长所要做的，就是帮助孩子获得这方面的认识，使他们学会善于分析自己的长处和短处。同时，考虑到他们自身的特点，在保证孩子能够得到全面和谐发展的同时，针对孩子的特点和优势，帮助他们及早确立正确的奋斗目标和远大理想，用美好的前景激励他们形成顽强的自信心和奋斗精神。

3.帮助孩子建立合理的成功期望值

家长要针对自己的孩子的实际情况，帮助他们建立适合自身发展水平的合理的成功预期，教育他们不能好高骛远，眼高手低，这样可以避免孩子因期望过高而又难以实现从而遭受心理挫折。

父母应一方面教育孩子学好本领，掌握知识，为参加竞争打下好基础，积极准备参加竞争。另一方面应利用一切机会，如参加各种形式的考

试，体育比赛、画画比赛、知识竞赛、讲演会、小发明、小创造等，帮助孩子与同伴竞争，比试高低，这样既可以发现孩子的潜质也可以鼓励孩子做竞争的强者，以增强孩子的好胜心、必胜心，从中培养孩子的自信。

另外，年纪较小的儿童往往耐心不足，急于求成。还要帮助他们正确对待进步过程中可能出现的“反复”现象，做好应付失败的心理准备，使孩子不能只期望成功，更不能有过高过快的成功预期。

4.言传身教，帮助孩子树立自信心

在中外历史上，乃至学生的身边，都有很多天赋平平或身处逆境但不甘平庸，不屈服于命运的安排，顽强拼搏，终于取得成功的人。利用儿童、青少年崇拜英雄、模仿力强的特点，家长可以有针对性地从中选取具有深刻教育意义的生动事例介绍给自己的孩子，并注意引导、帮助他们得出正确的结论，为增强其自信心提供活生生的依据。

创设培养孩子自信心的环境，让孩子在潜移默化中“自信”起来。平时，遇事常对孩子说一些鼓励的话，“你一定能行，你肯定做得不错”。因为孩子自我评价往往依赖于成人的评价，成人以肯定与坚信的态度对待孩子，他就会在幼小的心灵中意识到：别人能做到的，我也能做到。老师、家长是孩子的效仿榜样，因此，在孩子面前更应该有自信心及乐观的性格，有魄力，自强，办事不怯懦。为孩子树立良好的形象，创设良好的精神氛围，也是形成孩子自信心的方法。

5.通过适当的挫折教育，加强孩子的自信心

成功与挫折是完全相反的一对范畴。在孩子的早期经验中，“成功”固然有助于建立自信，但是培养孩子自信心的目的之一，是为了帮助他们正确地面对挫折与失败，以使其能在以后的工作、生活中，不致因为一次

乃至数次失败而气馁。

家长要创设一定的情境，使孩子“品味”失败，使他们在成功和失败的交织影响中明白这样一个道理：挫折和失败是人生必不可少的一个组成部分，可怕的不是失败，而是失败后丧失斗志，一蹶不振。只有那些能够不断超越和战胜自我，具有不屈不挠的奋斗精神的人，才有可能取得最后胜利。

培养和增强孩子的自信心，可以通过上述任何一条途径来进行，但上述几方面存在着密切的内在联系，各种途径是相辅相成的。另外，要注意把握培养孩子自信心的“度”，防止不适当的教育把孩子从一个极端推到另一个极端。如果培养出来的孩子由于过度自信而骄傲自满，甚至狂傲无羁，这就从根本上背离了教育的宗旨。

» 充分发挥女孩的语言天赋

与男孩相比，语言天赋是女孩很早就显示出的天赋之一。由于大脑结构的优势，女孩通常能够比男孩更早、更生动、更流利地使用语言，通常男孩到4岁半才能讲清楚自己想要表达的内容，而女孩3岁时就能做到了。等女孩到了16岁，联系着大脑左右半球的神经纤维——胼胝体比男性大25%，这使她的左右脑半球交流更多，更容易用语言表达情感。甚至女孩大脑内负责语言和写作的区域也更活跃，所以女孩能使用更多词汇，写作也更生动、细腻。

在日常生活中，父母可以鼓励女孩回家说说学校里发生的事情，家长需要仔细地倾听她所说的每处细节，注意女孩叙述的条理性，以及用词是否准确，是否能够让没有亲身接触的人听懂。

细心地父母常常会发现，女孩在说话方面比男孩来得早，学得快，他们很早就会咿咿呀呀的“演讲”了。

这就是女孩很早就显示出来的天赋之一，由于女孩大脑结构的优势，女孩通常能够比男孩更早、更生动、更流利地使用语言，通常男孩到了4岁半的时候才能讲清楚自己要表达的内容，而女孩3岁就做到了。

表哥的女儿妞妞还没出生，在妈妈的肚子里的时候就开始接受双语教育，这也跟妈妈的工作有很大关系。因为妈妈是一位英语教师，生活中有一半时间说的是英语。因此，妞妞便受到了熏陶。

妞妞一岁的时候，就会咿呀学语了，虽然说不出完整的话，但是已经表现出喜欢听英文歌曲了，不管是电视里播放的，还是妈妈唱给她听的英文歌，只要一听到，就会立马停止哭泣或者放下奶嘴掉过头来寻找声源。

妞妞也非常容易在歌声中睡着，3岁的时候，妞妞就能用英语和妈妈交流了，对妞妞来说，说英语是一件非常容易的事情。

妞妞上小学的时候，语言天赋完全表现出来，她口齿伶俐，思维敏捷，多次参加学校举办的演讲比赛并获奖，有一次还参加了市里举办的英语口语大赛，获得了二等奖。在同学看来，妞妞平时并没有多么用功的学习，但每次都能取得好的成绩。其实则不然，在一次班会上，妞妞说："很多人都认为我妈妈是英语老师，我的英语好是理所当然，其实并不是大家想象的那样，大家都认为我有语言天赋，其实我课后也是下了很大的工夫，如果我不努力学习，不刻苦练口语的话，那仅有天赋又能怎么样。"妞妞的话道出了其中的真谛。

很多事实表明了女孩的确在语言方面上有天赋，但是如果自己不努力学习的话，即使有再大的天赋，也是徒劳，就像《伤仲永》那样，最后也是一事无成。

所以，成功=70%的努力+30%的运气，不经过努力和付出，是不会随随便便就成功的，所以，家长在培养孩子某种习惯的同时，也不要忘了，只有努力才能收获成功。总之，家长要注意最大限度地发挥女孩的语言天赋，使之成为她智力发展的强项。

女孩的天赋不仅表现在语言上，在文字表达，日常交际上也都是佼佼者。

同事的女儿婷婷是一个总能带给大家很多的欢笑和幸福。有一天，她和伙伴们去打网球，打了一会，莎莎来了，可是，原本双打的球场似乎多了一个人出来，于是，婷婷对莎莎说："莎莎，你替我打吧，打了好久，我有点累了。"说着还附赠阳光般的微笑。

于是，婷婷躺在草地上，莎莎拿起了她的球拍，兴高采烈地加入了比赛。她一定知道，婷婷的放弃是为了能让她参加比赛，她怎么不会因此而喜欢你呢？或许她没有说出来，但是婷婷肯定已经在她的好朋友名单上了。事实上，没有一个这样慷慨善良的人不会赢得旁人的尊敬和喜爱的。

看着你的那些拥有很多朋友的同伴，你就会发现，他们都是这种思想高尚的人，为了使别人快乐，他们宁愿牺牲自己的享受。友善待人，这才是交朋友的唯一途径。

也许有的小朋友察觉到自己不受欢迎，却十分想得到同伴的友谊，那么该怎么做呢？这里有一条屡试不爽的规则，尽自己最大的力量使别人快乐。为了别人的别人的快乐，要甘于牺牲自己的利益。当然是在不损害别人的利益，并且不违背自己原则的基础上的。

所以，我们说女孩的语言天赋，不仅表现在学习上，在日常生活的人与人之间的交流交往中，也发挥了很大的作用，从小培养孩子对语言的热情，再加上与生俱来的天赋，相信人人都是交际家。那么，对于那些性格内向，害羞的孩子来说，应该怎样提高交际能力呢：

1.鼓励孩子参加各种体育活动

体育是一种直接与人正面接触和竞争的群体活动。不论是棋类还是球类，不论是田赛还是径赛，它总是要有两个以上的人参与才有意义。更重要的是，体育活动不但需要智慧和力量，而且需要胆量。这胆量，正是人际交往所必需的一种要素。鼓励孩子经常参加各种体育活动，既有利于提高孩子的身体素质，有利于培养兴趣，也有利于提高交际能力。孩子一旦爱上体育，就会主动寻找对手，这种寻找，就是交际；合适的对手，往往就是友谊的伙伴。

2.经常与孩子一道外出旅游

利用节假日与孩子一起走出家门、走向社会、走向大自然，可以增长见识，陶冶性情，也可以培养兴趣、开放胸襟。旅游是一种开放性活动，交际也是开放性的，两者是相通的。

交际需要袒露自己，需要主动和热情，一个沉默寡言、性格内向、不爱活动、自我封闭的人，怎么会有很强的交际能力呢？在旅游中，有的要买车票、住旅馆、进饭店、购门票，假如家长有意识地要孩子去做这些事，那么，孩子就可以直接接触到一些新的对象，了解新的交际内容，旅游结束，见识广了、谈资多了，这又给以后的交际增加了话题。

3.有意识地要孩子进行购物

可以根据孩子的年龄大小，有意识地要他们进行小件物品的购买活动。年龄较小的，八九岁的，可以叫他们买油盐酱醋；年纪稍大的，十四五岁，可以叫他们买鱼、肉、米、煤等，也可要他们买自己穿用的鞋、袜、手套之类。家中有什么旧报纸、旧衣服、空酒瓶等，可以叫他们去收购站卖。商品交易是人际交往中的一种特例。在交易中，它可以接触到各种各样的人，有利于丰富交际对象和加深对人的了解和认识，从而提高自己的交际能力。孩子由于缺乏经验，在初次交易中可能会吃亏或出现差错，对此，家长不要过多指责，以免影响他们交际的信心。

4.有意识地要孩子独自做客待客

到同学或邻居家去串门，到亲戚家去做客，让孩子独自去，这都是锻炼孩子交际能力的机会。串门做客，需要寒暄和问候，也需要交谈和有关礼物的收送。与家长一道去，孩子是附带的，不用应付，没有压力，应酬的主角是家长。让孩子一个人去，自己成了主角，与对方的一切接触都得由自己来应酬，这无疑把孩子推到了前线，促使其考虑如何交际，家里来了客人，有时不妨让孩子去接待，特别是与孩子年龄相仿的客人或朋友，家长千万不要包办代替。

5.有意识地训练孩子的说话能力

有人说，口语是社会生活的入场券，这话是很有道理的。交际能力的核心是说话能力，因为交际的最直接形式是说，不会说，说不好，怎么交际？会说，说得巧，答得妙，其交际成功的可能性自然就大。家长可时常出些模棱两可的辩论题与孩子辩辩；也可故意提出一些不正确或片面的观点，让孩子据理反驳；对孩子平时话语中的差错，家长也可作必要的挑剔，帮助其认识。平时，也要鼓励孩子参加演讲赛，鼓励孩子上课或开会时积极发言。

» 激发孩子的求知欲

每个孩子都有很强的好奇心，他们对于出现在自己面前的新事物会有很强的求知欲。关键在于我们如何去发现，去调动。有的时候枯燥乏味的学习方法让孩子失去了兴趣。所以，家长要积极地调动孩子的学习兴趣，激发孩子的求知欲望。

一天，我表姐正在包饺子，5岁的小外甥女心怡坐在小凳子上看着。她忽然问妈妈：“星星是从哪儿来的？”妈妈没有急于回答，而是让心怡好好想一想。心怡出神地注视着妈妈揉面的动作：揉面、揪面团、擀面饼、包菜馅……

看了好一阵子，心怡突然说：“我知道星星是怎么做出来的了，是用做月亮剩下的东西做的。”

表姐听了先是一愣，然后特别激动地亲吻了女儿的脸颊：“宝贝，你的想象真的很奇特。”吃过饭后，妈妈便给心怡讲起了女娲补天、嫦娥奔月和星星的故事……

在现实生活中，孩子的“奇思妙想”常常会遭到成人的打击——“星星本来就有的，有什么好想的，快点去看书吧”，“你就会想这些乱七八糟的东西”，“你去看看书上是怎么写的呀”……

就这样，父母在不知不觉中将孩子引入一个不需要想象、只需要记忆的世界。最终，这些孩子也变得和大多数大人一样，只会重复前人的知识与技能，不会突破与创造。所以，如果您想让孩子的想象力丰富，就一定要善待孩子的“奇思妙想”，满足她的求知的欲望。

很多孩子从小就表现出来对某些事情的强烈的求知欲望，就是因为“不切实际，不靠谱”而被家长扼杀在摇篮里了，其实，这些正是孩子对自然现象的求知欲，家长应该耐心地给孩子讲解，而不是打击孩子对知识的渴求。

我表哥家的孩子家宝从小就表现出十分强烈的求知欲，对什么都有兴趣，无论走到哪里，她都喜欢这儿摸摸，那儿看看。每次去动物园，家宝就会不停地问爸爸：“树叶为什么会有这么多呀？”“鸵鸟为什么不会飞呀？”“企鹅为什么要生活在寒冷的地方？”“大熊猫为什么是国宝呢？

孔雀这么漂亮，它也是国宝吗？”她只要开口，就会先问个“为什么”，爸爸常常被她问得不耐烦地说：“烦死人了，你真是个大麻烦。”家宝还是会穷追不舍，“爸爸，什么叫麻烦？”问得爸爸哭笑不得。家宝不停地发问，弄得家里人都不敢带他出门了。

当可爱的小宝宝呱呱坠地，可爱的孩子蹒跚学步、咿呀学语时，父母都为之惊喜不已，可是随着孩子慢慢地长大，父母对自己的孩子也渐渐地失去了原先的关爱和耐心。当孩子常常缠着父母问问题或是要求讲故事时，这正是孩子兴趣的表现。

如果父母粗暴地以一声“烦死了”加以拒绝，对孩子的求知欲无疑是一次沉重的打击。在孩子有兴趣时，父母如果加以拒绝，以后即使设法弥补，恐怕也难以奏效了。作为孩子的父母，我们应以敏锐的目光捕捉住藏匿于孩子身上兴趣的火种，并精心呵护，让星星之火燎原。

儿童的天性是好学好问的，对周围的事物都感到新鲜有趣，上至云电风雨、日月星辰，下至海洋生物、河流山川，他们什么都想知道并且认为家长什么都知道。于是从会说话起，就不管家长有事没事，缠着提些稀奇古怪或被家长看来根本就不值一提的问题，家长对孩子提出的这些问题一定要正确对待，切莫等闲视之，甚至批评不该提这有时连大人也说不清道不明的问题。实际上这种好奇好问的天性说到底就是一种渴求知识欲望的“幼芽”，且这株幼芽是十分娇嫩和脆弱的。如果家长能精心保护、耐心教育、科学地为之“施肥浇水”，“除草灭虫”，就会呈现出勃勃生机；如果保护不当，就会使之遭到摧残、甚至被扼杀。

和孩子交朋友，家长与孩子建立和谐、融洽的亲情关系和朋友关系，使孩子敢于在你面前敞开心扉、无拘无束、毫不保留地把内心世界展示出来，然后家长才能真正地透过孩子的表情、眼神、姿态、动作来窥探孩子内心的秘密，知道他想些什么、干些什么以及为什么这样想、这样干、家长的首要任务就是要不断培养孩子的创造性。

开阔孩子的视野，激发求知欲，思索始于惊异，有计划有目的地引导孩子多走走、多看看、多感受变幻莫测的自然风光，五光十色的艺术品，扑朔迷离的社会生活。这样不但可以满足孩子的好奇心，而且可以激发孩子的求知欲。

用表扬唤起孩子的求知欲，在教育孩子的过程中，应经常为孩子提供或创造获得成功的机会。诸如提些简单的题目让孩子思考，安排些力所能及的活动让孩子操作，使孩子从中尝到成功的欢乐。

把孩子引进书的世界，书本是孩子认识、了解世界的又一个重要的窗口，家长在引导孩子通过这个窗口认识世界时，应选择符合孩子兴趣爱好的书，以培养孩子对书本的兴趣。在此过程中，家长千万不可操之过急，否则只能引起孩子对书本的厌恶。

做孩子的榜样，自古以来人们常说孩子是父母的一面镜子，对父母的一言一行、一举一动都会有意无意地去模仿，因此家长要培养孩子的求知欲，自己必须先做出样子，这是教育孩子的一条捷径。

当孩子对某些事物表现出极大的兴趣的时候，家长应该积极鼓励孩子探索，保护孩子的求知欲，并激发他们的积极探索。

第四章　家长篇

父母的爱伴随孩子成长

孩子最需要妈妈做什么

在孩子的眼中，父母就是他们最初的偶像，他们会以各种方式模仿他们最为崇拜的父母。父母在很大程度上会左右孩子成长为一个什么样的人。在孩子最需要父母关爱的时候，陪伴在孩子身边，让爸爸妈妈的爱伴随着孩子成长。

» 多给孩子鼓励的喝彩，少些不满的嘘声

在孩子成长的过程中，常常会犯很多的错误，大部分家长都会怒火中烧，而且，怒火中烧的程度是随着孩子的年龄而逐步增长的。在孩子小的时候，学会一点点本事，家长都会欣喜若狂，为孩子的进步鼓掌高兴。但是随着孩子年龄的增长，对孩子的要求也渐渐提高了。

第一个分水岭是孩子上幼儿园后，身边有同龄的小朋友做参照，家长对孩子的态度也发生了微妙的变化。很多家长会对孩子说："你怎么就是学不会这个呢！我说了多少遍了！你怎么就记不住呢……"这时候，你可能会伤了孩子的幼小的心灵。所以，在发生类似情况的时候要家长耐心地等待孩子每一点一滴的进步，真的需要家长有非常好的心态和极高的涵

养。很多孩子会受到越来越多的责骂，但是，责骂解决不了任何问题，孩子还是老样子。对于大人，批评可能是促进我们成长的一个方式，然而，对于孩子幼小的心灵来说，他们不懂得生活的粗砺，生活对他们来说，就是探索，他们要在这个并不熟悉的世界上，一点点的学会，一点点的接受。如果家长用过高的标准来要求孩子，没有鼓励，没有表扬，只有批评，孩子会渐渐丧失探索的兴趣。鼓励有的时候也是一种信任，孩子不愿意辜负信任他的人，为此会调动自己所有的能量，让自己符合信任者对他的鼓励。

我一个远方亲戚家的孩子佳佳学东西总是比别的孩子慢半拍，为此，她的爸爸妈妈非常苦恼。佳佳上小学了，就当爸爸妈妈都认为佳佳不会有什么好成绩的时候，佳佳却带回了一张100分的试卷。这是一张100分的数学测验的卷子，上面被老师画满了红色的勾勾。

“这是你的卷子吗？”爸爸吃惊地问。

“当然是我的，上面有我的名字啊！”佳佳自豪的对爸爸说。

“佳佳真不错，告诉妈妈你是怎么考出好成绩的？”妈妈问道。

“老师讲课的时候我经常听不太懂，所以下课之后同学们都出去玩，我就把不懂的地方拿去问老师，老师再给我讲一遍，我就全懂了！做作业的时候如果有不会做的题，我就把老师讲的课再复习一遍，不会做的题也会做了。所以考试的时候那些题目我都会做，就考了100分了。”佳佳高兴地对妈妈说。

听了佳佳的话，妈妈的眼圈一下子红了，虽然自己的孩子不算聪明，却是如此的好学和努力。

“佳佳真努力，是我们的好孩子！”妈妈含着泪说。

有一个当老师的朋友曾经告诉我，在一个学校或者班级，通常有两种学生最受老师的喜爱：一种是非常聪明而又非常努力，从来不因为自己的聪明而骄傲自满的；另一种是不算聪明却非常努力，从来不为自己的不聪明而自卑的。由此可见，努力地孩子到哪里都是受欢迎的。

作为父母，应该赏识孩子的勤奋和努力，对他们的努力给予最热情的支持和鼓励。不要因为自己孩子的不聪明而气馁，而应该为孩子的不努力而担心。始终记住一句话："所谓天才，是百分之一的聪明加上百分之九十九的勤奋！"很多情况下，父母应该故意淡忘孩子的聪明，而重视孩子的努力，并把这种理念传递给孩子，让他们觉得只有努力才能获得父母的认可和夸奖，进而逐步明白一个道理：聪明往往只能决定一时的成败，而努力则决定了一世的命运。

当孩子在学习或其他方面取得优异的成绩时，不要把这个成绩归功于孩子的先天优势，而是把关注点集中在孩子后天的努力上。应该告诉他："成绩真不错，这都是努力学习的结果！"

当孩子通过自己的努力做好了一件事情后，父母应该这样赏识和赞扬他："真是个努力的好孩子！"

我的朋友小张是少年宫的围棋老师，这段时间，她正在教一批新学生下围棋。在这批孩子中，有一个叫小刚的小男孩，他学下围棋非常刻苦，虽然刚开始入门的时候比较慢但后来慢慢进入了状态，下的越来越好了，她觉得这个孩子很有潜力。

可是，小张发现小刚已经两个周末没来学围棋了，她感到非常奇怪，于是拨通了小刚家里的电话，接电话的正是小刚。

"小刚，这两个周末怎么没来学围棋呢？"

"妈妈不让我去学了。"小刚轻声地说。

"为什么突然不让你来呢？家里有什么事吗？"

"没什么事，因为妈妈觉得我学得不好，再学下去也是耽误时间。"

"怎么会呢，你学得很努力，进步也很快，妈妈为什么会这么说呢？"

“每次我学完回家，妈妈总让我和她下棋，输了以后，就说我学的不认真，一点进步也没有，就不让我学了。”

挂上电话，小张为小刚的妈妈感到悲哀。她很可能扼杀了一个未来的围棋冠军，或者说是扼杀小刚的兴趣爱好，如果什么事情都按照家长的思维去做，而不去征求孩子的意见，不管孩子喜欢不喜欢，就一味地给孩子报各种兴趣班，家长的出发点是好的，但是有没有问孩子究竟对什么感兴趣呢？

无视孩子的兴趣，仅仅是因为孩子没有达到“最佳”或自己心目中理想的标准，就全盘抹杀孩子的成绩，这是对孩子的一种伤害。也许在无意中，会因为父母过高的期望而葬送掉一个科学家或艺术家。

孩子在学习或者生活中，总会有一些让父母不满意的地方，成绩没有别人好、做事没有比人快、脑筋没有别人聪明，但是，孩子一直在进步，这才是最重要的。

应该珍视孩子的进步，在孩子看来，只要自己取得一点点进步，父母就应该是高兴，就应该表扬自己。可是有的父母不会站在孩子的角度看问题，总是用大人的标准要求孩子，因而孩子很多时候很难达到父母的要求。这样一来，孩子就很难看见自己的进步，就会产生自己没有用的想法，从而失去前进的动力。

“妈妈，我今天跳高得了第一名。”乐乐高兴地对妈妈说。

“和谁比赛的啊？为什么要跳高啊？”妈妈淡淡地问了一句。

“今天上体育课，老师让我们比赛跳高，我是跳的最高的，老师夸我有运动天赋呢。”乐乐的脸上带着得意的笑容。

“哦，知道了。今天有作业吗？赶快去做作业吧！”妈妈好像没有听到乐乐说的话。

听到妈妈这么说，乐乐非常失望，闷闷不乐地躲进了自己的房间，他不明白为什么自己比赛得了第一名，妈妈却一点也不高兴，更没有夸奖他。

在现实生活中，父母们常常在孩子不需要关心的时候，给了孩子过分的呵护，而当孩子需要父母赞扬和鼓励的时候，却因为害怕孩子骄傲而故作冷淡。

每个孩子希望获得家长，老师的认同，尤其是来自父母的肯定，孩子通过自己的努力，在学习或者比赛中取得好成绩，这是多么值得父母赏识的事情！这时候，父母应该为孩子感到高兴，应该及时给予热情的赞赏和鼓励。

» 多和孩子交流，谈论避讳的话题

不论是男孩还是女孩，身边最近亲的人就是妈妈。随着孩子一天一天地长大，身心都渐渐独立。这时，与子女的交流沟通也成了一件既重要又困难的事。关爱孩子，与孩子沟通对于帮助孩子成长是十分重要的，妈妈要经常和女儿谈谈心，和儿子聊聊天，随时掌握孩子们的心理状态。

同事小马家的女儿今年15岁了，用小马的话说15岁的孩子已经有心事了，如果这时候家长不好好把握的话，孩子很容易走错路。但同事很庆幸的说："还好我和我女儿之间没有隔膜，我们完全可以做到像好朋友那样去聊天，甚至是闺蜜，我们可以互相倾诉自己心中的小秘密。"

小马说："我之所以和女儿相处的这么好，没有代沟，我想一半原因是因为我的女儿对我真诚坦白，另一方面是我对她也比较信任。在交友问题上，我也会尊重她的选择，每次她和同学出去玩，她都会主动地告诉我去了那里玩，和谁去玩，玩了什么好玩的。在学习方面，我也绝对信任他，我不会每天去查她的作业，翻她的成绩单，她很小的时候，我就告诉他，学习是自己的事情，应该自己安排。事实上，在这方面我也没有操太多的心，她能够自主学习，我想，在一定程度上，我的信任激发了她自主学习的动力吧。”

“哦，对了，还有一件事让女儿更加信任我，而更愿意和我做朋友。”小马忽然想起了什么。她说：“有一次，女儿放学回家，心情不太好，好像哭过了，我虽然心里很着急，但是我知道自己不能堂而皇之的去问女儿发生了什么事，就只好声东击西，假装没看到女儿的心事，自己在那不停的说笑着，和她说单位今天发生的事，讲讲看到的好玩的笑话。这时女儿终于忍不住了，哭了出来，跟我说了今天学校发生的事，原来女儿最好的朋友因为一件小事误会了她，女儿觉得很委屈，就哭了。我一听，马上安慰女儿：“朋友间最重要的是相互信任，有什么事敞开心扉，说开了就没事，经我这么一劝，女儿也破涕为笑。”

妈妈怎样能和孩子心平气和的像朋友那样去交流呢：

首先要信任孩子，举个简单的例子。一次，亲戚家的孩子考试没考好，就隐瞒了考试这件事，作为父母内心肯定是生气的，但他们没有直接指责他，而是耐心等待，希望孩子能自己把这件事告诉他们，一直到第二天晚上，孩子把自己考试没考好的事告诉了父母，爸爸妈妈首先对他能敢于承认错误、对他的诚实表示赞赏，同时也与他讨论了这件事的错误所在，并且告诉他做错事，有勇气面对，并加以改正就是好孩子，这件事给很多家长一个启示，如果当时指责孩子，孩子以后做错事肯定不愿告诉家长，必将造成双方的隔膜，导致孩子不愿和家长交流。

住在我们小区的两个孩子，8岁的小珊和10岁的小佳一起从学校回到家。小珊很快就走到了自己的房间，可小佳却跑到妈妈那里说：“看，我又得了100分。”妈妈看着成绩单，非常满意，夸奖了小佳一番。“小珊在什么地方？我想看看她的成绩单。她考得一定很差吧？”这时候小珊正准备去玩，妈妈就叫住了她，让她把成绩单拿来看看。果然，小珊的成绩很不理想，妈妈非常生气的大声说道："你为什么不能像姐姐一样，就是因为你不太用功，不许出去玩，回自己房间做功课去。"小珊非常沮丧的走回到自己的房间，她受了妈妈的一顿斥责，感到自己很没面子。

两个孩子，尽管学习上有一定的差距，但是孩子也是用心了，妈妈不能要求过高，尤其是拿两个孩子来比较。这样，弱一点的孩子很容易自尊心受挫。合格的妈妈应该主动帮助差一点的孩子寻找原因，并让姐姐帮助妹妹一起进步。并鼓励孩子说："妈妈相信你下一次一定能考得好。"

其次，要与孩子建立平等的朋友关系，建立民主的家庭气氛。允许孩子有自己的意见、见解，给孩子正面的鼓励，父母做得不对时，要向孩子道歉，平等的关系有利于父母与孩子的沟通与交流。家长在听取孩子意见、尊重孩子的权利方面是比较注意的。比如说，有的家长，孩子在小学升初中、初中升高中，所有的志愿都是由孩子自己来定。因为你尊重了孩子，孩子才可能对自己负责，真正的教育是自我教育。家长也希望与孩子互相学习，共同成长。碰到事情跟孩子商量，把事情的决定权交给孩子自己。听女儿喜欢听的音乐，看女儿喜欢看的电影，向朋友一样与女儿拉近距离，使自己不至于古板到与女儿没有共同语言。

再次，建立孩子的自信心也是孩子成长的关键。孩子在学习过程中难免有失误的时候，这时最需要的就是父母的关爱与鼓励，如一次考试不理想，父母如果对孩子做出消极的批评或语言上的伤害，会对孩子造成反面影响，而用积极地语言去肯定鼓励孩子，告诉他你很优秀，如果付出同样的努力，你一定会取得更好的成绩，孩子的学习热情就会被激发出来，对学习也会有信心。

孩子的世界越来越大，家长总想了解孩子的一切，其实是不可能的。家长小时候也有自己的一些"秘密"。但允许孩子保留自己的一些"小秘密"，家长难免不放心，孩子也有可能以此为借口，有些应该向家长说明的事却保留起来，因为孩子有些时候还是不能完全辨明是非，但权利方面却是越来却强烈，世界的复杂是肯定的，但孩子的认知是不完全的。

很多青春期的女孩子都有自己的“小秘密”，有的时候她们不想对人倾诉，就把它写在日记里，偷偷地放在抽屉的最下面。但是很多好奇的家长不经过孩子允许就偷看她们的日记，看完之后还大为恼火，认为孩子做了什么“不该做”的事情，马上去找孩子对质。其实，这个时候，孩子会觉得自己的隐私被曝光，觉得自己不被尊重，很容易做出极端的事情，产生叛逆心理，妈妈越不让做什么，我就偏偏要去做。所以，家长在处理孩子的小秘密的时候，尽量给孩子空间，很多孩子自己能把握的事，家长最好不要参与，如果觉得孩子处理不好的事情，也要婉转地告诉孩子，不能直接上来就说，“你日记里的谁谁，怎么回事啊？”这样做，即使你是为了孩子好，她也不会感激你的，因为你不尊重她，偷窥了孩子的隐私。所以，家长在这方面的做法要得当。

只要用心，用爱去对待每一件小事，在沟通上会有新的途径和方法，妈妈将是孩子最好的老师，最亲密的朋友。

» 乐观的妈妈培养出乐观的孩子

乐观是一种性格，更是一种品格。乐观的性格有助于增强孩子克服困难自信心，有助于孩子的健康成长。因此，妈妈要多为孩子营造乐观的生活和学习环境。帮助他们塑造乐观的生活态度和品格。

孩子出生后，和妈妈的接触时间最长，所以妈妈的一言一行都会影响孩子的成长，乐观的妈妈培养出乐观的孩子；整天唉声怨气，怨天尤人的妈妈，孩子的心理也会受到影响。所以，为了孩子能健健康康的成长，妈妈就和孩子一起努力吧。

妈妈在教育孩子的过程中，自己首先要做乐观的人。每个人在工作、生活中都会遇到各种困难，妈妈如何处理困境会直接影响孩子的做法。

我的朋友海蓝是名国家公务员，每天的工作繁忙而琐碎，回到家总和丈夫抱怨："我们办公室的小王太懒了，每天都找借口把工作交给别人去做。"

"我们主任太偏心了，有什么好事只告诉小李，肯定是和小李的关系不一般。"

夫妻俩的谈话让女儿小雨听见了，小雨似乎还对妈妈的办公室很感兴趣。

这时候，小雨的爸爸也随声附和："我们单位的小张也是这样，没事就给领导献殷勤，端茶倒水的，看到那样子就恶心……"

在这样的环境中长大，小雨从小就开始评论别人了："老师喜欢漂亮的小朋友，不喜欢我。老师偏心。"

一天，小雨把妈妈买回来的礼盒打开了，吃了几块里面的糕点。妈妈回来一看，小雨吃得正香呢，气的一把拉住小雨"谁让你吃了，这是买来送领导的，全让你破坏了。"小雨哭了起来，说："你和爸爸天天回家议论别人，难道你不怕别人也回家议论你吗？"妈妈一听，觉得不太对，这些事孩子都知道。于是妈妈开始反省自己，不应该当着孩子的面说这些，给孩子带来的坏影响。

从那以后，妈妈在家里，很注意自己的一言一行，生怕自己说错什么话对孩子造成坏影响，而是报以微笑，她要在孩子面前做一个乐观开朗的好妈妈。

孩子的个性以及对待生活的态度，是在父母的影响下一点一点地培养起来的，父母用悲观的态度看待生活，那孩子肯定不会看到生活中阳光的一面。如果父母总能在困境中看到希望，那再大的困难在乐观的孩子面前也会显得微不足道。

乐观是成功的催化剂。乐观的孩子总认为自己是幸运的，即使遭遇挫折，他还是坚信自己有能力改变现状，他们会拿出自己最好的状态跟挫折做斗争，直到把挫折打败。因此，乐观的性格是孩子应对人生中悲伤、不幸、失败、痛苦等不良事件的有力武器。

我的一个朋友，在教育孩子方面还是很有自己的方法的，一次朋友和我说儿子小星刚从学校回来就闷闷不乐地进到自己的房间，并把房间的门关上。妈妈感觉他不对劲，便在吃晚饭时问小星：

“小星，今天学校有什么高兴的事呀？”

“没有高兴事，但是有伤心事。”小星不高兴地回答。

“为什么呀？什么伤心事，能告诉妈妈吗？”妈妈问道。

“今天老师让同学们选一个人当班长，同学们大多数都选了高越，只有少数的几个人选了我！”小星伤心地说。

“大多数同学选高越做班长，说明高越身上优点比你多。你要向他学习，然后比他更积极地表现，说不定下学期，同学们都选你了！”妈妈引导小星。

“可是，我现在就想当班长！”小星有些着急了。

“现在你在同学们中间没有太大的威信，就算你当了班长，同学们也不会服你的。如果你用这段时间好好表现自己，下学期不要说班长，而且还会被评为三好学生呢，你说是不是？”妈妈问道。

“嗯，好像是。”小星同意了妈妈的看法，开始高兴地吃起饭来。

妈妈一定要注意观察孩子的情绪，只要孩子愿意与妈妈沟通，妈妈就要引导孩子把心中的烦恼说出来。这样，烦恼很快就会消失，孩子也会恢复快乐。当然，妈妈也可以帮助孩子克服一些困难，教给孩子以正确的态度和措施来保持乐观的情绪，这些都是促使孩子摆脱消极情绪的好方法。

很多孩子从小就养成了积极乐观的态度，遇到事情不是干着急，束手无策，而是有条有理的去分析，想办法解决问题，如果你问他为什么这么乐观呢，我想他会说："因为我有一个乐观的妈妈。"

我认识的一位小朋友，在一次聊天的过程中对我说，"有一次，他的语文考了70多分，是有史以来考得最低的一次。他急坏了，心想：这下完了，这么低的分数，要是被妈妈看见了……"最终，他怀着忐忑不安的心回家了，把考试的情况告诉了妈妈，出乎意料的是妈妈不但没有责备他，反而一起和他找错误的原因。

妈妈笑盈盈的拉着他坐下，说我们一起找找原因吧。接着就把考卷上有错误的地方都分析了一遍，还在纸上做了记录。第二天早上，孩子上学时候，妈妈还叮嘱他，要专心听课，善于请教，果然，在经历了一次考试后，他的学习成绩渐渐提高了。所以，我的这位小朋友把的成绩提高的原因归功于妈妈，"要不是妈妈鼓励我，我可能自卑的不敢考试了，这样下去，成绩只会越来越糟糕。是妈妈乐观的性格鼓励我，即使是失败了，只要肯努力，也能重获成功。"

是的，乐观的妈妈培养出乐观的孩子，母亲要做出好榜样，让孩子看的积极乐观，阳光向上的一面，那么，她的性格也会和你一样，乐观向上，在孩子今后的成长道路上，即使遇到再大的困难也会迎刃而解。

» 妈妈是孩子的榜样，要以身作则

家庭是孩子成长的第一环境，也是重要的生长环境，可能会伴随孩子的一生。孩子见证了父母的行为处事，视父母为偶像的孩子也会模仿他们的行为语言，几个月大的孩子就开始跟着父母咿呀学语，一岁左右蹒跚学步，孩子学会了说话，走路后，其说话的语调，走路的姿势都有父母的痕迹，这一点在孩子的身上体现的尤为明显，特别是孩子从出生到慢慢懂事的一段时间内，大多数的时间是和妈妈在一起的。所以，妈妈要注意自己的一言一行，以身作则，给孩子做个好榜样。

记得很久以前，电视上经常播放这样一条公益广告：小男孩看到妈妈下班后，拖着疲惫的身体到家，还给姥姥端水洗脚，这一行为在幼小的孩子的心里定格，于是在一个雨天，妈妈下班后，连走路都不稳的小男孩也学着妈妈端了一盆水，轻轻地对妈妈说："妈妈，洗脚。"这条广告，不知感动了多少人，正是因为妈妈以身作则，给孩子做了好的榜样，孩子才能学着妈妈的行为，出现了这感人的一幕。

还有一个故事，妈妈带着孩子去朋友家做客，孩子很没礼貌的进屋东翻西看的，阿姨问他要吃点什么，小孩子倒也不客气，要这要那的，妈妈在和阿姨聊天的时候，也很没礼貌的插嘴接话，妈妈觉得孩子太没礼貌了，让自己很没面子，就赶紧带着孩子离开了朋友家。

路上，妈妈一边走一边教训孩子："我的脸都让你丢尽了，来的时候是怎么吩咐你的，见面要问阿姨好，不能乱动别人家的东西，不要随便接大人的话茬，你怎么一件都没做到。"

孩子这时也理直气壮地说："我这都是跟你学的啊，你在奶奶家不也这样吗？"

妈妈听到孩子这样说，脸嗖的一下就红了，原来自己平时的所作所为，孩子都看在眼里呢！

是的，家长的行为对孩子的影响是深刻的，孩子和妈妈待在一起的时间最长，很习惯的会模仿妈妈的行为举止，孩子在小的时候，没有辨别是非的能力，妈妈做的事，总是认为对的，那么，妈妈做的真的是对的吗？

孩子的习惯和个性养成，主要在家庭完成。妈妈不要以为到了学校，老师会重新塑造孩子。实际上，学校在孩子行为模式、性格培养上只起辅助作用，这些应该是家庭的主要责任，是妈妈的首要责任。因此，妈妈要担当起对孩子品格、道德、习惯培养的责任。

孩子小的时候，没有对错意识，没有好坏之分，妈妈的行为对他来说都是对的，自己也应该照妈妈那样去做。所以当自己处在一个特定环境中，孩子也会表现出妈妈那样的言行。这一旦形成一种固定的认识，是很难改变的。

妈妈一定要注意自己的言行，时刻记住孩子在看着自己，不能给孩子纯真的心灵涂写污点。要把一切好的品行表现给孩子，让孩子看到世界最美好的一面，把正直、善良、坚强、勇敢、乐观、积极进取、守信用等良好品行传递给孩子。

小毛的妈妈平时做事很马虎，总是丢三落四，不是忘带钥匙了，就是把文件、钱包等弄丢了，经常要麻烦爸爸帮忙。小毛有时候也会出现这样的问题，什么事都不太放在心上，出问题了就找妈妈。

妈妈看到孩子这个毛病，反省了一下自己的行为，认为孩子可能都是跟自己学的，决定改掉自己的毛病。每次逛街、办事等，妈妈都要什么事都考虑清楚了，东西检查带全了才离开，有意识改掉自己马虎的毛病。在妈妈的影响下，小毛也逐渐不再马虎了。

俗话说：孩子是父母的镜子。妈妈的行为习惯，直接影响孩子的行为习惯，妈妈能从孩子身上看到自己的影子。所以妈妈要时刻反思自己的行为，发现不当之处马上改正。

妈妈怎样做，才能给孩子树立一个良好的榜样呢？

1.妈妈要具备良好的行为举止

做一个善于倾听、和蔼可亲、品行端正、认真负责、幽默乐观的妈妈，才是一个合格的典范，才是值得孩子模仿和学习的榜样。如果妈妈不具备这些素质，就要不断学习，提高自己的知识和修养，规范自己的言行举止。

2.妈妈良好的品行要让孩子看到

家庭应该是开放的，妈妈的行为处事，特别是一些好的、对孩子品德有启发的行为，要让孩子看到，这样孩子才能接收到这方面的信息，并且耳濡目染，潜移默化，逐步内化为自己的行为标准。

妈妈的良好品行，可以在生活中自然地展现出来。对于需要孩子明白的道理，妈妈可以通过设计具体的场景，自己去做，让孩子看到，从而达到不教之教的目的。

3.妈妈不要对孩子命令、说教

孩子由于年龄小，心智还不够成熟，不可能用理性去分析，妈妈讲一些大道理，孩子是很难理解和接纳的，仍然会按自己的一套去做。

住在我们家楼上的小惠特别爱美，常让妈妈给她买漂亮的衣服、好看的鞋子。小学五年级时，小惠开始学大人化妆。妈妈发现，她很在意外在形象，不怎么用心学习了。

妈妈给她讲道理，申明学习的重要性，提醒她别太关注服饰化妆，毕竟还是个孩子。但妈妈的说教，小惠完全没放在心上。一天，妈妈问她："你的理想是什么？"小惠说："我想上北京服装学院，学服装设计。"妈妈知道，她是羡慕做时装设计的表姐。

第二天，妈妈请来了表姐，也跟表姐说明了女儿的现状。希望她能让视表姐为偶像的女儿能有新的认识。表姐领会后，和小惠谈了一次心，讲述了她当年努力学习的事。表姐说："爱美之心人皆有之，但是要在适当的时候，你现在还小，主要任务是学习，如果不好好学习，就算将来你想考服装学院，你能考得上吗？”“所以你要知道目前的重点就是以学习为主，适当的追求美，只要不过分，相信妈妈是不会责怪你的。”小惠听后，马上惭愧了。表姐告诉她，如果文化课成绩不好，要想考上服装学院，肯定不行。这次谈心后，小惠变了，虽然她还是爱打扮，但是她更爱学习了。

妈妈对孩子的一些不当行为，应该及时发现，加强引导。命令、说教通常不会起到应有的作用，只有深入孩子的心里，用一种孩子容易理解和接受的方式，妈妈的教育才能取得好的效果。

» 妈妈做错了，也要向孩子道歉

童话大王郑渊洁曾说过这样一句话：“家长在感到与孩子沟通困难时，有没有想过自己是不是把孩子放在与自己平等的位置上交流。如果在大人眼里，孩子与其是平等的个体，那么当大人做错了事就要大胆地向孩子认错。”

有一次，堂姐带着我那可爱的小外甥来我家做客，吃完饭我准备洗碗的时候，考虑到剩饭剩菜放到第二天就坏了，所以就把剩下的少许饭菜倒进了垃圾桶里。正当我往垃圾桶里倒的时候，被表姐家的小外甥看到了，他说：“小姨，老师告诉我们不能浪费粮食，农民伯伯种粮食很辛苦，我们花钱买粮食也很贵的，你这样做事浪费，是不对的。”

孩子这么一说，我感觉脸上一阵发烫，长这么大，还没让这么小的孩子说过。我反驳道：“这些饭菜剩下了，就算不把他们倒掉，明天也会坏掉的，吃坏东西，是要生病的。”

“那你不会按照每个人的饭量来做吗？反正老师说浪费是不好的行为。”

“嗯，小姨错了，不该浪费粮食，小姨下次一定改正。”我被弄得很尴尬，只好道歉了。

小外甥当即笑了起来，神情中有一股干了大事的成就感。

做错了事就应该像孩子道歉，这种行为不应该受到年龄、身份的约束，每个人都是一个独立的个体，在这一点上，大家都是平等的。犯错误并不是件丢脸的事，家长也不会因为向孩子道歉就矮了一截。每个人的认识能力都有限，可是未知的世界时无限的，要想不断成长，关键是要正确地认识错误，敢于承认错误，及时改正错误。家长要想教育出好孩子，一定要勇于承认自己犯下的错误。

1.家长要多做自我批评

在教育孩子的过程中，应该多反省一下，想想自己有没有乱发家长的威风？有没有不问原因就指责孩子？当孩子出现错误的时候，有没有用恶毒的语言刺激孩子，说一些“你真笨呀！”“你听不懂别人的话吗？”“你这个孩子怎么这么讨厌呀！”之类的话，是不是对孩子的要求过高，对待孩子的态度是不是很差。如果有，及时改正。只有这样我们才会在教育孩子的时候客观起来。

教育行为是有痕迹的，错误的教育仿佛一道伤疤永远留在孩子心中。家长一旦犯错，留给孩子的恐怕是抹不掉的伤痛，所以，多做自我批评，是预防在孩子留下错误的教育痕迹的行之有效的方法。

2.适时向孩子道歉

美国著名心理学家罗达邓尼说过：“父母错了或违背了自己许下的诺言时，如果能向孩子说一声对不起，可以帮助孩子建立自尊，同时能培养孩子尊重人的习惯。”家长在教育孩子的过程中出现了错误，如果虚心地向孩子认错，并落实到行动上，不但不会影响家长在孩子心目中的印象还能使孩子加深对社会的了解和爱慕，也会是孩子感受到家长知错就改的良好品行。

大人有时会错怪孩子，这时孩子心理会很压抑，如果家长能对孩子说一声：“对不起，我错怪你了！”孩子就会原谅家长，这有助于家长和孩子建立一种坦诚相见的朋友式关系。

我认识的一个朋友，脾气很大，动不动就打骂、斥责孩子。有一天，她出门忘了关窗户一回来，儿子就说：“你怎么不知道把窗户关上呢？这么大的风，刮进来多少沙土呀！没心没肺！”听儿子一说，我那朋友愣住了，这完全是自己说话的口气嘛！朋友什么话也没说，从那以后，她严格控制着自己不对孩子发脾气。控制不住，就针对自己的态度及时像孩子道歉。

教育孩子，平等是基础，把孩子放在与自己平等的位置上，孩子才愿意与家长沟通。作家长的，不妨请孩子做监督者随时监督家长会不会发脾气。家长可不要小看这小小的民主行为用不了多长时间，家长就能发现孩子的脾气也变得越来越好责任心也大大增强。

孩子最需要爸爸做什么

在一个家庭中，爸爸大多承担着经济支柱的角色，很多时候，为了忙于事业，忽略了美好的家庭时光，错过了孩子成长的最佳时期，很多家长开始意识到：孩子的成长离不开爸爸，爸爸粗犷的爱是孩子认识力量源泉，爸爸广阔的视野，打开了孩子认识世界的一扇窗，孩子的成长离不开爸爸的呵护。

» 孩子的成长离不开爸爸的关爱

孩子出生后，妈妈承担着照料、抚育婴儿的任务，孩子和妈妈接触的时间最多，潜移默化的受到妈妈的影响。但是，在很多孩子心中，爸爸才是他们的“偶像”，他们从小就知道，爸爸为了赚钱，工作很忙，不能时常陪伴自己，但就是爸爸的粗犷，是孩子认识力量的源泉，爸爸所做的一切，孩子都是看在眼里的。所以，爸爸在孩子成长中的作用是任何人都代替不了的。

我听朋友讲起过这样一件事：一个爸爸带着女儿独自生活，爸爸每天在外面打零工，没时间照顾女儿，女儿也很懂事，知道爸爸工作挣钱很辛苦，从来不给爸爸惹麻烦，放学回来主动做功课，慢慢地还学会了做饭，每天做好饭等爸爸回来一起吃。看到爸爸拖着疲惫的身体进门，女儿总是很心疼。

一天，女儿和同学在逛街，不远处她看到爸爸正穿着玩偶的衣服，扮着小丑在给一家茶餐厅派发传单，没想到爸爸整天在外面，原来是做这么辛苦的工作，女儿看在眼里，疼在心上，她并没有走过去，因为她不想让爸爸难堪，回到家后，回家后，照常做好了饭，等爸爸回来。

爸爸回家后，女儿问爸爸："爸爸，今天工作辛苦吗？你每天赚多少钱呀？"爸爸说："为了我女儿，再辛苦也值得，爸爸现在的工作每天能赚50块钱呢？"

"爸爸，你能借我30块钱吗？以后我保证还你。"

"为什么要钱，你知道爸爸赚钱有多不容易吗！就知道要钱花。"

女儿委屈地走开了，爸爸事后也觉得很后悔，偷偷地拿出了30块钱放在桌子上。

早上醒来，爸爸发现桌子上有一堆零钱，其中包括昨天的那30块钱，还附有一张字条："爸爸，这里是50块钱，你今天不要上班了，在家好好休息。"爸爸看后，热泪盈眶。

听了朋友讲的这个故事，我也很感动，相依为命的父女俩，用爱让生活继续着，这是一件不多不容易的事啊！相信故事中的这个女孩，会以自己的爸爸为榜样，长大之后也会是一个有责任心，有担当的人。

孩子的成长离不开爸爸的关爱，爸爸的爱虽然没有妈妈的关心那样细腻，那样温柔，孩子和爸爸在一起，更多的是体会爸爸的勇敢和冒险，这一点，是妈妈无法做到的。

由于爸爸性格、能力、职业等的独特性，孩子在与爸爸、妈妈相处时，获取的认知方面的收获是完全不同的。从妈妈那里，孩子更多的学到语言、日常生活知识与艺术等，但从爸爸那里，则可学到更丰富、更广阔的知识，更广泛地认识自然、社会，并通过操作、探索花样多变的活动，逐步培养起动手操作能力，探索精神，创新意识。

爸爸与妈妈相比，爸爸则更理智，虽然爸爸与子女相处的时间少于妈妈，但理性化的爸爸却能从多方面关注孩子的成长过程中起着与妈妈明显不同且十分重要的作用，爸爸在孩子成长过程中所起到的独特作用是妈妈无法替代的。如果更多的爸爸能认识到这一点，能够多抽出些时间，多留心孩子的成长变化，并努力将“父教”变为“父范”，无疑会更利于孩子的健康成长。

对于孩子，父亲是坚强、勇敢、智慧的象征。同时，父亲刚毅的性格，会影响到孩子性格的形成。

邻居家的小天天已经是一年级的小学生了，成绩不错，游戏儿歌也是一学即会。天天的爸爸说：“天天还没出生时，我就在看一些育儿方面的书籍，很多书都是强调父亲虽然不能时时陪在孩子身边，但是父亲对孩子的影响力不亚于母亲，甚至在很多方面还超过了母亲。所以，我很重视孩子的成长。”

天天爸爸是这么说，也的确是这么做的，只要一有时间，就带着天天去做游戏，出去郊游，爬山，尽管工作很忙，每天下班也要陪孩子玩一会。在小天天眼里，爸爸就是他的偶像，溜冰，买书，到公园划船，爬山，他都要爸爸做出表率，而爸爸也从来没让儿子失望过。

父爱有利于孩子积极情感的满足，父亲是孩子重要的游戏伙伴，也是孩子积极情感的满足者，一般说来，母亲在陪伴孩子的时候会选择做一些安静而缺少变化的小游戏，比如手指游戏，念童谣等。而父亲则会更多的与孩子玩运动量大而刺激的游戏，从某种意义上说，孩子更喜欢与父亲玩。

爸爸经常和孩子在一起，更能促进孩子智力的发展。母爱与父爱对孩子的智力影响是有差异的。母亲会较多地从日常生活的各个方面引导孩子认识周围环境、学习交流方法、遵从社会准则。而父亲则会通过与孩子共同操作、探索多种形式的活动方式来培养孩子的动手能力、创新意识，以促进孩子求知欲、好奇心的发展。应该说，父亲的参与对促进幼儿的全面发展起着必不可少的重要作用。班级“爸爸沙龙”的调查结果也显示：每周与孩子交流少于3个小时，应酬多于家庭生活的父亲，他们的孩子大多沉默寡言，参与活动消极。反之，家庭生活和睦、时刻关心孩子成长的父亲，他们的孩子一般都表现出活泼、开朗，参与活动积极、遇事有主见等良好的个性品质。

» 用父爱灌输给男孩男子汉气概

生活中，我们会发现，由父亲带大的男孩，或者从小与父亲接触比较多的男孩往往表现出很多优势，如性格开朗、头脑灵活、身体健壮、充满活力。这是由于父亲的教育方式、父亲的影响使这些男孩更为健康地成长。

如果父亲也参与到男孩的教育中来，他的男子汉硬派作风，往往会在其教养方式中注入了阳刚之气。父亲知识面宽广，常常会灌输给男孩一些书本以外的知识；父亲会鼓励男孩遇事自己动手、大胆尝试；父亲对男孩的坏毛病不迁就，不妥协；父亲总是以朋友和“大孩子”的姿态，与男孩一起无拘无束地玩耍。

父亲既是孩子的保护者，又是孩子的知心朋友；他既尊重孩子的主动性和独立性，又施以必要的教育和引导。好父亲是平易近人和宽容大度的，他是孩子心目中能够依靠的一座大山。父亲的豁达、开朗、诚恳、宽厚，能够给孩子一个良好的倾诉机会，当他们把心中的苦恼全部告诉父亲时，会感到父亲宽阔的胸膛是那么温暖、舒适、安全，更激起了孩子生活的信心和勇气。孩子最渴望父亲能真正走进自己心里，了解自己的思想动态、兴趣爱好、喜怒哀乐，从而理解、支持自己的选择和追求。可惜很多做父亲的并不懂得这一点。他们与孩子相处的时间很少，即使关心也只关心孩子的生活、成绩，却不去了解孩子丰富的内心世界。

我同事的儿子小博最喜欢和爸爸一起玩打枪的游戏。这不，父子俩儿一人一杆“枪”，一个当“好人”，一个当“坏蛋”，“嘟嘟嘟，嗒嗒嗒”，双方交火，各不相让，你“打”伤了我的腿，我“击”中了你的胳膊。直到最后父子俩滚成一团，累得大汗淋漓，筋疲力尽。

他还喜欢与爸爸一块踢足球、放风筝、抓小虫、堆雪人……每次玩得既轻松又尽兴。

妈妈问小博：“妈妈也和你做游戏呀，你为什么更喜欢和爸爸玩呢？”

“因为和爸爸一起玩，不用怕弄脏衣服，也不怕满头大汗。”小博说出了实话。

可以说小博说出了小男孩们的心声，与爸爸一起玩，没有太多的顾虑，玩得开心，也玩得尽兴。更为重要的是，在游戏的过程中，爸爸教会了他们什么叫做骨气、什么叫做胆量、什么叫坚强、什么叫男子汉气概……

做个好父亲，就应设身处地考虑孩子的实际情况，照顾孩子的兴趣爱好和实际能力，尊重孩子的意愿而不是盲目地要求孩子按照成人预先设计的轨道成长，千万不要硬性地对孩子提出过高的期望要求，注意给孩子减轻过重的精神压力。

好父亲是有责任感的，他是家庭成员的核心，应当义不容辞地担负起户主的职责，这职责使他真诚地关注孩子的喜怒哀乐，把孩子成长中的一点点进步都挂在心上。他不仅关心孩子的身体状况、学习成绩、能否考上重点中学或者大学等，而且对孩子的心理、思想、个性有足够的了解，并能够在孩子的成长过程中有意识地帮助他改掉缺点。

男孩与父亲接触的机会越多，在一起的时间越长，他们就越勇敢、坚强、豁达、乐观。因为父亲不会像母亲那样对孩子百般宠爱，父爱主要表现在冷静地面对孩子的优缺点，教会他们应付和解决成长过程中遇到的各种问题，给他们坚定的意志和聪慧的头脑。而且，父亲与男孩的游戏方式多是动态的、较激烈、富有对抗性和创造性的，这有利于男孩强身健体和培养思维的敏捷性、创造性。

有这样一个故事：一个小男孩看见他父亲花很多时间和心思为他的汽车打蜡，便说："爸爸，你的车子一定很名贵，是吗？"他的父亲说："是啊！这部车子很名贵，所以要时常保养。如果保养得好，将来换车时也会多值一点钱。"

男孩沉默了一会儿，说："爸爸！我想我并不是那么值钱，是吗？"

不要认为男孩大大咧咧，什么都不在乎，他也有感情细腻的时候，他也需要爱；也不要认为儿子无缘无故对你冷漠、跟你闹别扭，只是因为他不懂事，那是他正在用行为提示你：他需要你的关注和关爱。

男孩需要的不仅仅是你的精力、你的时间，他们更需要的是，你男子汉的阳刚之气给他们作出榜样——面对压力不退缩的意志。跌倒了、失败了再爬起来的勇气。

美国一项最新的研究成果表明：男人带大的孩子，智商更高些。这是父亲在教育孩子方面有更强的目的性，他们一般会有计划地培养孩子某些方面的品质，注意发展孩子某些方面的才能，而母亲恰恰缺少这些。

在培养日常的生活习惯方面也是如此，母亲总是喜欢保护孩子，怕孩子磕着、碰着、摔着，很容易不自觉地出现包办现象。而父亲则更重视教育孩子自立、自理，勇敢地面对一切，自己的事情自己做。

» 爸爸也需要表达对孩子的爱

在很多人眼里，爸爸的爱是深沉的，虽然他们从来不轻易表达，不会像妈妈那样细心地说："宝宝，妈妈爱你，你是妈妈的骄傲。"爸爸却没有这样细心。其实，在孩子还小的时候，爸爸深沉的爱是很难被孩子发觉的，孩子会想："爸爸是不是不喜欢我，我是不是做错什么事惹爸爸不高兴了。"所以，爸爸对孩子的爱也要表达出来，这样孩子才能直观地感受到来自父亲最厚重的爱。

朋友经常和我说她的儿子是个感情丰富、活泼可爱的孩子，可是特别怕爸爸，只要爸爸在家，孩子就像小绵羊一样，特别乖，爸爸只要出门，孩子就会变得特别活泼。对此，朋友不知道该怎么办？她希望孩子孩子能一直保持活泼开朗的性格，而不是爸爸在的时候，就像一只温顺的小羊。

"他爸爸很忙吗？不经常和儿子在一起吧。"我随口一问。

"是啊，但也不至于这么怕他爸爸吧。其实他爸爸很喜欢他的，只是因为工作忙，没什么时间，也很少和孩子说话。"朋友很无奈地说。

"那就对了，孩子经常不和爸爸在一起，而爸爸回家时还是一副工作的状态，你儿子那么小，当然会害怕了，时间长了，就变成现在这样了。"

"是啊，我也把情况和他爸爸说了，现在他爸爸回来的时候，都会找个机会和孩子聊聊谈，周末也抽个时间带孩子去玩，现在好多了，儿子不那么怕爸爸了。"朋友说。

是啊，哪有父母不爱孩子的呢，但是有的父母不善于表达，孩子就无法了解父母的心思，因而会胡思乱想。所以，父母要及时表达自己的爱，把爱孩子的心传递出去，让孩子明白爸爸妈妈是爱自己的。

也许每一位爸爸都会说，自己是非常爱孩子的。可是也会有许多孩子说，爸爸一点也不爱自己。原因就在于：爸爸没有主动把自己对孩子的爱表达出来。

对爱的理解上，孩子和爸爸会有差异。爸爸觉得管教是爱的体现，方式、方法并不重要，只要孩子能够按照自己的预想来做事，就心满意足了。而孩子年纪小，无法体会爸爸管教的苦心，他们更在乎言语表达出来的爱。

爸爸不会表达对孩子的爱，容易让孩子产生误解，觉得爸爸高高在上不能亲近，认为自己难以得到爸爸的爱。孩子对爸爸产生误解后，容易对爸爸的管教产生逆反心理。这样会使亲子关系恶化，也会导致孩子听不进忠言。

最忌讳爸爸用沉默来表达自己对孩子的爱。父亲想成为孩子心目中的好爸爸，语言沟通是必不可少的，爸爸如能像妈妈一样和孩子絮絮叨叨，反倒会博得孩子的青睐。

如果爸爸主动表达出对孩子的爱，能够让孩子体会到父爱的温暖。父爱的温暖能让孩子变得更勇敢、聪明、自信，个人能力也会比只由母亲带养的孩子高出很多。父爱是孩子健康成长的最佳营养品。但父亲不主动表达，孩子就体会不到父爱，也无法受益。

堂弟的儿子东东是上小学二年级，虽然爸爸妈妈平时工作都很忙，但一直坚持每天晚上回家和东东一起吃晚饭。东东觉得自己很幸福，因为爸爸妈妈能常常在自己身边。要是问东东最喜欢谁，东东定会说："我最喜欢爸爸，爸爸是我的偶像。"因为东东的爸爸经常在周末带东东去爬山，东东遇到不懂的事情爸爸也都很耐心地给东东讲解。最让东东感动的是，每次东东出去玩，爸爸都要关心地问东东去哪里玩，要注意安全；每次东东取得好成绩，爸爸都会鼓励东东：再接再厉，下次比这一次更好；当东东犯错了的时候，爸爸也会安慰东东，并和东东一起分析错误的原因。东东的爸爸从来不吝啬对东东的赞美，东东知道，爸爸是爱他的。

爸爸想要传达自己的爱，不能缺少和孩子相处的时间，爸爸每天要留出至少15分钟的时间单独陪孩子。在这段时间里，要和孩子多说说话，陪他们玩游戏。

爸爸在陪伴孩子的过程中，要会表达自己的期望和爱，主动、有效地传递爱的信息。如果无法准确传递出对孩子的爱，就无法起到良好的教育效果。

语言表达比行动更感性，能让孩子更清楚爸爸的意思。若爸爸用沉默来诉说自己的爱，年幼的孩子就无法体会到。用语言传达爱意，能更好地收获到孩子爱的回馈。孩子更喜欢直接、清楚表达出的爱意。

我的一个朋友总是向我抱怨女儿晨晨和爸爸一点也不亲，看见爸爸，有时候跟看见陌生人一样，这令我的朋友很不解。我说："孩子的爸爸平时在家里表现的怎么样呢？"

"他在家也很少和孩子说话，怕耽误孩子学习，平时也就在书房看看报纸。"那就对了，爸爸在家都很少跟女儿沟通，所以女儿就会觉得爸爸对她很严肃，她常感到父亲离自己太远。有一次上街，她看到一个孩子和爸爸手拉手，高兴得又跳又蹦。她就想到了自己的爸爸，她很希望爸爸也能和自己这样亲近。

一次，她病了，妈妈不在家。爸爸怕她一个人闷，就主动过来陪她聊天。嘘寒问暖，帮女儿盖被子，给女儿端药。那天，晨晨可高兴了。她第一次发现，其实爸爸也很亲切，很好玩。从那以后，晨晨也会主动和爸爸谈自己的事，父女的关系也越来越好了。

爸爸的情感更含蓄，会不好意思把"爱"说出来。其实，爸爸说出对孩子的"爱"，不仅不会被人笑话，更不会丧失尊严，相反会赢得孩子更多的爱。

如果爸爸对孩子的要求一次次地拒绝，容易给孩子留下冷漠、残酷、不可理喻的印象。

还在上幼儿园的李奇最近和爸爸有点小矛盾，原来李奇的爸爸脾气很暴躁，他对待儿子也一样。每次李奇有些小要求，都不敢去跟爸爸提，只会和妈妈说。李奇上一年级时，想买个阿童木玩具，爸爸一口就回绝了。还很严厉的告诉李奇，不准乱花钱，不准买没有用的玩具。李奇为了此事，记恨了爸爸一个星期。后来爸爸也认识到自己的脾气不好，于是换个方法，周末带儿子去游乐园，和李奇一起玩惊险刺激的游戏，增加亲子关系。李奇觉得爸爸和妈妈一样，也是关心自己的。从此，李奇和爸爸的关系亲近了许多，一家三口经常周末去公园玩。

爸爸无法用正确的方式、方法传递对孩子的关爱，只会引起孩子的反感和逆反。很多时候，爸爸即使是对的，可在孩子眼里也是错的。爸爸要学会直接、主动地表达关爱，不能隐藏或是拐弯抹角，这样只能带来更多误会。

作为家长，爸爸要让孩子能有效地传递情绪。如果压抑、限制孩子向自己传递情绪，会不利于父子间的交流。孩子在要求得不到满足而向爸爸发脾气时，爸爸要想好解释的理由，不要给孩子留下总是被拒绝的感觉。

关心孩子的行踪，让孩子知道爸爸随时惦记着他，传递的就是爸爸深切的关爱。

邻居家的陈东每次出门，爸爸都会关切地问一句："你要到哪里去啊？"他告知爸爸后，爸爸还会嘱咐上一句："路上要小心啊。"

陈东回家后，爸爸也总会问他事情办得怎么样。爸爸一直这样坚持着，现在陈东12岁了，他很爱爸爸，觉得爸爸非常在乎他。陈东父子能够友好相处的秘诀就在于：爸爸关心孩子每一步成长。

小细节能够体现大感情，爸爸对孩子的关爱，在这些小细节上能够有效地传递。爸爸想关心孩子，可以多关心他们的行踪，这会让孩子感觉到爸爸是时刻记挂着自己的。这份温暖，就能够很好地维系父子间的感情。

» 爸爸要以孩子的眼光看世界

周末的一天，同事小徐带着儿子去观看足球比赛，这是儿子期待已久的了，他原以为孩子会非常高兴，没想到球员们刚刚上场还没开始正式比赛呢，儿子就吵着要回家："爸爸，我不想看足球了，我们回家吧。"

"为什么不看了，你不是早就想让我带你来看比赛了吗？怎么突然不想看了呢？"

儿子没有搭话，拉着爸爸走出了足球场，弄得爸爸一头雾水，"这孩子怎么了？"突然走到一片草地的时候，儿子像发现新大陆似的被一群蚂蚁吸引住了，就蹲在地上看"蚂蚁搬家"爸爸这时恍然大悟，原来儿子不是真正地对足球感兴趣，是对自然科学感兴趣，经过和儿子的一番聊天，爸爸决定要给儿子报个自然科学的课外班，满足儿子的好奇心。在之后的日子里，爸爸也像是一个淘气的孩子，经常和儿子一起趴在地上观察小动物。

爸爸的举动让儿子兴奋，因为有爸爸的支持和陪伴，他的童年生活将会增添更多的乐趣。爸爸的这种转变时因为他懂得了儿子的心，看到了儿子的那份童真，理解了要用孩子的眼光去看世界

孩子虽然年纪小，但是他们已经在用自己的眼光来审视、理解、分析身边的一切事物，如果做爸爸的忽略了这一点，那么就会经常和孩子出现

不协调、不一致。当爸爸真正做到用孩子的眼光看世界时，你就会开始明白，为什么那么多在你眼里平淡无奇的东西，在孩子看来却是那么有趣、那么珍贵、那么神秘。

以孩子的眼光看世界，爸爸就要放下身段和孩子保持同一高度。为什么有的孩子不喜欢和爸爸去逛商场呢？因为他们的高度只能看到一双双腿，看不到其他的东西。所以有的时候，爸爸要蹲下来和孩子对话。当孩子犯错误的或者调皮捣蛋的时候，爸爸们不要急于批评孩子，蹲下来，和他们保持一样的高度，看看他们的世界。

暑假的一天，我的同事小王带着女儿去逛街。

当父女俩满载而归走在回家的路上，看到一个衣衫褴褛的乞丐，拿着一个破缸子，蹒跚的爬行，嘴里不停地说："可怜可怜我吧，我几天没吃饭了。"看到这种情形，爸爸想赶紧拉着女儿走，因为爸爸觉得现在好多乞丐都是装出来的，他们本身并不是真的没有劳动能力。于是，爸爸对女儿说："咱们快点走，离他远点。"女儿很不解地说："爸爸，我们帮帮他吧，他太可怜了。"爸爸接着说："可能他是装出来的呢，现在很多骗子都这么做。"

"可我看他不像是装出来的，他很可怜的，爸爸，要不你把我下星期的零花钱给他，我不花钱了。"

爸爸听得到在女儿这样说，不禁心里一颤："原来我的女儿是这样的有爱心。"为了不让女儿难受，爸爸拿出了10元钱，蹲下来放在了乞丐的缸子里，当他蹲下来的时候，他看到乞丐的没有胳膊，这不是装出来的，而相信女儿一开始就看到了这点。

是的，女儿看到的才是最真的，因为她的心灵是纯净的，所以她看到的是世界上最美好的一面。爸爸为此懊恼不已，原来我的"高度"远不及女儿。

当爸爸的人都想知道，孩子眼中的世界是什么样的，要想获得这个答案，爸爸就必须有所改变。在看待同一事物的时候，要蹲下来和孩子的视线保持相同的高度，这样就容易理解孩子的看法了；换位思考，把自己想象成一个孩子，也就不觉得孩子饿想法荒谬无聊了。

如果家长懂得换位思考，经常站在孩子的角度上看问题，就不会和孩子发生认识上的冲突。孩子不想吃药，你站在孩子的角度上想一想就知道原因，因为药是苦的，那么你就不会强硬的逼迫孩子听话，孩子不想睡觉，你站在孩子的的角度上想一想就知道原因，孩子贪玩，这是他们的天性。这样你就会允许孩子多玩一会。只有当你学会换位思考，才能理解孩子的性情，理解孩子是怎样看世界的。

几年前央视春晚的一个小品《我和爸爸换角色》，讲的就是爸爸和儿子换位思考的一个看似很可笑却发人深省的一个小品。

爸爸忙于工作，每天喝的醉醺醺地回家，妈妈和儿子看在眼里疼在心上。一天，因为儿子没有完成老师布置的作业，所以老师来家访的时候，正巧碰上了喝醉酒的爸爸，老师就让爸爸和儿子上演了一出《我和爸爸换角色》的戏。

于是儿子就把爸爸每天喝完酒回到家的表现演的淋漓尽致，起初爸爸还不承认儿子是在演自己。但儿子说："爸爸，你可能不知道，你每天回家之后就是这个样子的，这我还给你打折了呢？"每天喝得醉醺醺回家的爸爸，对家里的事不管不问，还经常"耍酒疯"。爸爸看到儿子，在想想自己平时的表现，为了工作，自己的这个家付出的太少了，忽略了妻子和儿子的感受。

爸爸承诺："以后一定不喝酒，每天下班之后回家好好陪伴自己的妻子和儿子。"故事就是这样的，老师的一份作业，换回了一个家庭原本的面貌，爸爸也认识到了自己的错误，以后会多站在妻子和儿子的立场上，多为他们想想。

学会用孩子的眼光看世界，你就会和孩子产生许多默契和同感，你们之间也会因此有更多的共同语言，这样的父子关系就会变得更加融洽。

第五章　性格篇

好习惯影响孩子的一生

男孩应该养成的好习惯

性格决定命运，性格是决定一个人成败的前提因素，从小培养孩子的好性格，好习惯，对于孩子来说，终身受益。拥有好性格的孩子，朋友自然会很多。性格的培养，除了自身修养外，很大一方面来自亲人朋友的影响。

» 让孩子养成做事有计划的习惯

做事有计划对于一个人来说，不仅是一种做事的习惯，更重要的是反映了一个人的做事态度。也是一个人能否取得成功的重要因素。对于一个孩子来说，做事有计划同等重要。

父母可能会见过孩子这样：早晨该上学去了，孩子却在找她的袜子；早晨起来刷牙去发现牙刷不见了；想要梳头，却四处找不到梳子，最后在冰箱里发现了它。这些都是由于做事缺乏计划性和条理性的坏习惯，做事情缺乏条理性，没有计划是儿童期的一种自然反应，但是，如果父母不注意引导，孩子们往往会养成不良的习惯。

表姐儿子小涛所在的学校组织了一次野营活动，小涛要和同学们到山里去参加为期两天的野营活动。学校向他们介绍了营地的一些情况，并且为他们的准备工作提出了一些建议，就让孩子们自己回家去准备营地生活用品了。

到了家里，听到消息的表姐问小涛是否需要帮忙，小涛说自己已经长大了，已经能够照顾自己了，不需要妈妈担心。于是，小涛自己收拾行李。在他出发前，表姐检查了他的行李，发现他没有带足够的衣服。因为山里要比平原冷得多，显然小涛忽视了这一点。表姐还发现他没有带手电筒，这是野营时经常需要带的东西，但是表姐并没有给他更多的提示。

小涛高兴地走了。过了两天，等他回来时，表姐问："怎么样，这次玩得开心吗。"

小涛说："我的衣服太少了，而且由于我没有手电筒，每天晚上都要向别人借，这两件事搞得我好狼狈。"

表姐说："为什么衣服带少了呢？"

"我认为那里的天气会和这里的一样，所以只带了平常穿的衣服，没有想到山里会那么冷！下次再去，我就知道如何去做了。"

"下次如果你去新疆，也带同样的衣服吗？"

"不会的，那里很热。"

"是的，你应该先了解一下当地的天气情况，再做决定。那手电筒是怎么一回事呢？"

"我开始想到了带手电筒的，可是后来我忙来忙去，最后把手电筒给忘了。我想，下次野营时我要先列一个单子，就像爸爸出差时列的单子一样，这样就不会忘记了东西了。"

在表姐和小涛的一问一答中，表姐帮助小涛总结了计划不周的教训，其实，表姐完全可以在事前提醒孩子，但是她认为，经验对于一个人的成长是很重要的，因此，她没有提醒孩子，而是让孩子在体验中到自然惩罚的后果，从而逐步学会有条理的安排一切事情。

父母应该让孩子养成有计划做事的好习惯，那么，怎样才能培养孩子有计划做事的好习惯呢？

1.让孩子做事有条理

在日常生活中，不管做什么，父母都要让孩子做的有条有理。例如，房间摆设井然有序，用过的东西放回原处，以免需要的时候却找不到，晚上睡觉前，整理好书包，准备第二天要穿的衣服等。这些都可以帮助孩子养成做事有条理的习惯，当然，让孩子做事有条有理的习惯不是一朝一夕的事，需要家长耐心和恒心，还要善于抓住教育的契机对孩子进行适时引导。

2.让孩子向做事有条理的人学习

很多孩子多事没有条理，当父母跟他强调需要有条理地做事的同时，他往往无法接受父母的意见。事实上，孩子需要身边的榜样来引导，比如，如果孩子做事没有条理，父母可以让其向一些小朋友学习，有了榜样，孩子往往就做得很好。

3.教孩子做计划

要让孩子做事有计划，父母可以向孩子示范自己的计划，即把自己的计划告诉孩子，并且征求孩子的意见让孩子帮着计划。比如，在一个星期天，你打算带孩子出去玩，你可以向孩子展示自己这一天的计划，并且征询一下孩子的意见，让孩子知道计划的重要性。这样一来，慢慢的孩子就会学着自己去安排自己的事情了。

4.让孩子按计划办事

在日常生活中国，父母要想孩子强调计划的重要性，并给孩子的各项行为制定一个计划。当然，这些计划的制定应该让孩子参与进来，与父母一起来制定计划。制定计划以后，孩子必须按计划办事，不能半途而废。对于年龄小的孩子来讲，父母应该要求他们在玩的时候自己把玩具拿出来，玩完以后自己收好；对于上学的孩子来说，就要要求他们看书做作业的时候要认真，写完以后才能去玩。

蕾蕾是个很听话、很懂事的孩子，知道为自己制定生活、学习计划，也能很好地落实计划。可是妈妈发现，尽管如此，蕾蕾的一些事情还是做不好，至少不能令她满意。这到底是为什么呢？妈妈通过认真观察，发现蕾蕾的一些计划本身就有问题，标准不高，或是缺乏合理性。计划错了，怎能把事情做好呢？于是，妈妈开始规范蕾蕾计划做事。

每天晚上，妈妈都要找蕾蕾谈心，让她好好想一想，今天有哪些事情做得比较满意？满意在什么地方？哪些事情做得不满意，为什么不满意？哪些事没有做好？甚至很糟，为什么会这样？妈妈的做法让蕾蕾开始认真思考。然后妈妈又进一步引导，帮助蕾蕾找到了做事满意或者不满意的原因。蕾蕾开始只能勉强说出改进的方法，并不合理。但妈妈还是点了头，并且说："蕾蕾，以后你就要这样，每天晚上睡觉之前，都要把一天的事情好好想一遍。如果有的事情做得不够好，找出原因，然后想出以后避免这些问题的方法。这样，你做事情就会越来越好，自己也会越来越满意。"

坚持做了几天，蕾蕾体会到了从未有过的成就感。原来，别人的表扬可以让人快乐，自己对自己满意更让人感到幸福，看到自己一步一步越来越完美，那感受真是妙不可言。

从那以后，蕾蕾坚持每天晚上睡觉之前都要对自己一天所做的事情进行检查反思，然后把问题记在日记本上，并写明以后遇到这些问题应该怎么处理。渐渐地，蕾蕾就养成了每日检查反思的习惯。后来，她做任何事，都一边做一边检查，发现问题，及时修正，事情做得越来越好。结果，蕾蕾的学习成绩迅速提高，同学关系也处理得很好，在家里做事也让妈妈非常满意。妈妈高兴极了："现在我的女儿才真正学会计划做事了，因为她已经懂得了随时检查修正自己的计划。计划正确了，再认真落实，事情自然会做到好上加好。"因此妈妈认为，检查、反思、习惯，是计划做事的保证。

5.教孩子按规律办事

引导孩子计划周密，学会有条有理，有规律的生活，都离不开科学的态度。也就是说，要遵循客观规律，而不能冲动蛮干乱了计划。

» 有责任感的男孩彰显成熟魅力

幼儿园里有一对双胞胎兄妹，当他们回答别人的询问时，总是哥哥回答，妹妹只是做些简单的补充。哥哥的性格大方开朗，并且很有责任感，妹妹则性格内向、腼腆、有些胆小怕事。这两种不同性格的背后，则是奶奶常对他们说的一句话："你是哥哥，要爱护、保护妹妹，这是哥哥的责任。"正是哥哥的责任，让哥哥从小担起保护人的角色，而妹妹则是被保护人的角色，不同的角色，造成了二人不同的个性特点。

男孩的责任心，是从小培养起来的，从小锻炼出来的。一个男孩，必须从小学会承担，在前面我们也提到：因为他的身上，必将肩负起家庭、社会的责任，这是男孩将来无法逃避的。

责任心的培养的一个起点，就是先要为自己的行为承担责任，修身齐家治国平天下，修身是一切成功的基础，连自己都管理不好的人，无法承担更大的责任。要想成为一个负责任的男子汉，就要让男孩学会承担责任，首先对自己的行为负责。

美国前总统里根在他的回忆录中写道：在我11岁的时候，美国国庆日前夕，我从别人那里搞到了一些禁放的烟花爆竹，其中包括一种威力巨大的鞭炮，叫做“鱼雷”。一天下午，我走近一座桥边，朝桥边的砖墙放了一个“鱼雷”大鞭炮。一声巨响，我欢喜雀跃，可就在这时，警察来了，把我带走，去了警察局。

尽管这位警长是我爸爸的一个朋友，他也认识我，但他依然严肃的执行对烟火的禁令，判定交14.5美元的罚金。这在当时可算是一笔大钱，这我是然交不起，只好让父亲代我交。

令人吃惊的是：当时爸爸赌气虽然没有说我什么，可是事后却让我打工挣钱还这些罚金给他。

后来，我打了很多份工，做了很多零活才还清了我欠爸爸的那笔罚金。

很显然，这件事情让里根懂得了什么叫责任，那就是一个人对自己的过失负责人。

每一位男孩身上都寄托着家庭对他的无限期望，要成长为一个真正的男子汉，男孩要学会对家庭负责、对生养他的父母负责。爱心应该是双向的，父母应该让男孩知道他对家庭，对父母还负有责任。

对家庭负责的意愿和能力，是从小培养起来的。放手让孩子承担一定的家庭责任，这极有可能为孩子将来的发展打下一生的基础。

父母过于强大，男孩就可能会愈加软弱。父母包办代替，其实是剥夺了男孩为家庭承担责任的机会，不利于男子汉气概的获得。为了让男孩坚强起来，父母有时要心“狠”一点，让男孩在承担责任中磨炼自己、成长自己。

朋友小李平时工作很忙，把六岁的儿子送到寄宿的幼儿园去托管，平时只有周末的时候接回家。又到周末，朋友去学校把儿子接回家，吃完晚饭后，朋友说：“儿子，今天妈妈有点不舒服，碗筷先不洗了，明天妈妈也不能带你出去玩了，对不起啊！”

“妈妈，你好好休息，碗筷我能洗，明天我陪你去医院打针。”听了儿子这番话，朋友感动之余又有些惊讶，儿子以前不是这样啊，以前儿子哪里懂得关心妈妈，和妈妈这么说话呢？“儿子现在变得懂事了，妈妈替你高兴。”

“妈妈，老师说了，我们是小男子汉，要对自己负责，要对家庭负责，我是妈妈的儿子，我也要对妈妈负责。”

是啊，儿子的这一番话，哪个做妈妈的听了不感动呢？

孩子也是家庭的一分子，从小培养孩子对家庭的责任感，有助于孩子身心的健康发展，让孩子明白自己在家里不是小孩子，是有责任的。其实，每个人都肩负着很多不同的责任，对社会，对工作，对家庭，对亲人，这种责任不是一夜而成的，是从小培养，循序渐进。

一个人正是因为身上的责任，才能对自己有所约束。如果失去责任感，即使是做自己最擅长的工作，也会做得一塌糊涂。责任感，将影响到人一生的成就与价值。

一种对待人生、对待工作、对待他人、对待社会的积极态度，责任感应该从小开始培养，这是父母补课推卸的责任，但很多父母却忘记了这个责任，想把孩子的事情尽量都包办代替了。

一位教师说她教了这么多年的书，经常看到有的孩子上学迟到了，自己不敢来学校，让妈妈给送过来，还要跟老师解释因为自己的原因让儿子迟到了，因为这样，老师也不好在批评学生了，还有很多家长，每当轮到孩子值日时，他们总是很主动的接过孩子手中的扫帚，帮孩子完成本该他们自己完成的劳动任务，而孩子而在教室外面玩耍。

这位教师感叹道：“家长不能理解，难道学校让学生打扫卫生仅仅是为了学校的清洁吗？一个不爱劳动的孩子又怎么能积极主动地做其他事情。而学校里那些从一年级就开始主动打扫卫生的孩子，在参加班级及校内外活动方面都表现出了高度的责任感。我们的孩子不要要学习好、身体好，更重要的是要从小让他们具有承担责任的良好素质，长大之后才能承担起对家庭，对社会的责任。这才是劳动的真正意义呀。”

所以，为了让男孩懂得所有的人都应该承担责任，父母可以把家务各项劳动进行平均分配，实行“承包制”大到各个卫生间的卫生，小到每一块玻璃，每一处墙壁的擦洗，每天都要检查评比。

遇到那些责任感差的男孩，父母应该既要严格要求，还要坚持耐心的说服教育，最终督促其完成。哪怕是极细小的如扫地、抹桌子也一定要监督他干完、干好为止，干不好就坚决重来。

» 有幽默感的男孩更受欢迎

幽默感在人际交往中起着举足轻重的作用，一个幽默风趣的人，往往比不具幽默感的人更受到大家的喜欢。同时，幽默还能帮助人们更好的应对生活和学习中的压力和痛苦，更开心的生活。

在孩子看来，生活就是游戏，所以他们会无拘无束地做任何事情，引发出无数幽默故事。在这些时候，大人要用艺术的眼光，将这些幽默定格、提炼并加以夸张或扩大，再在适当的场合加以重现，以强化其幽默感，让儿童意识到这就是幽默。游戏，是培养孩子幽默感的最佳方式。

培养孩子的幽默感，家长可以为孩子讲一些生活中的幽默故事。很多成人觉得孩子话还说不清，不懂得幽默。其实，这是一种偏见。一次，我在和5岁的侄女散步时，给她讲了一个笑话：有一个人不会说普通话，讲话不清楚，他在发音时，把“同志们”说成“兔子们”，后面的故事还没讲完，已经把侄女逗得哈哈大笑。

从此，她很注意别人讲话的特点。一次我领她到餐厅吃饭，正巧一位同事在打电话，出来后，小侄女跟我说：“姑姑，我给你讲一个笑话。有一个人打电话，他听到别人自我介绍叫什么名字后，他就说唉呀呀，唉呀呀，原来是你呀！”小侄女把我那位同事打电话时的语调和神态模仿得很像，把我逗得前仰后合。

培养孩子的幽默感，要求成人要敢于暴露、承认自己的缺点，不要因为孩子把自己的特点或者缺点用比较幽默的方式表现出来而感到气恼。一些家长最怕孩子不尊重自己，所以，总要在孩子面前努力维护自己的尊严。在懂事的孩子的心目中，幽默与自尊是两回事。每天，我接孩子从幼儿园回家的路上，孩子都会问我一些问题。有一次，孩子问的问题我回答不上来。女儿坐在自行车的后架上，从后面抱着我的腰，听到一连串的“不知道”。她用手拍着我的肚子，笑着说：“妈妈的大肚子里都是‘不知道’。”女儿这样说，不但没有伤害我的自尊，反而提醒我，为了孩子也要加倍地学习知识。

培养孩子的幽默感，需要家长对世界充满爱，对生活充满自信，用智慧和知识面对遇到的困境，让孩子也学会乐观地生活。

培养孩子的幽默感，成人要把握度，防止把幽默变成黑色幽默，并告诉孩子不可拿别人的缺点开玩笑，这样做并不是幽默，会伤害到他人的感情。当孩子的幽默表达得不恰当时，大人应帮助孩子脱离尴尬境地，寻找补救措施，事后告诉孩子应该怎样做更合适，这样可以保护孩子的自尊心。

据说有一位年过半百的贵妇人，她非常喜欢打扮，每天总要花好多时间来打扮自己。但是，由于年纪实在有点大了，再多的打扮也掩盖不住她的实际年龄。有一次，贵妇人遇到了大名鼎鼎的萧伯纳，她兴奋地让萧伯纳猜她的年龄。

萧伯纳一本正经地说：“看您洁白的牙齿，只有18岁；看您蓬松的卷发，不会超过19岁；看您忸怩的腰围和涂满胭脂的脸庞，顶多14岁吧！”

贵妇人听了萧伯纳的评价，非常高兴，她激动地问道：“亲爱的萧伯纳先生，那么请您精确地估计一下，我到底像几岁？”

萧伯纳说：“几岁吗？那很容易，只要把刚才三个数字加起来就是你的真实岁数了。18加19，再加上14，你应该是51岁！”幽默的萧伯纳把周围的人都逗乐了。

有一位母亲把这个故事讲给了9岁的孩子听，孩子听完哈哈大笑。有一次，一位漂亮的阿姨到家里来做客。孩子对阿姨说：“阿姨，我看你好年轻呀！”阿姨问：“是吗？怎么个年轻法？”孩子说：“从你的背影看，你好像我的姐姐；从你微笑的脸庞看，你好像我们班上的女生。”一句话把阿姨给逗乐了。

事实确实如此，孩子听多了幽默故事，自然能够模仿、吸收幽默故事中的幽默因子，也会逐渐变得幽默起来。

那么，怎样才能从小培养孩子的幽默感呢？

1.父母首先应该是幽默的人

大多数人普遍认为，幽默感有先天的成分，不过后天的培养更加重要。孩子是父母生命的延续，是父母最真实的镜子，潜移默化中，父母的许多特点在孩子身上都得到再现。所以，要培养孩子的幽默感，为人父母者，首先要看看自己是否也需要培养幽默感？最起码，要能真正欣赏幽默。

2.教育孩子学会乐观宽容地面对人事

乐观、宽容是幽默的精髓。要学会幽默，就要学会宽容大度，克服斤斤计较的狭隘思想，同时还要乐观。要培养孩子的乐观心态，最重要的是，当孩子遇到困难时，父母应站在孩子一边，给予积极的鼓励和支持，要帮助孩子积极进取，只有这样，才能教会孩子以正确的态度和措施保持乐观。

3.热爱生活，用心去感悟生活

生活无处不有幽默，只是缺乏发现幽默的眼睛。引导孩子用心去观察、感悟生活，培养对事物的洞察力，用自己的视角去看世界，不因循守旧，是提高幽默的一个重要方面。只有迅速地捕捉事物的本质，以恰当的比喻，诙谐的语言，使人们产生轻松的感觉。

4.适当的自嘲也是幽默

真正幽默的人，不怕受人嘲笑，而且非常善于自嘲，而这种自嘲实际上是建立在自信的基础之上。

5.多给孩子看或读幽默轻松的故事

幽默有趣的小故事不仅能使孩子在轻松愉快的氛围中喜欢上阅读，还能潜移默化地培养孩子的幽默感。同时，很多儿童文学作品中的主人公都是乐天派，他们虽然遇到各种各样奇怪的困难，但总能化险为夷，继续乐观地对待人生。多给孩子读或看这样的故事，可以培养孩子对乐观情绪的向往。

6.多让孩子讲讲有趣的事

孩子对发生在自己身边的有趣的事，总是很有表达的欲望。这时家长需要做的，就是认真倾听，并发出会心的欢笑。如果孩子有足够的幽默感，大人还可引导他们编幽默故事，给课本、电影或电视剧改变甚至添加一个令人捧腹的结局。

» 拒绝脏话，不说粗口

一个有礼貌的人不仅会有一个快乐的人生，并且会因为自己的良好礼仪而走向成功。一个人的礼貌，是其精神境界的体现，它来自于良好的道德品质。

让孩子养成良好的礼貌习惯，尤其是男孩，从小的环境让其错误的理解，说脏话才能体现其男子气概，很多孩子喜欢看港产的所谓黑社会的电影，并深受其影响，在有些男孩眼里，纹身，棍棒，脏话才是男子汉的标志，这样的想法是打错特错的，家长应该即使制止孩子的这种行为。从小培养孩子礼貌的绅士风度。

让孩子养成有礼貌的好习惯，就是在教孩子怎样待人，怎样跟人相处，同时还教会了孩子尊老爱幼，尊敬师长，讲文明，懂礼貌，守时守信，讲卫生，守秩序等多方面的内容。人们在交往时，都希望有一个良好而又和谐的人际关系，都想要得到别人的尊重和喜爱，当今社会是一个充满竞争与合作的社会，为此，父母应该从小培养孩子良好的礼仪习惯，教孩子建立一些良好的人际关系。

星期天的早上，我的同事小李带着全家人去朋友家做客，到了朋友家，朋友的妻子热情的招待了他们，并且夸赞小李的儿子聪明可爱，此时，小男孩并没有对其夸奖作出什么反应，而小李的妻子则蹲下来轻声地问儿子："阿姨在夸我们小亮聪明可爱，小亮应该怎么做啊？"听了妈妈的话，小亮抬起小脸，喜滋滋的说："谢谢阿姨。"

当朋友的妻子哪了一个苹果给小亮的时候，这次，没有等妈妈说什么，小亮就向阿姨道了谢。

吃饭的时候，小李的妻子将儿子房子椅子上，给了他一个勺子和一盘菜，让他自己吃，正当大人们吃的开心的时候，突然听到“吱”的一道刺耳的声音。原来，小亮用勺子在划盘子。小李的妻子见状，放下筷子，严肃地对小亮说：“知道吗？你打扰了我们。”小亮看见妈妈生气的样子不知道如何是好，正当朋友要打圆场的时候，小李连忙阻止朋友，此时，小李妻子又说：“当你打扰别人的时候，你不应该有什么表示吗？”“对不起！”小亮说。小李的妻子听了，微笑着对儿子说：“没有关系，只是下次你要小心一些，知道了吗？”“知道了。”小亮用力地点了点头。

吃过饭后，小亮觉得有一些口渴了，但是这个时候大人们都在说话，没有人注意到。于是，他走到他们面前说：“对不起，可以打扰一下吗？”朋友及其妻子都十分吃惊，而小亮的爸爸妈妈却觉得很正常：“有什么事吗？”“我口渴了，想喝水。”于是，小李的妻子就倒了一杯水给他。

无疑，小李和妻子的教育是非常成功的，他们教育出了一个懂礼貌的好孩子，当然，这也说明了，懂礼貌的孩子是父母教育出来的。

孩童时期是孩子正处在积极学习、建立自己行为规范的时期，比较尊重他人的指导，容易接受行为训练。心理学家指出，孩童时期是培养孩子行为礼节的最佳时期。

1.父母要成为孩子的表率

当父母带着孩子去做客的时候，如果孩子忘了说礼貌用语，父母不要在别人面前指责孩子，而是要对孩子做出适时的提醒，或是在事后提醒教育孩子。要知道，不管是批评还是指责，往往会造成孩子的逆反和不服心理，而且这种做法本身就不礼貌。

2.对孩子进行礼貌教育

要想让孩子拒绝脏口，拒绝粗话，首先家长要给孩子营造一个健康、良好的环境。另外，家长要以身作则。如果家长整天在家说粗话，即使是无意识的，也可能会对孩子造成不良的影响。很多孩子都是视父母为偶像的，很多事情都是模仿他们学习的，所以，家长所先要自律、要对孩子进行适时的礼貌教育。

3.从小培养孩子讲文明的意识

平时的生活中，我们经常可以看到大人横穿草坪，孩子紧随其后，或父母在公共场合大声训斥孩子，孩子大声吵闹的情景，难怪有老师感慨地说，5+2=0。意思就是学生5天在学校，老师苦口婆心地教育，有了进步，双休日两天在家，由于家长或社会做了不好的榜样，而使孩子退步了。其实，父母、社会都有责任给孩子作出榜样，让孩子从小就养成讲文明的好习惯，使孩子生活在文明的环境中。

父母的言行和思维在孩子成长过程中，起着关键的影响作用。现在大多数家庭里孩子都是独生子女，被父母、奶奶爷爷视为掌上明珠，从小娇生惯养，孩子的自私自利心理普遍较重。作为与孩子关系最为密切的父母，更应在自己的言行举止方面做到诚实守信、礼貌待人，把文明的思想灌输给子女，给孩子起到模范表率作用。这样久而久之，我们的孩子才会看在眼里，记在心里，并把父母的行为意识加上自己的理解，作为一个定式记忆在脑海中。

小孩子的求知欲非常强，因此孩子的成长过程也是一个学习的过程。孩子在和外界环境的接触过程中，会不断主动或者被动地接受一些言论、行为和思想，而且会把这个思维定式作为一种潜意识，在合适的场合表达出来。因此，社会也有义务为孩子们创造一个良好的环境。假如社会上拜金主义泛滥，人们心中整天想着“钱”字，人与人之间尔虞我诈，失去了最根本的诚信，不讲道德，那么孩子们被这些现象耳染目触多了，他们的成长就会受到不良影响。

如果每个父母都能言传身教，使下一代从小养成良好的品德和讲文明的习惯，那么我们城市的文明建设就有了新鲜血液和生命力。文明城市的创建，应该从教育孩子抓起。

» 帮男孩克服懒惰的坏毛病

有些父母经常埋怨，自己的孩子太懒，懒得去剪头发、懒得收拾东西、懒得叠被子。其实，懒孩子的出现，不应该归罪于他们自己生性懒惰，而是要去责问他们的父母。孩子小时候，对任何新鲜事物都很好奇，总是跃跃欲试。例如：扫地、洗碗等等，可是在他们参与劳动或有干神奇的事情的积极性时，有的父母怕孩子做不好或者怕孩子弄坏东西，弄脏衣服，加以制止。这样，就使孩子们失去了尝试的机会。当他们想勤快一下时，父母就硬是加以阻止。这样，孩子们心里就心安理得的等待父母的伺候。父母也许没意识到自己扼杀了孩子勤劳的特质，知道孩子长大，越来越懒惰了，父母才才像刚刚发现一样惊呼："这孩子怎么这么懒！"

邻居家的森森是个勤奋的男孩，他最看不起那些守株待兔、凡事总想不劳而获的人，在他小时候爸爸妈妈就用"头悬梁，锥刺骨"的勤奋读书故事来教育他。他听得特别认真。上学以后，他每天早晨六点半起床，在庭院里早读半小时，七点钟吃晚饭上课，十一点半放学回家，中午午睡一小时，晚上六点半就去上晚自习，一般都自习到十一点半才上床睡觉。他的饮食起居都很有规律，而且他始终保持着这样的规律。由于在教室里上自习，一方面有老师的辅导，另一方面大家在一块学习，也比较有气氛，所以，森森每天都坚持到学校去上自习，有时候即使身体状况不好，他还执意的要去上自习。森森小小的年纪就对勤奋有自己的看法，读高中时，他在日记本里这样写道：

理想好立，目标好定，但难的是实现目标的过程。人或多或少有点惰性，在目标确定时，信誓旦旦，但真正实施目标的时候，却只是三分钟热度，学习的确是一件苦差事，作为一名学生，每天早上月亮还在天上，我们就得背书包去上课，晚上月亮都已经挂在天上的时候，我们才能往家赶，所以说，我们是一群很难见到太阳的人，在高强度的学习压力下，只有锻炼好自己的毅力，刻苦勤奋才能在成功的路途上迈出坚实的一步。

森森不仅在日记中这样写道，在实践中也是这样做的。有一次，他患了重感冒，还在发烧，晚上还要坚持去上自习.鉴于他身体的情况，爸爸妈妈不同意他去，但是他一副很洒脱的样子，说自己感冒已经好多了，所以一定要上自习，上完自习回来，上床休息之前，他还一再嘱咐妈妈第二天早晨六点半如果还没有起床的话，就务必叫他起床，因为自己还没有背书。

这些小事虽然琐碎，但就是这样的小事才能真正体现一个人的刻苦勤奋的优良品质，森森后来取得的好成绩，令人羡慕，其实那些光环的背后都是极其普通的勤奋刻苦的琐碎小事，正如森森在日记中说的，“成功的取得更大程度上是依赖于在实现理想的过程中，谁付出的勤奋和汗水多一些，谁的毅力更强一些，谁坚持更久一些。”

要培养勤奋有干劲的孩子，就应该从小培养孩子活动的积极性：

1.从小培养孩子自主的性格和独立生活的能力

懒惰是一种不良习性，很多孩子对父母都有依赖性，当依赖性发展到一个极端就成了懒惰，由此父母要适时控制孩子对父母的依赖心理，不能任由其发展下去。孩子自己能做的事，父母就不要包办代劳，作为孩子，不要一遇到困难就找父母，应该先让自己独立处理。在学习方面也是如此，若有疑难问题，力求自己解决，不要动不动就问老师、父母，理智的父母在此时更要磨炼孩子的意志，坚强的意志力是克服懒惰的力量。

2.给予孩子最大的鼓励

若学习的过程很枯燥，这时又缺乏鼓励，孩子就很难持续学习的兴趣，进而变得消沉、懒散，因此鼓励是必不可少的，哪怕孩子有一点点的进步，父母都应该不遗余力地为他加油打气。在孩子失败的时候，鼓励就更为重要，哪怕只是一句安慰的话，也会使他信心大增。

3.激发孩子的兴趣

孩子在对所做的事情不感兴趣时，就会产生惰性，所谓“兴趣是最好的老师”，没有浓厚的兴趣，就会没有动力，于是就容易懒懒散散地看待，此时，父母就要从各方面激发孩子的兴趣，让事情尽量变得丰富有趣，孩子一旦有了兴趣，事情也就比较容易完成了。

4.为孩子制定一个短期容易达到的目标

有时候，孩子会因为懒惰而造成学业停滞不前，甚至退步。当父母在面对这个问题时，可以对孩子提出一些短时间易达成、难度较小的要求，让孩子可以获得一定的成就感，这种成就感会促使孩子继续努力。如此不间断地学习，当孩子可以一个个目标逐步达成之后，渐渐地也就能够克服懒惰的习惯。

5.教导孩子正确的学习方法

学习方法若不正确，即使用尽全力，勤奋刻苦，也不可能学好，时间一长，孩子就会对学习失去兴趣或者产生害怕的情绪，逐渐疏于学习，慢慢也会变得懒惰，没有进取心。尤其像数学是一门需要逻辑思考能力的科目，却经常发现一种现象就是：公式背了，演算及练习也都没太大问题，但是遇到了语意稍难的应用题目，学生就总是不愿动脑，直接杵在那边发呆，等着老师给答案。父母应该引导孩子找到如何让学习变得更有效率的方法，如教孩子制定切实可行的学习计划、如何合理运用时间等。一旦孩子发觉这些方式的确让学习变得更有效率，就会充满信心地持续学习下去。那么，懒惰的毛病也就无所依附了。

» 克服男孩粗心大意的习惯

在很多家长眼里，男孩总是粗心大意是件让他们头疼的事。要想纠正男孩粗心大意的不良习惯，父母平时就要加倍细心、精心和耐心，要了解孩子为什么会粗心？

形成孩子粗心的因素是多方面的，比如气质因素：有这种因素的孩子对感觉刺激的敏感比较差注意力又比较容易受外界的干扰；又如知觉的习惯，这种孩子对感兴趣的事比较认真，对不感兴趣的事却马马虎虎，最令父母伤脑筋的是这种粗心会逐渐演变成一种行为方式，最后演变成办什么事都冒冒失失、粗枝大叶，最终成为一个真正的“马大哈”。

有的家长抱怨说，孩子从小就很聪明，上学以来学习刻苦，接受能力也很强，学习成绩自然也不错，但有一个问题却十分让人头疼，就是他在学习上特别粗心：最典型的就是写字时经常多一笔或少一画，读课文时不是增字减字就是字词颠倒，做数学能把“+”看成“-”，把草稿上算对了答案抄错，特别是考试时经常在不该错的地方犯错，他也时常因为自己粗心大意与满分失之交臂而懊恼。为了解决这个问题，家长也每每提醒他，要求他，甚至是批评和惩罚他，但收效并不明显。

很多粗心的孩子的特点是动作快，脑子慢，这种孩子做事之前一般不会不会耐心细致的观察和思考问题，因而做完事情后常常漏洞百出。这种情况一般会随着孩子的认知能力的提高有所改善，但对那些已经形成粗心习惯的孩子，如果不对他们进行耐心细致的指导，改变他们的不良习惯，帮助他们形成新的知觉、思维和行为的模式，那么他们就只好当一辈子“马大哈”了。

那么如何帮助孩子克服粗心大意的习惯：

树立良好的形象。孩子的第一任老师就是父母，孩子粗心毛病的形成，就某一方面而言与父母的不良习惯有直接的关系。比如说待人接物的时候是不是严谨有序，有没有粗心大意的情况；做某件事的时候是不是专心致志，有没有三心二意的现象；有没有边吃饭边看电视的不良习惯等等，如果孩子从小就生活在一个无序的家庭中，没有一定的作息时间、没有一个好的生活习惯，那么孩子做事丢三落四、马马虎虎就会成为“家常便饭”。所以作为孩子生活中最亲密的人——家长，我们自己首先应该有一个良好的有序的生活习惯。“榜样的力量是无穷的，”孩子在父母的严教之下，就会自觉不自觉地养成整齐有序的生活习惯，自然在学习上也就能够养成当天作业当天完成并认真检查、课前主动预习、课后注重复习等习惯，粗心大意的现象也就少有了。

面对孩子的粗心，家长要拿出更多的耐心和宽容，慢慢地逐步解决。常言道：“打人不打脸，揭人不揭短。”对于粗心大意的孩子，千万不能简单地去埋怨、训斥，尤其是在别人面前，更不能给孩子贴上负面标签：“你真是屡教不改”、你就是一个“小马虎”，“我看你这粗心的毛病是真改不了了”，当家长说出这样的话时，孩子不仅会感到失去了面子，同时也会丧失信心。作为家长，我们就需要转换一下思维，孩子克服粗心大意毛病的过程，也就是孩子养成细心习惯的过程，继而在孩子周围营造一个好环境，利于孩子在日常生活中一点一滴地养成细心的好习惯。比如：

在平时努力去寻找孩子的细心之处，并不失时机地肯定他、鼓励他，孩子便会感觉自己真的很细心，不仅体会到了细心的快乐，也为克服粗心大意增强了信心，增添了勇气，当孩子的细心点越来越多时，细心便成为了孩子的一种习惯，孩子粗心大意的毛病也就自然而然地减少了。

我的一位朋友在教育孩子的问题上有一套自己独特的方法，尤其是当孩子粗心大意时，她会主动帮孩子找原因。

她说："我家孩子数学成绩不好，经过我和孩子仔细分析他每次做错题的原因，我们得出一致的结论：不是题不会做，而是每次都会把题目看错。"由此得知，容易看错题目就是孩子的"粗心"。

于是，我便告诉孩子："你粗心的原因是每到审题时，你的思维就划过去了。怎么办呢？以后你每次再做这样的题时，先停一下，闭上眼睛数三个数，然后再睁开眼睛往下写，这样就不容易错了。因为你没让思维划过去，而是有意识地给它设了一个障碍，这就像警察叔叔在交通事故多发地段设置提示牌一样。"

孩子用我教他的方法去做，效果真的很明显，每次做作业时，因为粗心出现的错误少多了。

面对孩子的粗心，妈妈与其批评孩子，给孩子上"政治课"，不如具体地帮助他们找到问题的症结所在，采用正确的方法帮助孩子解决问题。

一个孩子的作业里到处都有错别字，孩子因此很自卑，他的妈妈对此也很无奈。

于是，孩子的妈妈便去请教儿童教育专家，在教育专家的指导下，妈妈想出了一个好办法。她和这个孩子一起统计和整理他作业本里的错别字，整理完之后，她和孩子都惊奇地发现：原来，总是写错的字就是那么几个。最后，她让孩子准备了一个小本，把整理出来的错别字写在这个本子里，并且和孩子一起分析这些字写错的原因，把这些也写进本子里。

在妈妈耐心的指导和孩子的认真坚持下，一周以后，这个孩子作业本里的错别字已经明显地减少了。

如果你的孩子有粗心的毛病，你不妨让他准备一个错题本。

其实，只要对“粗心”问题进行详细的整理，这些问题就可以在思想上、意识上得到纠正。孩子以后再遇到类似的问题，大脑就会自动提出预警和反应，这样，“粗心”的现象就可以最大限度地得到控制。这就如人在冰上走路，因为冰很滑，所以要小心翼翼地走，因为小心翼翼，所以犯错误的可能性自然会少了很多。

» 让孩子懂得珍惜时间

很多孩子都被问到过这样一个谜语：世界上哪样东西最长又是最短的，最快又是最慢的，最能分割又是最广大的，最不受重视又是最惋惜的？没有它，什么事情都做不成，它使一切东西归于消灭，使一切伟大的东西生命不觉。答案是时间。

我们都知道：一寸光阴一寸金，时间比金钱宝贵，时间就是生命。那么孩子能不能安排好自己的时间与他的学习效率有很大的关系。一个不知道珍惜时间、无法合理安排时间的孩子，往往缺少自我控制的能力，缺乏不断前进的动力。父母应该在早期教育中让孩子养成良好的时间观念，就等于给了孩子知识，力量，聪明和美好的开端。因为善于利用自己时间的人往往会获得高效率的办事效果，也是最能出成绩的人。

爱迪生，一生只上过三个月的小学，他的学问是靠母亲的教导和自修得来的。他的成功，应该归功于母亲自小对他的了解与耐心的教导，才使原来被人认为是低能儿的爱迪生，长大后成为举世闻名的“发明大王”。

爱迪生从小就对很多事物感到好奇，而且喜欢亲自去试验一下，直到明白了其中的道理为止。长大以后，他就根据自己这方面的兴趣，一心一意做研究和发明的工作。他在新泽西州建立了一个实验室，一生共发明了电灯、电报机、留声机、电影机、磁力析矿机、压碎机等等总计两千余种东西。爱迪生的强烈研究精神，使他对改进人类的生活方式，作出了重大的贡献。

“浪费，最大的浪费莫过于浪费时间了。”爱迪生常对助手说。“人生太短暂了，要多想办法，用极少的时间办更多的事情。”

一天，爱迪生在实验室里工作，他递给助手一个没上灯口的空玻璃灯泡，说：“你量量灯泡的容量。”他又低头工作了。

过了好半天，他问：“容量多少？”他没听见回答，转头看见助手拿着软尺在测量灯泡的周长、斜度，并拿了测得的数字伏在桌上计算。他说：“时间，时间，怎么费那么多的时间呢？”爱迪生走过来，拿起那个空灯泡，向里面斟满了水，交给助手，说：“里面的水倒在量杯里，马上告诉我它的容量。”

助手立刻读出了数字。

爱迪生说：“这是多么容易的测量方法啊，它又准确，又节省时间，你怎么想不到呢？还去算，那岂不是白白地浪费时间吗？”

助手的脸红了。

爱迪生喃喃地说：“人生太短暂了，太短暂了，要节省时间，多做事情啊！”

从小培养孩子珍惜时间的品质，告诉他们，时间过去的就不再回来，所以现在的每一秒钟，每一分钟都要有意义，时间要用在刀刃上，才能有所收获。

有时候，孩子并没有那么强的时间观念，他们往往不能按时间问题的主次和事情的缓急来安排时间，而是凭自己的兴趣来安排时间结果不但造成了不必要的时间浪费，而且还会影响许多事情的处理。因此，在孩子不善于利用时间时，父母应该运用一定的方法帮助孩子养成合理安排时间的人。

1.让孩子正确认识时间的价值

有的孩子对时间并没什么概念，也不知道时间对于他来说有什么用处。当然，他也就不会去珍惜时间。因此，父母应该通过某些事情或是通道来告诉孩子时间是宝贵的，不要浪费时间。还要告诉孩子，时间是不会停留的，应该及时抓住时间，更应该让孩子知道时间是神圣的，不要故意浪费时间，否则将会受到时间的惩罚。

2.让孩子建立规律的作息时间

孩子心理过程的随意性很强，自我控制能力较差。常常是一边吃饭，一边玩耍；一件事情还没有做完，心里又想着另一件事情；做事总是杂乱无章，缺乏条理。父母如果不加注意，就会让孩子养成“拖拉”的坏习惯，久而久之，这种坏习惯会根深蒂固。这个时候，父母一定要坚持让孩子养成有规律的作息习惯。

良好的作息习惯是养成时间观念的前提。父母可以和孩子一起制定一张作息时间表，什么时间起床，洗漱要多长时间，吃早餐要多少时间，放学后先做什么，然后做什么，几点睡觉等，都可以让孩子做出合理的安排。只有把作息时间固定下来，形成习惯，孩子才能对时间有一个明确的认识，才能养成良好的时间观念。

3.增加孩子的紧迫感

缺乏适度的紧张感是许多孩子做事磨蹭的重要原因，所以，家长可以在孩子的生活中“制造”点紧张的气氛，让孩子的神经绷紧一些，使孩子的生活节奏加快一些。

根据孩子的具体情况，可以给孩子的洗漱、穿衣、吃饭和做作业等增加些计时的活动，做这些事情需要多长时间，事先与孩子一起商定好，然后要求孩子在规定的时间里保质保量地完成，孩子做得好就给予一定的奖励，做得不好就处以一定的惩罚。比如孩子吃饭磨蹭，家长可以在规定的时间到了就不许他再吃，而且要狠下心来，不到下顿饭不给孩子吃的等。

4.让孩子为磨蹭付出代价

孩子只有在体会到磨蹭会给自己带来损失之后，才会自觉地快起来。因此，让孩子为自己的磨蹭付出代价，让孩子自己去品尝磨蹭的后果，不失为一个改掉孩子磨蹭毛病的好方法。

比方说孩子早晨起床后磨磨蹭蹭的，家长不要急，也不要去帮他，可以提醒孩子一下“再不快点可要迟到了，”如果他依然在那里磨磨蹭蹭的，不妨任由他去，不必担心孩子上学会迟到，其实我们恰恰就是要让孩子亲身体验上学迟到的后果，孩子如果真的迟到了，老师肯定会询问他迟到的原因，孩子挨了批评后，就会认识到磨蹭给自己带来的害处，几次以后孩子自然就会自己加快速度。

5.教孩子有效利用时间去学习

孩子常常会有这种感觉：在相同的时间段，心情好的时候学习效率就高，情绪不稳定的时候，学习效率就低；一天当中，早晨和夜间学习效率高，下午和傍晚学些效率低。可见孩子的学习往往存在一个最佳的学习时机。当然，每个人的具体情况有所不同，有些人早上学习效率高，有些人晚上学习效率高。父母可以让孩子注意观察自己的特点，掌握自己的最佳学习时间，然后把重要的学习内容安排到最佳的时间里。

» 尊重别人就是尊重自己

现在的独生子女越来越多，从小被家里人宠着、护着，不懂得尊重别人，以自我为中心，总认为自己受别人的尊重是理所当然的，总以为旁人友好的慰问是虚情假意，总是以为叛逆地做着自认为很有个性的事才是个性格另类。

· 他们在和别人打招呼的时候，总会“喂喂的喊个不停”；

· 总喜欢给同学起绰号，并以揭人疮疤而取乐；

· 在公共场合，他们旁若无人的大声喧哗，乱扔垃圾；

· 无论外出或归家，他们从不记得和父母长辈打声招呼；

· 当看见沿街乞讨的落难者或辛勤奔波的民工时，他们往往会嗤之以鼻，避之不及。

如此行为，不仅会严重伤害他人的自尊，同时也将为自身的完美品格的塑造设置了障碍，严重影响人际关系，使自己在学习、生活、工作的道路上处处碰壁。

一天，妈妈领着儿子走进一家企业楼下的花园，妈妈好像很生气，坐在长椅上严肃地和儿子说着什么，不远处，一位老人正在修剪灌木。

过了一会，那位妈妈突然从包里拿出一张纸巾揉成一团，甩手扔到老人刚剪过的灌木上，老人看了一眼，没说什么，捡起那团纸扔到不远处的垃圾桶内，谁料，那位妈妈又连着扔了好几个纸团，老人都默默地捡了起来，扔进了垃圾桶。

这时候，那位妈妈对儿子说：“看到了吧，如果你现在不好好学习，以后就和这个老园丁一样，只能做些低等下贱的工作了！”

老人也听到了他的话，走过来说：“这个花园除了本公司员工以外是不能入内的，请问你是这个公司的员工吗？”“我是这个公司新来的业务主管。”那位母亲高傲地说。老人又接着说：“那么，我想告诉你两件事，第一，园丁的工作并不低贱，第二，我是这家企业的总裁。”说着掏出了自己的证件，“你的职位被免除了。”

听到这，那位妈妈瘫坐在地上，老人走过来抚了抚男孩的头，说：“我希望你明白，在这世界上最重要的是要学会尊重每一个人。”

这个故事中的妈妈只知道教育儿子好好学习，但是，却不知道教儿子学会尊重。那么，即使儿子成绩优秀，将来学有所成，像他一样可以有一份体面的工作，但是，由于没有养成尊重别人的好品德，谁知道会不会落得和妈妈一样的下场呢？现在社会中，尊严的重要性与日俱增。因此，家长应该采用一些方法教孩子学会尊重他人，因为，维护了别人的尊严，就等于维护了自己的尊严。

1.教孩子学会倾听

一般说来，男孩的性格都比较急躁，很少有耐心认真听别人的讲话，家长要帮助他改掉这个坏毛病，让他学会做一个好听众，认真倾听别人说话，让对方感到被尊重，这样一来，男孩会得到很多朋友，当然也会得到这些朋友的尊重。

2.父母是孩子的第一任老师

父母应该让孩子懂得，表现出感激之情是现实对他人尊重的一种方式。例如，当着孩子的面，称赞他的班主任工作尽职尽责，业务水平高，还可以联合其他父母一起为生病的老师制作问候卡，并让孩子签上名。这些小小的表示和认可，向孩子传达的是：这些人是值得尊重的。

3.让孩子明白尊重是相互的

父母应该告诉孩子：无论你有多么出众，也无论你有多么尊贵，都没有理由用骄傲的目光去审视别人，也没有资格用不屑一顾的神情去嘲笑别人。尤其是对弱者和失败者，更要尊重他们的人格、权利和劳动成果。

懂得尊重别人的男孩，在生活的方方面面中，都会展示出一种不凡的风度：

· 与长辈交谈时，要彬彬有礼，绝不会翘起“二郎腿”；

· 吃到可口的饭菜时，会对妈妈说出心中的感激；

· 得到别人的帮助时，从来不会忘记对别人的帮助说声谢谢；

· 和朋友交往时，从不刺探对方的隐私，更不在背后搬弄是非；

· 当听到同学回答问题出错时，不要嘲笑，更不要讥讽；

· 到食堂用餐时，不会把餐桌上搞得一片狼藉；

· 无意中伤害别人时，真诚地说声“对不起”；

只有这样，才能领会尊重的快乐，才能获得被人尊重的自豪感，才能塑造完美的道德品质，才能处处都有好人缘，才能使人生更完美。

4.教男孩掌握说话的技巧

告诉孩子，在与人交往时，掌握说话的技巧也是对别人的一种尊重，别人说话时，不要表现出不耐烦和不理睬，和别人交谈时，要望着对方的眼睛说话，这些都是最基本的礼貌，也是一种真诚的表现，做到这些，自然会得到别人的尊重。

尊重他人是一种爱心的付出，是一种情感的交流和互动，爱是基础，尊重是表现形式，没有广阔真诚的爱做基础，就不能表现出对他人的尊重。没有对他人的尊重，人与人之间的友爱也无从谈起，只有让男孩学会尊重他人，奉献出真诚的心，才会得到他人的尊重和爱心的回报.

5.教会男孩多替他人着想

自私自利的人永远得不到别人的尊重，所以要教会男孩多替别人着想，多站在别人的立场上想问题，这样也会换来更多的友谊和尊重。

女孩应该具备的好性格

相对于男孩来说，女孩子具有好的性格，其带来的影响更是深远。如果说女孩是一块闪耀的钻石，那么好的性格就是钻石所发出的耀眼的光，有着好性格的女孩，即使是外表平凡，甚至做着简单的工作，也依然能散发出迷人的光芒。

» 善良是女孩的天性

善良是人性中最美丽，最温暖的一缕阳光，善良的情感和品行是人道精神的核心。这种情感必须在女孩小时候悉心培养，才会产生良好的效果。父母也不能忽视对女孩进行善良教育，让女孩从小培养博爱、热情、宽容等品德。

而女孩的天性就是善良、富有爱心的。我们在生活中经常看到男孩喜欢追逐小动物，“欺负”小动物，而女孩总是扮演小动物的“保护神”。

周末，邻居家的小雅和妈妈在院子里看几个小伙伴玩。亮亮和小朋友们在院子里踢球，有人起哄说：“谁能瞄准踢中刘爷爷家屋檐下的燕子窝？”正玩得高兴地亮亮大喊了一声：“我！”随后一个飞脚……“砰”

的一声，两只雏燕随着球一起滚落到地上，痛苦地拍着羽翼未丰的翅膀，小朋友们兴奋的围了上去，拿起小石块扔雏燕玩。

小雅的妈妈看到了这一幕，赶快过来捧起小燕子，批评他们说：“小动物是人类的好朋友，你们这样对待它，太残忍了，你看这个小燕子才出生，正等着妈妈回来给它喂食呢，就像你们小时候，妈妈喂你们吃饭一样，想想，如果你被这样无缘无故的伤害，也许留下终身残疾，甚至小命不保，你会好受吗？妈妈会答应吗？”

亮亮听了小雅妈妈的话，惭愧地低下了头，小雅的妈妈检查看看小燕子有没有受伤，就让亮亮将两只小雏燕重新放回到窝中，小雅也从中知道了要善待动物，善待他人。

女孩有时候会为了博得伙伴们的尊重和崇拜，做出了一些残忍的事情，但她们并不知道这种行为的严重后果，这时父母要教育和引导女孩，启发她们联系小动物的善良天性。

父母要让女孩明白，真正的强者，都具有悲天悯人的情怀，并愿意尽一已之力给弱者以帮助，在生活中，有的女孩看见残疾人、不幸的人，就嘲笑和鄙视，想借此显示自已的优越，却正好证明了女孩人格的低下。

善良是女孩的天性，但是有的小女孩长大之后就没那么善良了呢？教育专家说，如果父母能在孩子小的时候，通过正确的教育方式，延续这种善良的天性，她就会成长为一个善良、富有同情心的人，孝顺父母的人。如果孩子这种善良的天性在后天得不到很好的培养，那么他的爱心就会逐渐消失。成为一个缺乏责任感，事事以自我为中心的人。

那么，该如何保护孩子善良的天性，父母应该怎样做才能让孩子健康成长呢？

1.教女儿爱护花草和小动物

有专家研究发现，喜欢爱护花草和饲养小动物的女孩，感情丰富而细腻，心地也会善良温柔；相反，对花草毫无感情、对小动物也从不爱护的小女孩对人往往比较冷淡。所以，为了培养女儿的善良之心，父亲不妨在这方面给予正确的引导。

住在我们小区的娟娟，经常高兴的和别的小朋友说："每到周末爸爸就带我去参加户外活动，市里的公园和动物园，我基本上都去过了。"第一次去公园的时候，娟娟看到绿油油的草地非常高兴，情不自禁地跳到了草地上，还躺下来打滚。爸爸看到后把她叫了起来，并且告诉她："娟娟，小草还很小，它们是有生命的。你想啊，如果有人踩到你，或者趴到你的身上，你会疼吧，而且还会长不高呢。小草也是这样。"

娟娟听了认真地点点头。之后当她看到别人践踏草地时，还会上前去提醒。

娟娟看到花很漂亮，非要缠着爸爸摘下一朵插在自己的头上。爸爸又说："娟娟，如果爸爸给你摘一朵插在头上，其他的小朋友也都摘一朵下来，那么明天你再来的时候，你就看不到一朵花了，因为都被别人摘走了，对吗？"

娟娟想了想，又点点头，蹲下身闻了闻花香，满足地笑了。

去动物园的时候，娟娟看到别的小朋友拿着香蕉砸小猴子，还被逗得咯咯直笑，也拿出香蕉要砸。爸爸及时制止道："这样是不对的。你想想，如果爸爸给你买了好吃的，然后扔到你的头上，你会伤心吗？小猴子现在其实很伤心的。"

娟娟嘴角一撇，差点哭了出来，对爸爸说："爸爸，我再也不会拿香蕉砸猴子了，我会轻轻扔给它们的。”让女儿学着爱护花草和小动物，其实就是让她学会保护比自己更弱小的生命，培养她善良的品格。

2.给女儿创造机会，让她帮助弱者

有“英格兰玫瑰”之称的英国王妃戴安娜，以她尊贵的地位、美丽的容颜以及追求自由的个性受到人们的喜爱。然而，她的善良却是让她成为英伦永不凋谢的玫瑰的最根本原因。

戴安娜曾担任联合国扫雷大使，亲自参加扫雷行动，并且多次把因踩中地雷而变成残疾的孩子拥入怀中；她经常向老年慈善基金组织捐款，并且多次探望孤苦无依的老人；她甚至毫无顾忌地将艾滋病患者紧紧抱在胸前，眼睛里闪烁的泪水令人为之动容。

正是这样的善良与爱心让这朵永不凋谢、美妙绝伦的玫瑰永远绽放，散发着永恒的魅力。因此，父亲要想把女儿培养成一个善良温柔的女性，就不妨给女儿创造一些帮助弱者的机会。每当周末的时候，倩倩的爸爸总要带她去外面逛逛。每次都特意要带她去天桥上或者地下通道走走，因为那里有很多乞讨者。爸爸总是把零钱交给倩倩，让她把零钱放到乞讨者的小碗里。

倩倩每次回来都会跟爸爸说：“爸爸，那些人好可怜啊，我要把自己的零花钱拿出来给他们。”爸爸就会对女儿说：“我的女儿快点学习，快点长大，做一个能力强的人，这样就可以帮助更多的人了。”倩倩点点头说：“爸爸，我会努力的！”在德国，为了对孩子进行“善良教育”，很多家长会让孩子们做到同情弱者、帮助弱者。在大人的倡导、鼓励下，孩子们帮助盲人、老人过马路早已司空见惯，为身有残疾的同学排忧解难也并不是什么新鲜事。

另外，家长可以支持女儿多参加一些义务劳动、志愿者行动以及献爱

心活动，让她体验帮助别人的快乐，从而培养女儿的善良之心，让这善良的心延续、成长、壮大。

» 让孩子有一个美好的心灵

在小孩子的眼中，世上万物都是美好的，一切都是那么的纯净，随着孩子年龄的增长，接触的新鲜事物越来越多，会发现很多事情并不是最开始想象的那么美好，所以，家长应该趁着孩子还小的时候，让他们的美好心灵不受污染，永远拥有一个纯净的心灵。

有人曾说过：有爱心的女孩，像一颗熠熠夺目的钻石，永远焕发光芒；有爱心的女孩似一场甘霖，能恒久滋润那希冀已久的心；有爱心的女孩仿佛一缕春风，吹拂到人们的心上，温暖人们的心房。

一个夏天的夜晚，邻居欢欢和妈妈去逛夜市，她们边走边议论着各种商品，讨论着衣服的样式、颜色。忽然，欢欢听到“咕，咕咕，咕咕咕”的叫声，母女俩闻声望去，看到几只漂亮可爱的小鸟正在一个狭小的鸟笼里无助地叫着，声音时高时低。这些俏丽小鸟吸引了欢欢的注意，一只是绿色和黄色相间的，一只是纯白色的，欢欢俯下身去，和小鸟清亮的眼神对视着，它们的眼神是那样的忧郁和委屈，仿佛在哀求欢欢救它们脱离苦海。

欢欢恳求妈妈把小鸟买下来，而妈妈也看得出女儿对小鸟心生怜悯之心，于是把这两只小鸟买了下来，欢欢迫不及待地把鸟笼提起，眼睛笑成一条缝，而可爱的小鸟也“叽叽喳喳”的欢快地叫着，好像在说：“谢谢，谢谢！”回到家，欢欢便开始忙活起来了，一会给小鸟喂水，一会给小鸟喂食物，反正一刻也没闲着。

转眼过了一个月，欢欢发现小鸟个个都无精打采的，眼睛里也没有了往日的光彩，还一个劲地向外眺望，有时候烦躁不安，唧唧喳喳叫个没完。欢欢怕小鸟生病，忙去问妈妈该怎么办？妈妈说：“小鸟可能是想家了。”“小鸟的家在哪呢？我们都相处一个月了，我舍不得让它走啊！”妈妈接着说：“小鸟是属于大自然的，它们的家就是整个天空，只有在天空中它们才能自由自在的飞翔，你整天把它们关在笼子里，它们当然会生病了，就像你一样，妈妈整天把你关在家里，不让你出去玩，你会高兴吗？”欢欢听了妈妈的话，又看了看一天天消瘦的鸟儿，终于想开了：“爱它们就要让它们快乐，让它们在自己的空间里自由自在的生活，好！我一定要让它们回到属于自己的自有天堂。”欢欢暗自下定决心。

一个阳光明媚的星期天，欢欢和妈妈来到郊外的小树林里，欢欢依依不舍地打开了笼门，轻声地说：“飞吧，飞向你们的家，飞向你们的自有天堂吧！”鸟儿们似乎犹豫了一下，但很快飞出了鸟笼，展翅飞到空中，欢欢不舍的眼泪夺眶而出，妈妈安慰欢欢说：“不要难过，它们会很好的，它们会学会生存的，你的爱心，就是它们最大的快乐。”

是啊，妈妈说得对，欢欢的爱心就是鸟儿们最大的快乐，所以，一个有爱心，心灵纯净的孩子，应该爱护小动物，这样他们的心中才会充满了爱和快乐。

净化孩子的心灵，就要从身边的小事做起，在孩子还没有对事情有正确认知的时候，家长应该及时指导，这样，孩子长大了，才能有一颗，爱丽、善良的心。对孩子的细小的举动，家长应该及时给予鼓励，让孩子明白爱是无时无刻不在的。

我的朋友中有一位正从事教师职业，她很爱她的学生们，在她的学生中有一个叫晶晶的孩子，是从外地来借读的，个子很高，平时总是眨着大大的眼睛显得一脸无辜的样子，给人的感觉非常文静。其实晶晶是个非常让老师头疼的孩子，上课开小差，做小动作，下课吵闹，不按时完成作业，字迹写得十分潦草。这些都是家常便饭，天天有的事情。所以，老师对他的批评也是常有的事，同学们也不是很喜欢她。

一天中午，同学们一起吃午饭，有鸡腿，每个孩子都在津津有味地吃着，因为鸡腿对于这些孩子来说是一件十分美好的事情，正吃着，有个同学向老师打小报告：晶晶不吃鸡腿，反而用纸把鸡腿抱起来放到了书包里。老师一听，赶紧过去看看："晶晶，你怎么回事啊，这么好吃的鸡腿你不吃，再说鸡腿这么油，你放书包里多脏啊！"

"我想带回家去！"晶晶睁大眼睛看着老师说。

"你不喜欢吃吗？"老师好奇地问他。

"喜欢的，可我想把它带回家去给爸爸吃！"

"怎么想到带回家去给爸爸吃呢？"

"因为爸爸平时上班非常辛苦，我想吃了鸡腿，爸爸就不会那么辛苦了！"晶晶语气坚定地说。

老师被晶晶朴实的语言深深地感动了，这么小的孩子就知道父母的艰辛，知道家庭的困难，知道体贴父母。其实晶晶是一个多么体贴而又懂事的孩子啊！虽然说她身上也有许许多多的小缺点，但她也有课朴实美好的心灵，所以，家长不应该只看到了孩子身上的不足而忽略了他们身上的闪光点。

很多家长总是抱怨孩子的缺点和不足，而忽略了他们心里最深处的真实想法，事实上，家长有必要将差的变成好的，去发现学生身上的闪光点，从而利用闪光点去促进孩子们前进，让缺点渐渐减少。因为，每个孩子都有一颗美好的心灵。

表妹给女儿贝贝买了一本《三毛流浪记》，每天晚上给贝贝讲故事，当贝贝听到三毛在街上流浪，没有饭吃，被坏人欺负的这些情节时，心里特别难过，忍不住抽噎着哭起来，一边哭一边对妈妈说："妈妈，三毛好可怜啊！”其实，三岁的孩子就已经有如此丰富的感情和同情心了。

所以，家长应该为孩子创造机会去体会帮助别人的快乐，若要使同情心和爱心在孩子心中真正扎下根来，就必须让孩子通过实际行动亲身体验到：关心他人，帮助他人的过程中也包含这自己的幸福和快乐，正如儿童教育家苏霍姆林斯基所说：“再没有比关心人的那种欢乐更为高尚强烈的了。”

» 与别人分享快乐，会得到更多的快乐

有人曾经说过：把你的快乐分享给别人，就会拥有双倍的快乐。家长都希望女儿能健康快乐地成长，但是，最令家长头疼的是，有的孩子不懂得去与人分享，什么好东西都喜欢独自占有。

一天晚上，吃过晚饭后，表哥全家人坐在客厅里看电视，两岁的方方正拿着她最爱吃的饼干吃着，奶奶说：“方方，来给奶奶吃点。”方方很快走过来，拿着饼干往奶奶嘴里送。奶奶假装咬了一口，说：“方方真乖，奶奶不吃，你吃吧！”方方得到了奶奶的表扬，喜滋滋地走开了。不一会，小姨来了，方方看到小姨，兴高采烈地跑到小姨身旁，亲了口小姨。刚坐下，方方又拿着手里的饼干往小姨嘴里送，边送边说：“小姨，吃。”小姨看到外甥女这么热情，可高兴啦：“方方真乖，小姨爱你。”说完，张开大嘴一口把方方递过来的饼干给吃了。方方的笑脸霎时不见了，“哇”的一声哭出来：“饼干没了，我不要，我不要。”奶奶赶忙走过来，假装一边轻打小姨一边给方方说：“小姨不好，打她。乖乖，不要哭啊！”说完，抱起方方出去了，剩下小姨百思不得其解：难道我吃错了饼干，做错了事儿……

在方方的意识中有这样的想法：好吃的东西大家都让给我吃，还常常表扬我。可是这次，方方突然棋逢对手，遇到了信以为真的小姨，出尽了

洋相。如果方方的家长长期对其进行着这样的教育。无形中会助长孩子的自私心理，从而让孩子养成不愿与人分享的行为。当然，孩子的分享行为不是自然发生，大人必须引导孩子怎样做。比如：饭后吃水果时，有意识的引导孩子将水果分发给大人，告诉孩子好吃的要和大家分享，还可以尝试着把好吃的，大的先给别人吃，而大人在欣然接受孩子给你的东西时，别忘了说声“谢谢”让孩子感受到真是的分享，同时也无形中让孩子学习了礼貌待人。

莹莹和媛媛是邻居，又在一个幼儿园上学，一天，莹莹带着妈妈新给买的洋娃娃去媛媛家玩，媛媛也拿出了心爱的玩具——一套白雪公主和七个小矮人的模型。刚开始，两个孩子各玩各的，气氛还算融洽，可是不一会，客厅里传来了两人的吵闹声，媛媛妈妈赶紧过去看个究竟。

原来，莹莹想玩媛媛的白雪公主玩具，媛媛不给，还非要莹莹把洋娃娃给她玩，两人谁也不让谁，争执就这样发生了。

媛媛妈妈想了想，决定先不指责孩子的过错，她对两人说：“你们想不想和和森林里的小白兔玩游戏呢？”

孩子们的兴致马上被“游戏”这两个字吸引住了，兴奋地说：“愿意啊，我们该怎么玩呢？”

媛媛妈妈说：“小白兔来到了森林里，独自一人非常无聊。想玩玩具了，可是哪里有玩具呢？”

莹莹听了，毫不犹豫地拿出自己的洋娃娃说：“我有洋娃娃，让我和小白兔一起玩吧！”

媛媛也迫不及待地说：“我有白雪公主，让我也陪小白兔玩吧！”两个孩子乐颠颠的拿出了各自的玩具，有开心的重新玩耍起来，刚才的不快也烟消云散了。

分享作为一种美德，包含着宝贵的平等与博爱思想，它不仅限于吃的，玩的等有形的东西，还包括心情、创意、想法、意见等无形的东西。因此，让女孩从小学会分享，不仅可以增进她与人交往的能力，更可以提升她的合作能力，为其未来增添成功的砝码。

那么，应该如何培养孩子的分享习惯呢？

1.通过移情引导孩子与他人分享

当孩子还只有几个月大的时候，父母就要让孩子学着与别人分享东西。孩子渐渐长大了，在餐桌上，让他学会给长辈夹菜；鼓励孩子给爸爸妈妈拿东西；教孩子给客人让座，让孩子做这些力所能及的事，这些都会让他们从中品尝到做了有益于他人的事而给他们带来喜悦。

2.父母要学会分享孩子的东西

实际上，在这里所说的“分享”有两层意思：既要教会孩子学会分享，还要父母分享，而这一点却往往会被父母所忽视。

很多父母宁可自己受苦也不愿意让孩子吃苦，把那些好吃的.好用的全都放在孩子的面前。虽然他们在思想上也会担心孩子会成为一个不知道关心别人的冷血儿，但在行为上却不会与孩子分享。在一个家庭中，经常会发生这样一幕：一个孩子诚心诚意请父母一块吃东西，父母坚决推辞，说：“你吃，妈妈不吃！”或者“爸爸不喜欢吃留给你吃，也不喜欢吃甜的东西”就这样，孩子与人分享的好意被父母给扼杀了。慢慢，孩子也就养成了吃独食的习惯，那些谦让与分享的习惯也让他们丢到九霄云外去了。

3.用交换的方法让孩子学会分享

许多孩子在公共场合里玩耍的时候，总是希望自己能够独自占有所有的东西。事实上，孩子的这种行为和想法都是不好的。但是，如果父母一味地批评孩子，则反而会产副作用。遇到这种情况，父母应该鼓励孩子与其他孩子交换自己的一些玩具或是图书。让孩子学会把东西借给别人，再向别人借东西，通过交换东西而逐渐让孩子学会与人分享。

4.允许孩子有自己的宝贝

其实每一个人都会有不愿意与别人分享的宝贝，孩子也一样。有些东西可能是孩子特别喜欢的，也可能是孩子认为某些重要的人送给他的礼物，这些对孩子来说有着特殊的意义。总之，父母在提倡孩子与人分享的同时也要允许孩子有不与人分享的宝贝。而且要让孩子懂得珍惜自己的宝贝。当其他的孩子来家里玩的时候，父母可以允许孩子把他认为重要的宝贝“藏”起来了，不让其他人分享。但是，对于大多数的东西，父母应该引导孩子与人分享。

只有孩子藏好了自己的宝贝，他才会大方地把其他东西借给别人，才会更好地和别人分享。如果父母强迫孩子把所有的东西都与人分享，在不但不合理，反而会激发孩子的逆反心理，让孩子做出相反的行为。

» 培养孩子的豁达之心

我同事的女儿萍萍有一个非常要好的朋友，正巧俩人也在同一个班级。可是萍萍的成绩总是班里第一名，是全班的学习榜样。但她有一个缺点，就是喜欢嫉妒一些容易对她“构成威胁”的成绩较好的同学，莉莉的学习成绩也很好，不过比萍萍要略差一点。学校里的一次考试，莉莉发挥得很好，结果取得了全班第一名。萍萍虽然表面上为莉莉取得第一名的好成绩高兴，但心里却十分不开心，萍萍觉得只有她可以拿第一名。从那天起，萍萍开始渐渐疏远莉莉。

有一次，萍萍的两只新铅笔不见了，她找遍了教室的每个角落，书包、桌子，都翻遍了，可是还没有找到，这可把她心疼坏了，要知道那上面可有她最喜欢的小熊卡通图案啊！她怎么也不想放弃寻找，失去它太可惜了，于是她开始问其他同学，问了几个同学后，还是没有找到，接着她想到了莉莉，是不是她把自己的铅笔拿走了。尽管莉莉不在，萍萍还是决定翻看莉莉的抽屉，当她打开莉莉的抽屉时，惊讶地发现竟然真的有两支跟自己丢失的一模一样的铅笔。

萍萍不禁想到了上次的考试，是莉莉抢了她第一名的位子，再加上今天的事情，使得萍萍非常生气。她马上就把这件事告诉了自己的老师，老师知道这件事后，也非常生气，把莉莉叫到了身边，不分青红皂白地就开始责问她为什么要拿别人的东西。老师一副凶巴巴的样子，把莉莉吓得讲不出话来，她伤心地哭了起来。最后老师在班上当着全班同学的面批评了莉莉，让同学们不要像莉莉一样。

终于熬到了放学，莉莉难过的回到家，边哭边跟妈妈诉说了自己心中的委屈。妈妈对莉莉说："孩子，不要难过，妈妈相信你，总有一天会真相大白的。"

第二天，莉莉去上学，刚一走进教室就听见有些同学小声说："偷铅笔的来了。"莉莉难过得想哭，但又想到妈妈说过的话，于是便忍住了，当老师开始讲课时，叫萍萍回答问题，她不作答，而且头也低垂着，不敢抬起来，老师莫名其妙，便走到萍萍跟前摸了摸她的头，没想到仔细一看，萍萍已经哭了！老师赶紧问："你还在为那两支铅笔的事伤心吗？她不是还你了吗？你怎么还哭？"

这时，萍萍抬起头说："我的铅笔回家找到了，这两支铅笔是莉莉的，昨天我冤枉她了。"

老师听后很愧疚，是自己当时没有了解实情，就当着全班同学的面批评了莉莉。老师立即当着全班同学的面表示是自己错怪了莉莉，向莉莉道歉。老师后来又了解到，原来萍萍是因为功课落后又嫉妒心才会猜疑莉莉偷了她的铅笔，并在莉莉不在的情况下，偷着翻莉莉的抽屉。老师决定处罚萍萍，还莉莉一个公道。莉莉为大家知道她是冤枉的而感到欣慰。但她和萍萍一直是好朋友，她很不愿意看到自己的好朋友因此而受到处罚，于是，就向老师求情："请不要处罚萍萍好吗？我想她昨天不是有意的。"老师听了很感动，答应了她的要求没有处罚萍萍。

萍萍被莉莉的宽容深深打动，动情地哭起来，她对莉莉说："对不起，谢谢你的宽容。"

莉莉回答说："没关系，我们以后还是朋友。"萍萍听了，感动地抱着莉莉说不出话来。

这个故事告诉孩子们一个道理：不要去在意那些难以对付的人，不管他有多坏，如果你报复他，你的心就被污染了，要容忍别人对自己的欺负，或许不是件容易的事，但是生活会告诉你，有着宽容的胸怀，是对对方最好的"报复"方式。还有对女孩最重要的是，千万不要因为别人比自己优秀而却妒忌，妒忌是孩子前进路上的一块绊脚石。

嫉妒心对孩子的身心发展是有害的，有人曾说过嫉妒心是不知道休息的，它具有最持久的消耗力，会直接影响到人的身体健康；心怀嫉妒的人，往往妒火中烧，忧心忡忡，人际关系不良。种种消极情绪的淤积，极易导致心理障碍的产生。有研究表明：嫉妒能造成人体内分泌紊乱，肠胃功能失调，睡眠质量下降导致神经衰弱，经常腰酸背疼；嫉妒者多脾气暴躁，性格敏感多疑。上述这些状况若不能有效改善，就会转化为个人稳定的心理特征，形成影响各方面顺利发展的不良性格。嫉妒者有时还会对所嫉妒的对象采取一些不正当的行为方式，例如用冷言冷语、背后说坏话、故意挑毛病等方式，设法令对方难堪，打击自信心。甚至导致伤人及人身安全的违法乱纪事件的发生，造成害人害己的恶果。因此，家长要注意帮助孩子从狭隘的嫉妒心理中走出来。可从以下几个方面去引导和帮助孩子。

培养孩子豁达的性格、宽广的胸怀。孩子好胜心强，希望自己能够超过别人，这是无可非议的，积极的上进心是孩子不断进取的动力。但是父母要引导孩子懂得，人人都有参与竞争的权利，人人都有获得成功的权利。那种只允许自己领先，容不得别人超过自己的心理是不恰当的。在人生的道路上，重要的不是超越他人，而是超越自己。

指导孩子学会不断自我完善。当孩子对某一个同学产生嫉妒心的时候，便会对这个同学充满莫名的愤恨。甚至会采取一些不当的方式来发泄。这时，父母要引导孩子冷静下来，用平和的心态分析别人为什么会比自己强，找一找别人的成功的原因是什么，从而发现其中值得自己借鉴的方式方法。告诉孩子要把对方的长处学到手，这样你也能不断进步，取得成功。同时还可以启发孩子与自己嫉妒的同学交朋友，消除妒意。

引导孩子正确认识自己，树立恰当的努力目标。帮助孩子困难克服和预防嫉妒心理最理想的方法是，指导孩子清醒地认识到各个方面都超过别是不可能的。你可以超过一个比你强的人，但你不可能超过所有的人。一个人也不可能事事都如意，一切都顺利。要承认和接纳天外有天，山外有山的事实。要正确分析自己的具体情况，为自己确定恰当的目标。这些目标定得既不要过高，过于苛求自己，使自己难以实现，最终丧失信心，放弃努力；同时也不能过低，影响自己前进的步伐。理想的目标是从自己现有的水平出发，略高于现有水平一些，使自己通过努力便能实现。父母还要注意帮助孩子建立起多种自我评价的指标，和学会享受多种生活的乐趣。事实证明，孩子只看重自己某一方面的本领和能力，会更多地体验到压力和失败；若能够从多个角度来看待自己，总能发现自己在某一方面是有优势的，从而获得应有的自信和自尊，避免受挫感的产生，减轻来自学习和生活的紧张。这样，便可克服和预防嫉妒心理的产生。

» 有诚信的女孩值得信赖

诚实是一个人需要最先培养的一种生活方式。对自己诚实，对别人诚实，对生活诚实。不要惧怕显露真实的情绪，懂得城市生活的女孩，更懂得健康快乐的生活。

城市也是一种可能培养女孩高贵气质的生活方式，是女孩应该学习和利用的一种积极地生活态度。

星期天的早上，住在我们隔壁的小红一家吃过早餐后，爸爸提议要带全家一起去老朋友家做客，孩子们兴奋极了，纷纷穿戴整齐，准备出发。

小红听到这个消息后，也高兴得跳了起来。她最喜欢到这位叔叔家去，叔叔家养的鸽子长着尖尖的嘴吧，红红的鼻子，黑黑的小眼睛，漂亮极了！叔叔还说准备送给她一只呢！

可是就在她穿好漂亮的衣服，准备和父母出门时，她突然想到了自己其实早就和人有约定，她最要好的朋友要来跟她一起学编花篮，于是，小红不由自主地停下了脚步。

爸爸见她站在那里不动，就问道："小红，怎么了？难道你不想去叔叔家看鸽子了吗？"

"爸爸，我想我不能去了，因为今天答应了我的好朋友，她今天来我们家，我要教她编花篮。"小红有些失望地说。

"那你就和你的朋友解释一下，明天再教她吧。"妈妈说。

但是，小红仍然站在那里不动："爸爸说过，做人要守信用。如果我忘了，明天见到她可以和她道歉；可是我现在想起来了，我就得在家里等她，不然就是不守信用。我答应了别人的事情，怎么能随意改变呢？"

父亲听了女儿的话，心里很高兴："哦，明白了，我的小红是个守信用的好孩子，那你就留在家里吧！"

一会儿过后，小红的朋友来了，她还给小红带了一个礼物，一只漂亮的格子，比叔叔家的还漂亮呢，这是对小红诚实手心的奖赏，不是吗？

我们应该感谢这位父亲，从小为女儿培养了终身受用的良好品德和习惯，我们的父母也应该学习这位父亲，从生活小事和生活细节上培养孩子的诚信品质。

教育孩子诚信待人，家长应从小培养，只靠说教效果往往不太理想，多讲一些哲理故事，也许可以受到较好的效果。《老鼠和青蛙》就是一个很好的例子：

有一天，一只老鼠坐在河边，它在考虑该如何渡到对岸去。

"唉，"它叹息道，"这么远，我肯定游不过去的。"

这时候，一只青蛙正好在不远处的浅水里，老鼠说的话被青蛙听见了。它游到岸边说道："我可以帮你安全地渡过河去。"

老鼠相信了青蛙的话，欣然同意了。这时青蛙找来一根绳子，一头绑在自己的身上，另一头拴在了老鼠的尾巴上，然后就跳到水里；当青蛙在河里将老鼠拖了一段路，突然往水下潜去时，老鼠也不得不跟着往河水深处钻。

"救命！"这时老鼠不禁叫道，"难道你想淹死我吗？你怎么对我干出这种不讲信用的事！"

可是，青蛙回答说："甜言蜜语的背后隐藏着背信弃义。你为什么不提防些呢？"

这时候，有一只白鹤飞来了，看到水中的老鼠在挣扎。白鹤俯冲下去，一把抓住老鼠，连同青蛙一起带回自己的窝巢里。不过它抓老鼠时根本就没看见青蛙，回到窝巢后才发现了青蛙，于是说道："你怎么也被抓来了？”

“唉，”青蛙回答说，“我这是恶有恶报呀。我本来想让这只老鼠倒霉，想淹死它的，可是现在连我自己也跟着倒大霉了。”

“是呀，这是你应得的下场，”白鹤说着，便张开它那张大嘴口把这只不讲信义的青蛙吞到肚里去了。

为他人设下的陷阱，结果自己掉了下去。

家长要从小培养孩子诚实守信的好品质，就要言传身教，从身边小事做起，帮助孩子学习遵守约定，需要注意以下几点：

1.制定简单的规则

约定规则应该简单易懂，让孩子容易遵守。不要一下子制定很多规则，也不要制定很复杂的规则，更不要制定孩子不容易遵守的规则。简单易守的规则让孩子感到遵守规则是一件愉快的事情，给他们自信。

2.家长以身作则

向孩子示范如何做才能够达到遵守约定这个准则。有些时候不是孩子不愿意做，而是他们没有掌握好方式方法。

3.不要轻言放弃

不要面对孩子的反抗显得手足无措，更不要轻易放弃、妥协，给孩子例外、开绿灯。坚定的原则给孩子安全感，摇摆不定则让孩子无所适从。

4.承担不愉快的后果

在违反约定的时候品尝行为后果对于帮助孩子建立行为准则方面至关

重要。家长要开动脑筋，给孩子实施自然和逻辑后果。建立行为后果帮助孩子学会承担责任。现实生活中，我们不遵守规则，就会承担不愉快的后果，比如受到惩罚。因此在给孩子建立规则的过程当中，必须让孩子学会承担自己的行为后果。

5.父母要教育女儿依章办事、依法办事

正所谓“没有规矩不成方圆”，大到国家法律，小到校规、家规，这些规章制度都是人们行事前的一个约定。作为一个诚信的人，无论制度是否具有法律效应，在认同后就一定要遵守。因为诚信需要制度的配合才能持久，因而讲诚信的最基本的表现就是要遵守规章制度。父母可以和孩子一起制定家规，然后严格遵守，做得好，就给予奖励，做错了，就要接受惩罚。

» 乐观开朗的女孩朋友很多

人生就像一场旅行，沿途会遇到各种各样的状况，有的路走得很顺利，但也难免会有磕磕绊绊。就像生活中，难免会遇到困难，有一个乐观向上的性格，就有克服困难的勇气。很多问题就会迎刃而解，所以，从小培养孩子积极向上的精神，对其长大之后面对轻松困难的有至关重要的作用。

我堂兄家的小侄女今年3岁了，聪明可爱，大大的眼睛，圆圆的脸，简直是人见人爱。堂兄堂嫂平时的工作比较忙，总是出差，每次出差，都把小侄女交付给我照顾，我求之不得呢。

这次，堂哥又把小侄女送到我家来了。于是在一个星期六的早上，我带着小侄女去儿童娱乐中心去玩，这可把她高兴坏了，那可是她的乐园啊！

刚到儿童娱乐中心，我们就遇到了朋友小张，我见小侄女没有主动和阿姨打招呼的意思，便对她说：“铛铛，姑姑的同事在那边，我们过去和

她打个招呼好吗？我想她一定会很高兴认识你的。”

“好的，姑姑！”小侄女非常高兴地拉着我朝朋友走去，并大胆地说：“您好！阿姨。”

朋友小张连忙夸奖小侄女：“哦，铛铛真是个好孩子，早就听说过你的名字了。”

正在说话的时候，我的电话突然响了，单位有点急事需要马上去处理一下，这怎么办呢，总不能扔下铛铛不管吧。

“哦，是公司有事吗？”小张问道。

“是的，可是，铛铛怎么办呢？”

“没关系的，我可以带她两个小时，你两个小时以后能回来吗？”小张问道。

“没问题，可是，这要征求一下铛铛的意见。”我转向铛铛，“姑姑要到公司去一趟，两个小时以后回来，你可以和张阿姨玩一会儿吗？”

“是和这位漂亮的阿姨吗？哦，没关系的，我会很乖的。”

“真是一个可爱的孩子。”小张笑着对我说，“你放心吧，我们会玩得很愉快的。”

两个小时后，我回去的时候，铛铛已经粘上了小张阿姨，要跟她告别还真有点舍不得呢，不过铛铛已经跟小张阿姨约好了，下个星期还来儿童娱乐中心玩。

我这小侄女还真是活泼开朗，和谁都能打成一片，连我这当姑姑的都很佩服。

从小就培养孩子这种积极乐观的处事态度，首先父母必须要有乐观的思维模式，父母在日常生活中的行为习惯，孩子都是看在眼里的，积极乐观的父母，那么孩子也会通过观察和模仿逐渐养成乐观的品质。当孩子遇到困难而悲观时，父母亲带领孩子对问题进行多方面的思考和衡量，并让孩子明白她的思想中存在逻辑错误。

这是一个活泼可爱的小女孩，她头上戴一枚草莓型发卡，尽管长着满脸雀斑，但她却没有丝毫的忧愁，她开朗而乐观，无论什么时候看到她，都能见到她满脸的笑意。她的父母也是同样一副面孔，那种微笑似乎是他们永远不变的表情。

这一天，她特别兴奋，因为她要去参加好朋友卡莉的生日宴会了。她早早就穿上漂亮的牛仔靴、黑色的牛仔裤，这是妈妈为她新买的衣服，她又带上爸爸以前送给她的牛仔帽，简直帅极了，最让她激动的是，她要骑一匹真正的小马去参加宴会。

然而，天公不作美，11点半，天气突然变了脸，狂风大作，大雨如注。她只好静候在窗前，等待暴雨结束。这时，妈妈走了过来，告诉她由于天气的缘故，宴会取消了。她一下子没有了笑容，眼泪在眼圈里转了半天。妈妈也很难过，不过她微笑着说："宝贝，不过，我们今天可以在屋里子做'寻找公主'的游戏了。"

小女孩随即高兴起来，她说道："我敢打赌，下个星期六一定是个骑马的好日子，到那时，我要骑马去玩。"

她就是美国今天著名的女企业家拉塞尔·合姆。

一个自信乐观的父母，总是能够培养出言行乐观的孩子，他们总是能够为女儿营造这种积极乐观的氛围，因此，培养孩子乐观的心态，首先，父母要身体力行，营造出一个乐观而温馨的家庭环境，让女儿快乐地学习、快乐地生活，教会孩子正确面对批评和挫折，学会乐观向上，帮助孩子克服羞怯和抑郁的悲观因素，多给予赏识与鼓励，多给予笑声与温暖，孩子就会逐渐形成乐观开朗的性格。

1.创造和睦友爱的家庭气氛

父母常向孩子表达自己的爱和关心，可以缓解孩子对人的冷漠，父母应该多与孩子一起游戏娱乐，每天多留一点时间给孩子，与孩子交流感情。在和父母一起游戏娱乐中，孩子能学到一些与人交往的知识和技巧，特别是能体验到对他人的关心和爱护，这样，他们在与同伴交往时，会更轻松，也增强了与他人交往的信心，能够培养孩子乐观的情绪。

2.多和孩子交谈

父母应多留心孩子的情绪变化，当孩子闷闷不乐时，无论多忙，也要挤出一点时间和孩子交谈，鼓励孩子表达心境。不能强迫、勉强，而是让孩子自己感觉到：自己不高兴，父母也很难过。他们愿意帮助自己，从而自觉自愿地说出缘由，父母应该耐心地听孩子讲述，然后“对症下药”。实际上，很多悲伤一经讲出，很快也就消失了。

3.不对孩子宣泄不良情绪

有的父母在外面受了“窝囊气”回来便对孩子发“无名火”这种情况特别容易打击孩子的自信和乐观，因为孩子会把父母的恼火归咎于自己的过错，但又不知道自己错在哪里于是只好全盘否定自己。长久下去容易让孩子自责、退缩，并蔓延为顽固的消极心理氛围。淹没孩子乐观的笑容。因此，父母在遭遇困难的时候能否乐观面对，对培养孩子乐观的品质具有重要的作用。

4.培养女儿积极的人生态度

父母除了多与女儿交流，培养女儿的自信心之外，还有一个很重要的方面，就是首先父母要相信自己的女儿，给予鼓励和支持，更重要的是帮助她积极进取，克服一些她现在克服不了的困难，只有这样，才能教会孩子以客观的态度面对人生。

告诉女儿，对人对事，重要在尽力而为，没有必要过分苛求于自责，承认自己既有优点又有不足，但总体上优点多于缺点。

让女儿学会容忍别人的缺点，人非圣贤，孰能无过，对别人的无心的过失，不要求全责备，也能够包容他人的错误和缺点，给别人改正错误的机会。

培养女儿开阔的胸襟，对人物偏见，对事不固执，为人有原则，但同时也不失灵活性。

培养女儿以开放的人生态度接纳未知的世界，告诉她我们生活的这个世界充满了机遇、挑战和挫折，绝对的一成不变的东西是不存在的，我们应该敢于面对变化。让女儿遇事有自己的主见，遇到是非不肯定或善恶不分明的情境时，相信自己饿判断，不必为取悦于人而屈从其未必高明的意见。

让女儿多看看名人传记，看看成功学系列的书籍，保持一颗年轻的心，多交上进心强，讲义气，守信用的朋友，女儿情绪不好的时候推荐她去打打小型球类，或者陪她出去郊游散散心，给女儿讲述一些身边的那些孤儿，残疾人的励志故事，让他知道原来她是多么的幸运，从而会更加珍惜现在的生活。

» 谦虚待人，不要做高傲的天鹅

常听到一些家长说：我的女儿经不起表扬，一表扬就骄傲，给点阳光就灿烂。其实，渴望欣赏，希望赞扬，是每一个人的心理需求，孩子也不例外。相信没有哪一个孩子不希望得到大人的赞许，没有哪一个孩子不渴望得到父母的认可。让孩子适当地生活在赞扬中，对孩子的自信息培养是大有益处的。

但是，让孩子生活在赞扬中，并不是通常所说的溺爱，也不是让孩子狂妄自大。当孩子对自己的某些特长或成绩引以为傲的时候。家长应该提醒孩子，任何成绩的取得只是阶段性的，局部的，只能作为一个起点。在学习上，知识是无边的海洋，如果一时一事领先就忘乎所以，恰恰是知识不够，眼界不宽的表现，所以家长应该时刻提醒孩子，即使取得了一点成就，也不能沾沾自喜，“谦虚使人进步”。

在别人眼里，妞妞确实是一个比较优秀的孩子，还在上小学的时候，就获得了全市小学生作文竞赛一等奖，12岁就在《小学生月刊》上发表文章，进入初中后，各科的成绩均处于年级的前十名。

可是，妞妞有一个最大的缺点就是不懂得谦虚，每当别人夸她的时候，她都喜欢在其他同学面前炫耀。由于不懂得谦虚，进入初二后，妈妈发现她的成绩在渐渐地下降。

对此，妈妈和妞妞交流过很多次，教她以后别掉以轻心，不要老以为自己聪明，就放松了对自己的要求。可妞妞却一副满不在乎的样子总以为自己的根底扎实，只要稍微努力就可以赶上去。

在学校里，妞妞只喜欢和成绩好的同学交往，对成绩不好的同学，连话都不想和他们说，然而，就在这次期末考试的时候，她由于复习不足，对自己估计过高，结果好几科考得一塌糊涂。

有一次，妞妞在一篇交给班主任的周记中表现出自己看不起同学的思想，还提到了一次与数学老师发生争执，原因是数学老师批评她做作业不够认真仔细。

班主任后来在妞妞的本子上这样写道：有人批评你，并不是看不起你，而是希望你进步。因为，他不批评你，你不会怨恨他，他批评你，你则会怨恨他，而他选择了批评你，原因就是希望你进步。老师也是这么希望的。

妞妞深受感动，从那以后她便慢慢改正了自负的毛病。

在孩子的成长过程中，如何正确的把握对孩子的批评与表扬，是每一个家长都会遇到的问题，作为家长，对孩子的每一个进步，哪怕是很微小的进步，也要给予适度的表扬，使孩子对自己充满自信，同时也要提醒孩子，不要骄傲自满，要不断进步，不断进取。才可以使她认识到自己的长处，发现自己的不足，从而不断地加以改正，不断地进行弥补。

住在我家隔壁的莹莹上小学五年级了，不仅长得非常可爱，而且聪明伶俐、很有礼貌。她思维活跃，想象力丰富，能说会道，邻居们都十分喜欢他，交口称赞她是个好孩子。但每次莹莹的爸爸妈妈都极为“谦虚”地说：“哪里哪里，小孩子胡说八道。”莹莹见每次得到大家称赞时，爸爸妈妈都这样评价他，渐渐觉得爸爸妈妈不喜欢她这样的表现，慢慢变得孤僻起来。爸爸妈妈起初还不觉得，后经邻居提醒，才意识到问题的严重。

于是爸爸妈妈带莹莹去医院检查，结果一切正常。后来辗转找到一位儿童心理专家，经过谈话和心理测试，才找出莹莹的“病根”来。虽然经过慢慢引导，莹莹的孤僻性格有所改观，但始终没有以前活泼可爱了。爸爸妈妈现在后悔不已，本来是谦虚而已，没想到却把孩子给害了。

谦虚是我们的传统美德，但不顾场合不分情况的谦虚，则是不可取的。在社会竞争意识日趋加强的今天，对孩子来说，他并不能理解父母这种“谦虚”的真实意图，只能误读为父母不认同他的表现，从而丧失继续积极进取的信心和勇气。

谦虚，不仅是良好的学习态度，更是为人处世的必要准则。谦虚的人往往能得到别人的尊敬和赞扬；而骄傲狂妄、目空一切的人，却无人欣赏，反而遭人厌恶。作为父母，让孩子养成谦虚的好品质，无论是学习还是生活，都会使孩子受益匪浅。

1.让孩子认识骄傲的危害

盲目自大的人就像井底之蛙，视野狭窄，自以为是，严重阻碍了自己继续前进的步伐。

俗话说：“满招损，谦受益”，家长应该有意识地给孩子介绍一些成功者的经验，告诉他们古今中外凡事有所作为的人都是在取得成绩后仍能保持谦虚奋进的人。

2.帮助孩子全面认识自己

孩子产生骄傲心理往往在于自己的某方面特长和优势，父母应该先分析这种骄傲的基础。是学习成绩比较好，有某方面的艺术潜质，还是有运动天赋什么的。然后应该让孩子意识到，她身上的这种优势只不过限定在一个很小的范围内，放在一个更大范围就会失去这种优势。正确的太俗应该是积极进取，而不是骄傲怠慢，并且优势往往是和不足并存的，应该努力弥补自己的不足。

在一个小剧院里，正上演着费雯丽和克拉克盖博主要的电影《乱世佳人》，这时，一个打扮非常普通的中年妇女走了进来，找了个位子安静地坐下了，旁边有几个打扮高贵的夫人不屑地看了眼这位中年妇女，略带挑衅地说：就这样的打扮也好意思来看这么高雅的电影，简直是自不量力。妇人没有说什么，只是微笑地朝那几位夫人点了点头，就继续看电影了。当电影结束时，全场人无不为感人的剧情而鼓掌，当主持人说，有请《乱世佳人》的原著《飘》的作者玛格丽特.米歇尔上场跟我们说几句话，全场观众环顾四周，只见那位刚刚走进来的打扮普通的妇女缓缓地站了起来，优雅地走到台前。

全场观众不禁哗然，原来她就是这部惊世电影的原创啊！真是低调的一点也看不出来。

在生活中，有些孩子取得一点成绩就沾沾自喜，甚至奔走相告，生怕别人不知道自己的成绩。家长应该让孩子认识到，骄傲也是健康成长的绊脚石，任何成绩的取得都是阶段性的，尤其是在学习上，知识是无边的海洋，如果因为一时的领先就忘乎所以，恰恰是知识不够，眼界不高的表现。

图书在版编目(CIP)数据

男孩60分 女孩100分 / 朱晓溪著. ——北京:九州出版社,2011.4

ISBN 978-7-5108-0925-5

Ⅰ.①男… Ⅱ.①朱… Ⅲ.①家庭教育 Ⅳ.①G78

中国版本图书馆CIP数据核字(2011)第060389号

男孩60分 女孩100分

作　　者 朱晓溪 著
出版发行 九州出版社
出 版 人 徐尚定
地　　址 北京市西城区阜外大街甲35号(100037)
发行电话 (010)68992190/2/3/5/6
网　　址 www.jiuzhoupress.com
电子信箱 jiuzhou@jiuzhoupress.com
印　　刷 北京凯达印务有限公司
开　　本 710毫米×1000毫米　16开
印　　张 17.5
字　　数 210千字
版　　次 2011年6月第1版
印　　次 2011年6月第1次印刷
书　　号 ISBN 978-7-5108-0925-5
定　　价 26.80元